세상을 이끄는 상위 1%

_____님께

감사한 마음을 담아

이 책을 선물합니다.

SECRETS OF THE TOP 1% LEADING THE WORLD

세상을 이끄는
상위 1%의 비밀

독서법

최희주 지음

독서법을 알면 독서가 백 배 즐겁다!

추천사

송은영 교수 숭실대학교 대학원 교수, 대한민국 얼굴박사 1호

 독서가 자기 경쟁력을 높이는 최고의 방법이라는 것을 알면서도 제대로 책을 읽는 사람은 몇 명이나 될까 싶다. 독서의 길라잡이라고 하는 책들이 많지만, 이 책만큼 독서의 이로운 점과 방법론을 체계적으로 정리해 놓은 책은 드물 것이다. 이 세상에 있는 모든 독서법에 대해 장단점을 정리해 놓았기 때문에 독자들이 자신의 성향이나 목적에 알맞은 독서법을 선택하도록 친절하게 안내해 준다. 독서법의 청사진이 되어줄 이 책은 자기만의 독서법을 찾는 데 큰 도움을 줄 것이라 믿는다.

문영민 경인방송 아나운서, 연금술사 TV

　누구나 독서의 중요성을 안다. 하지만 어떻게 읽어야 효율적인지 아는 자는 소수다. 책과 더 가까이하고 싶고 책을 효율적으로 읽고 싶다는 생각을 가진 분이라면 이 책을 만나게 된 것이 행운이다. 그 바람을 이루게 하기 위한 모든 방법이 이 책 한 권에 들어있기 때문이다. 많은 책을 읽은 저자의 실제 경험에서 나온 이 책은 독자들에게 독서와 최고의 친구가 되게 해줄 것이다. 독서를 시작하려고 생각한 사람은 모두 최희주의 《세상을 이끄는 상위 1%의 비밀, 독서법》 이 책을 먼저 선점하기를 바란다.

김형주 서울시 정무부시장, 국회의원 역임. 정치학박사

　나는 미국 한 대학의 슬라브연구 과정에서 수학한 적이 있다. 그 과정의 들는 절반 정도가 도서관에서 일하는 사서에 놀랐고, 대학마다 정보 검색 책들이 있어서 만약 내가 '이순신'에 대한 리포트를 작성해야 한다면 이 책만은 반드시 읽어야 한다고 권하고 있다는 사실에 또 놀랐다. 우리 사회에서 '사서司書'의 사회적 위치만 보아도 우리가 지식사회가 얼마나 거리가 먼지를 쉽게 알 수 있다. 여기에서 지식의 권위가 출발한다. 권위라는 말은 영어로 'authorty'이다. 그런데 이 말은 'author' 즉 '저자'로부터 왔다. 그런데 책을 읽고 그것은 차곡차곡 자기 것으로 만들지 않고 저자 즉 권위 있는 자가 될

수는 없을 것이다. 이것이 진정한 지식사회의 토대이다. 그런 의미에서 최희주의《세상을 이끄는 상위 1%의 비밀, 독서법》이 지니는 의미는 단순히 독서의 필요성과 방법에 관한 책을 넘어 우리 사회가 지식인이 권위를 인정받는 진정한 지식사회로 나아가는 주춧돌이 될 것이라 믿어 의심치 않는다.

손서영 대표 PM 인터내셔널 조이그룹 대표. 피엠 세계랭킹 9위

삶에서 책이 중요하다는 사실은 모두가 알고 있다. 하지만 그 중요한 책을 어떻게 읽어야 하는가는 소수만 알고 있다. 아무리 좋은 독서법이라도 자신에게 맞지 않으면 무의미하다. 이 책은 세상의 모든 독서법을 찾아 본인에게 맞는 독서법을 적용하여 독서의 재미를 더할 수 있는 책이다. 앞으로 읽을 책들을 위하여 이 한 권의 책으로 독서의 질을 높일 수 있는 책이다. 지금 변화를 위해서 강력한 그 무엇을 찾고 싶다면 1,000권 이상의 책을 읽고 자신의 철학을 담은 최희주의《세상을 이끄는 상위 1%의 비밀, 독서법》이야말로 더할 나위 없이 훌륭한 지침서가 될 것이다.

장태환 교육학박사. 경기도의원

우리의 삶을 윤택하게 해주는 것은 좋은 정보를 활용하여 자신이 필요로 하는 일들을 부족함 없이 만족스럽게 수행하는 일이라 생각한다. 누구나 자

기 주도적인 삶을 살아가기를 희망하고 교육을 통해서 정보를 습득하고 지식을 쌓아간다. 하지만 그 지식을 활용하고 응용하는 능력에 따라서 삶의 방식은 서로 다르다. 이 책의 최희주 저자는 독서를 통해서 삶의 희망을 찾았다. 수천 권의 책을 읽고 세상을 살아가는 지혜와 직접 경험해보지 못한 또 다른 세상의 벽을 넘어서는 멋진 연출자로 우리에게 말해준다. 왜 책을 읽어야 하는가? 독서를 통해 인생을 바꾼 성공한 사람들의 이야기로 독서의 필요성을 강조하고 있다. 독서는 습관이다. 1년에 100권 독서를 목표로 책을 가까이 두고자 하는 작가의 말이 울림이 있는 말로 와닿는 이유다.

김선갑 광진구청장

"독서는 눈으로 글자를 읽는 게 아니라 뇌로 사고 치는 것이다"라는 말이 있다. 어떤 사람은 1년에 100권을 목표로 책을 읽는다. 물론 다양한 분야의 책을 읽는 것도 중요하지만 한 권의 책을 제대로 읽고 실천할 때 비로소 우리 삶의 지혜를 얻을 수 있다. 이 책은 꼬리물기 독서법, 기록독서법. 병렬식 독서법 등 누구나 쉽게 몰입하여 독서할 수 있는 구체적인 독서 방법 등을 소개하고 있다. 앞으로 이 책을 읽고 독서법을 활용한다면 의식확장과 강화는 물론 단단한 지식밑천을 마련할 수 있어 오늘날 급변하는 변화 속에서 버틸 힘이 되어줄 것이다.

손지나 영화배우. 넷플릭스 드라마 〈더 글로리〉, 영화 〈하우치〉 출연

　《세상을 이끄는 상위 1%의 비밀, 독서법》 원고를 읽고 느낀 점은 이 책은 자신의 삶을 잘 읽어내는 것. 자신의 책을 잘 읽어내는 것으로 저자의 생각을 느꼈어요. 이 책을 통해 세상 많은 사람이 자신에게 주어진 인생이라는 책을 잘 읽어나가기를 바랍니다. 이 책 한 권만 읽어도 왜 독서가 중요한지 어떻게 책을 읽어야 하는지 단번에 정리되어 있어, 이 한 권으로 독서 열을 키울 수 있습니다. 이 책을 읽는 독자들도 독서의 힘을 받아 독서를 생활화하여 각자 아름답고 멋진 인생을 창조하며 살아가길 기원합니다.

신민영 변호사 법무법인 호암 이상한 변호사 우영우 원작자

　《세상을 이끄는 상위 1%의 비밀, 독서법》 이 책은 평소 독서를 즐겨온 최희주 작가가 독서 하면서 해왔던 세상에 있는 모든 독서 방법과 책과 더욱더 친해지기 위한 비결을 가득 담고 있습니다. 책을 읽어야 현명한 사람이 되고 주도적인 삶을 살 수 있는데, 이 책은 독서 방법과 책을 읽고 내 것으로 만드는 방법까지 상세하게 기록되어 있습니다. 누구나 독서 고수가 되고 싶다면 이 책을 읽기를 권유합니다. 이 책 한 권만으로 독서 열정이 치솟아 누구나 독서인이 될 수 있는 비결이 가득 들어있습니다. 모두 최희주 작가가 그려준 독서지도를 따라 새로운 독서의 즐거움에 빠져보면 어떨까요?

프롤로그

언제 끝날까 싶은 책 원고를 다 쓰고 나니 긴장이 풀려서인지 몇 날을 앓았다. 처음 시작할 때 과연 내가 책을 써낼 수 있을까 의심이 들었지만 한 발 한 발 오르는 계단처럼 쓰다 보니 어느새 원고가 완성됐다. 책을 쓰면서 독서의 중요성을 더 깊게 느꼈던 기회였던 거 같다. 나는 책만 써냈을 따름인데 주위 사람들이 훌륭하다고 치하하며 벌써 강연 요청도 들어온다. 나는 항상 가치 있는 삶을 꿈꿔왔던 거 같다. 그 대안으로 나는 책을 선택해서 항상 책과 함께 갔다. 책 속에서 지혜를 얻었고 내가 가야 할 길을 책 속에서 찾았다. 꽤 많은 양의 책을 읽었을 때 책을 통해서 내가 원하는 삶을 살 수 있을 것 같은 생각이 들었다.

독서의 중요성을 알고부터는 하루도 빠짐없이 책을 읽었다. 성장하도록 옆에서 늘 훌륭한 사람이 조언해주듯이 책은 나에게 가장 훌륭한 친구이고 스승이었다. 책을 읽고 있을 때는 세상 부러울 게 없었다. 요즘 누구나 힘들다고 아우성친다. 갈팡질팡 휩쓸리며 남 탓, 사회 탓, 정부 탓을 하고 있다. 하지만 이럴 때일수록 의외로 책 속에서 답을 구할 수도 있다, 이미 도구는 주변에 다 있다. 이미 앞선 수많은 위인이 증명해온 사실이다. 책의 비밀을 아는 사람으로서 참 답답할 노릇이다. 학교에서도 의무적으로 학교 과목이 아닌 독서를 권장시켜야 한다고 생각한다.

이미 시중에 독서법에 관한 책들이 수없이 많이 나와 있지만 김밥도 누가 싸느냐에 따라 김밥 맛이 다르듯 나만의 문체와 단어로 또 하나의 색다른 독서법 책이 탄생했다. 누구나 독서가 중요한 줄 알지만 어떻게 읽어야 할지 모르는 사람들이 태반이다. 전 국민의 독서화 열풍을 여념 하며 썼기에 누구나 읽어도 쉽게 읽을 수 있는 가장 쉬운 단어 문체로 썼다. 이 책 한 권만 읽어도 어떻게 책을 읽어야 하는지 세상에는 어떤 독서법들이 있는지 단번에 알 수 있는 모티브로 책을 썼다.

이 책 한 권만으로도 독서 방향과 독서 방법이 모조리 들어있다. 모든 부모가 자신들은 책을 읽지 않아도 자식들이 책읽기를 권하고 책 읽는 모습에 흐뭇해한다. 누구나 무의식적으로 독서가 답임을 알고 있다. 나의 독서 습관은 초등학교 때부터인가 싶다. 담임 선생님이 책을 많이 읽으면 훌륭한 사람이 될 수 있다고 하시면서 링컨 대통령의 예를 들었다. 초등학교밖에 안 나왔지만, 책을 많이 읽어서 대통령까지 되고 미국의 훌륭한 위인으로 추앙받는다는 이야기였다. 그때 어린 마음에 '나도 책을 읽으면 훌륭하게 될 수 있겠구나' 하고 가슴에 각인이 된 거 같다.

나는 어느 때든 책을 읽어야겠다는 생각을 늘 품고 살았던 것 같다. 책을 더 치열하게 읽었던 시기는 내가 사회에 나와서 내 마음도 어쩌지 못하는 어려움이 있을 때마다 책을 죽기 살기로 읽었다. 책을 읽는 게 나의 운명인가 싶을 정도로 강렬한 인상을 받았다. 가슴이 흥분되고 뭐든지 해낼 것 같은 자신감도 종종 생겼다. 요즘은 시간도 빠르고 재밌는 것들이 많아 웬만한 정신력으로 독서 시간을 내기가 여간 어렵다. 독서깨나 하는 사람들도 잠깐 정신 놓으면 진득하게 책을 읽을 수 없는 세상이다. 세대 간의 정치이념과 양극화가 극에 달한 이때일수록 나는 독서만이 해결점이라고 생각한다. 나는 이럴 때일수록 온 미디어나 언론에서 독서 장려를 권하면 좋겠다고 생각해 본다. 책을 읽는다는 것은 인간이 어쩔 수 없는 상황에서 신께 승복하듯이 어찌할 수 없는 힘든 상황에서 가장 바람직한 행위다. 4차 혁명산업에도 독서가 해답임을 그 이유를 이 책 안에 다 기록했다.

지금까지 했던 일천 권이 넘는 독서량이 나의 인생에 방패막이 되어주었다. 내가 실체 없는 불안이나 초조함에 절대로 밀리지 않음이 독서 때문이다. 남들이 모르는 세계를 나는 알고 있고 매일 탐독한다고 생각하면 든든한 내 백이 있는 것 같고 스스로 책 읽는 자부심이 대단하다. 그 정도로 독서는 그 비밀을 아는 자들에게는 스스로 보호할 높은 성을 쌓는 거와 같다. 세상에 가장 큰 부자가 지식 부자다고 했듯이 사실 책 읽을 때가 가장 행복하다. 행복하기 위해 읽는데 지식과 지혜는 덤으로 들어온다니 이보다 더 좋을 수 있겠는가.

우리는 지금 불확실한 시대에 살고 있다. 아무리 미래학자들이 쓴 책들이 있다고 하지만 그것은 예상이다. 나는 전 국민 독서 붐이 일어나기를 간절히 소망하는 마음으로 이 책을 썼다. 여러 답을 구하려고 복잡하게 생각할 필요도 없다. 여느 나라도 독서 강국을 만들기 위해 정부에서부터 힘을 쓴다. 독서 강국이 강한 나라이기 때문이다. 미디어나 언론에서 사명감을 가지고 독서를 장려해야 한다고 본다. 독서를 장려할 때 모든 것들이 퍼즐처럼 맞춰질 거로 생각한다. 가장 중요한 것을 빠뜨리고 간다는 생각에 아쉬움이 크다. 이 책을 통해 전 국민 독서 붐이 다시 일어나 우리나라가 독서 국가로서도 선진국이 되기를 간절히 소망해본다.

도서관에서, **최희주**

목차

추천사 ·· 4
프롤로그 ·· 9
목차 ·· 14

PART 1 왜 책을 읽어야 하는가?

01 책 읽기는 성공 습관의 모든 것이다 ······································ 20
02 1년 100권, 누구나 1년으로 100권 독서를 할 수 있다 ············· 27
03 좋은 책을 읽은 사람은 인생이 변한다 ··································· 35
04 학교의 제도권 교육은 한계가 있기에 박사와 고졸의 지력 차이는 없다 ··· 42
05 독서를 하는 지금이 성장하는 시간이므로 내 인생의 황금기다 ········ 49
06 독서를 하면 사고력과 창의력이 폭발한다 ······························ 56
07 책읽기를 하는 사람은 거인의 어깨에 올라탄 인생을 살게 된다 ······ 63
08 독서는 취미가 아닌 치열하게 읽어야 한다 ···························· 70
09 뇌가 선정적인 사람 책을 읽으면 뇌가 젊어진다 ······················ 77

PART 2 독서로 인생을 바꾼 사람들

01 미래에셋 박현주 회장 : 독서를 성공의 도구로 활용하다 ·············· 85

02 노무현 대통령 : 다방면의 방대한 독서로 정치 능력을 키우다 ·········· 92

03 카이스트 정재승 교수 : 어렸을 때부터 책에 파묻혀 살며
융합형 과학자가 되다 ·· 99

04 이덕무 실학자 : 신분사회였던 조선시대에서 책을 통해
서자 신분을 뛰어넘는다 ·· 106

05 세계적 투자가 짐 로저스 : 어렸을 때부터 책을 자주 봄으로써
전설적 투자가가 되다 ··· 113

06 켈리델리 회장 켈리 최 : 독서 100권을 읽고 초밥 회사로
영국 100대 부자 안에 들다 ·· 121

07 이랜드 박성수 회장 : 독서경영으로 중소기업을 대기업으로
변화시킨다 ·· 129

PART 3 우리가 실천하면 좋아질 모든 독서법

01 속독(速讀)하는 방법과 장단점 ·· 137
02 정독(精讀)하는 방법과 장단점 ·· 144
03 다독하는 방법과 장단점 ·· 151
04 낭독 독서 방법과 장단점 ··· 158

05 슬로 리딩(Slow Reading)하는 방법과 장단점 ·············· 165

06 필사(筆寫) 독서 방법과 장단점 ·············· 172

07 포인트 독서 방법과 장단점 ·············· 179

08 꼬리 물기 독서법과 장단점 ·············· 186

09 기록독서법과 장단점 ·············· 194

10 병렬식 독서법과 장단점 ·············· 201

11 질문독서법의 장단점 ·············· 208

12 몰입독서법과 장단점 ·············· 214

13 묵독독서법과 장단점 ·············· 221

PART 4 독서의 고수가 되는 법

01 정리, 내가 읽을 책의 목록을 작성한다 ·············· 229

02 재독(再讀), 울림이 있는 책은 다시 읽는다 ·············· 236

03 환경조성, 자기만의 서재를 만들어라 ·············· 243

04 습관, 주말마다 책 쇼핑하여서 책을 산다 ·············· 250

05 도서관, 집 근처 도서관을 내 집처럼 드나든다 ·············· 257

06 용기, 난독(難讀)을 두려워하지 말아야 한다 ·············· 264

07 연인, 항상 가방에 책을 넣어 다니며 읽는다 ·············· 271

08 변화, 내 인생이 변화되는 임계치에 이르러야 한다 ·············· 278

PART 5 책을 내 것으로 만드는 방법

01 메모, 책을 읽을 때는 메모를 잘해야 한다 ·· 286

02 밑줄, 책을 읽을 때는 밑줄을 효과적으로 쳐야 한다 ························ 293

03 쓰기, 책을 읽을 때 혹은 읽고 나서 내 생각을 바로 적어보아야 한다 ··· 300

04 속도, 완급을 조절하며 읽어야 한다 ··· 307

05 부자, 책으로 부자가 되는 방법을 배우고 익혀야 한다 ···················· 314

06 저자가 돈, 시간, 에너지를 투입해서 쓴 책에서 지혜를 훔쳐라 ·········· 321

07 독서의 최종 결과물은 책 쓰기다 ·· 328

당신들은 책이라는 것을 좋아하지 않을지도 모른다.

그런 당신들은 분명히 부질없는 야심과

쾌락의 추구에만 열중하고 있을 것이다.

그러나 세상은 당신들이 생각하는 것보다

훨씬 광범하고 또 그 세계가

책에 의해 통치를 받고 있다는 것을 알아야 한다.

- 볼테르 -

PART 1

—

왜 책을
읽어야 하는가?

독서는 삶을 변화하기 위한 최고의 수단이다.
제대로 읽고 활용하면 반드시
세상을 살아가는데 필요한 지혜를 얻을 수 있다.

01
책 읽기는
성공 습관의 모든 것이다

역사를 보면 그 나라를 알 수 있다는 말이 있다. 미국은 역사는 짧지만, 세상을 움직일만한 성공한 인물들이 많이 나온 나라다. 특히 초등학교밖에 나오지 않았지만, 링컨Abraham Lincoln은 가장 존경받는 대통령이다. 그는 독서를 많이 한 사람으로도 유명하다. 미국 역사상 가장 존경받는 대통령으로 꼽히는 링컨부터 현재 최고의 부를 이룬 빌 게이츠Bill Gates, 일론 머스크Elon Musk, 워런 버핏Warren Buffett까지 그들은 공통적으로 책을 많이 읽은 사람들이다. 성공하려면 독서를 기본으로 해야 한다. 독서는 읽은 내용이 모이고 합쳐져서 성공 습관을 다져가는 길이며 성공비결의 모든 것이다.

책 읽는 자가 세상을 지배한다

차곡차곡 쌓인 지혜는 자신이 어떻게 살아가야 할지 삶의 지표가 되어준다. 또한 사회를 바라보는 안목을 키워 부富를 쌓을 수 있는 정신적 토대를 만들어주기도 한다. 독서 습관으로 부자가 되거나 성공한 인물을 찾는 것은 그리 어렵지 않다. 특히 짧은 역사에도 미국이 지금처럼 부강한 나라가 된 바탕에는 독서가 중요한 역할을 했다. 현재 미국 경제에 상당한 영향력을 행사하는 자산가 중에는 독서가들이 많이 있다. 근대 미국을 이끈 인물 중에 링컨 대통령을 비롯하여 철강왕 앤드루 카네기 Andrew Carnegie, 프랭클린 루스벨트 Franklin Roosevelt 대통령까지 모두가 책 읽기를 즐겨 한 사람들이다. 정상에 오른 사람치고 독서 하지 않은 사람 찾기가 어려울 정도로 세상을 움직이는 사람들은 모두 독서인이다.

나는 사회에 나와서부터 본격적으로 많은 양의 독서를 했다, 회사에서 하는 일이 고정되어 있지만 더 발전하는 사람이 되고 싶었다. 공부하지 않으면 낙오자가 될 것 같은 두려움이 몰려와서 시작한 게 독서였다. 독서를 통해 내가 원하는 삶을 살 것 같은 느낌이 강하게 들었다. 책을 통해 높이 비상할 수 있을 거라는 희망이 생겨 하루도 빠짐없이 책을 읽었다. 고도성장 시절에는 누구나 노력하면 성공할 수도 있었다. 그러나 이제는 계층이동은 기대하기 어려울 정도로 틈새가 커졌다. 다가오는 미래에는 과거와 같은 산업화 시대의 고속 성장을 절대 보기 힘들다. 대안으로 책을 많이 읽든지 창의력을 발휘하여 남들이 가지 않은 새로운 분야를 개척하든지 해야 한다.

남들보다 능력이 뛰어나면 어디서든 환영받는 인물이 된다. 문제가 발생해도 차분하게 해결할 수 있는 능력을 책을 통해 기를 수 있다. 독서로 충분히 능력을 올릴 수 있다고 생각하여 기업마다 인재를 키우기 위해 독서경영을 활발히 하는 이유다. 목표를 세우고 꾸준히 한 걸음씩 오르다 보면 정상에 오르듯이 독서는 꾸준함이 관건이다.

뉴턴Newton이 만유인력을 알아낸 이유가 "항상 만유인력만 생각했기 때문이다"라고 말했다. 독서가 성공의 기본이라면 무조건 독서에 시간을 할애해서 읽어야 한다. 책 읽는 사람이 정상에 오를 수 있고 세상을 움직이는 소수 안에 들 수 있다.

아무리 원대한 포부가 있다고 한들 꾸준한 실천 없이는 무용지물이다. 성공한 사람을 보면 그가 어떤 습관을 지니고 있느냐에 따라 운명이 달라진다. 습관은 자신을 살리는 습관도 있지만 죽이는 습관도 있다. 어떤 습관을 지니고 있느냐에 따라 인생이 달라진다. 독서 습관은 흙수저로 태어났어도 얼마든지 금수저 대열에 들어설 수 있는 수단이다. 자신이 책 읽는 즐거움을 안다면 이미 성공한 거나 다름없다. 정상에 우뚝 서서 세상을 움직인 사람들은 하나같이 독서인이었다.

책 읽기로 미래를 꿰뚫어 보라

지금까지 수많은 책을 읽은 결론으로 말할 수 있는 것은 독서는 삶을 변화하기 위한 최고의 수단이다. 제대로 읽고 활용하면 반드시 세상을 살아가는데 필요한 지혜를 얻을 수 있다. 현대인은 모두 바쁘다는 말을 입에 달고 산다. 어른은 말할 것도 없고 어린 초등학생조차 너무 바빠서 여유 시간이 없다고 한다. 책을 읽고 싶어도 읽을 시간이 없다고 말하는 사람들이 많다. 자투리 시간을 잘 활용하면 얼마든지 책을 읽을 수 있다고 조언하면 난색을 보이는 사람도 많다. 즉, 지금 책을 읽고 있는 사람이 많지 않다는 사실이다. 미래를 내다볼 수 있는 혜안을 얻으려면 책을 읽어야 한다.

책을 읽지 않으면 사고력이 비좁아서 문제에 대한 답을 내놓을 방법을 모른다. 그러므로 책을 읽어야 한다. 책을 읽는다는 것은 자신의 인생을 조각하는 것과 같다. 자신의 힘으로 읽어낸 책들이 역경에도 흔들리지 않게 강인하게 해준다. 시인 장석주는 대추 한 알 붉어지는 것도 천둥과 태풍 벼락을 견

뎌야 한다고 했다. 결과물을 얻기 위해서는 무엇인가 원인을 심어야 한다. 가만히 입 벌리고 하늘을 쳐다본다고 채워지지 않는다. 스스로 원하는 목적이 있다면 그에 맞는 행동이 실천되어야만 한다. 자기 발전을 이루기 위해서는 스스로 학습 독서를 해야 한다.

사람이 변화하기 위해서는 강력한 그 무엇이 필요하다. 그게 바로 독서다. 책을 통해 자신이 변했다는 것은 행복과 성공의 가치관이 달라졌다는 말이다. 가치 기준이 달라지면 모든 것이 달라진다. 행복과 성공을 향해 나아가는 길도 이전과 전혀 다른 길이 된다. 어제까지 자신이 걸어온 길과 다를 뿐 아니라 과거 어느 누가 걸어온 길과도 다르다.

책 읽는 최고의 습관을 들이면 최고의 사람이 된다. 독서가 습관이 되면 50권이 100권이 되고 1,000권이 되어 운명까지도 바꾸어 놓는다.

책은 사람을 위대하게 만든다. 책을 읽지 않고서 최고가 된 사람은 손에 꼽을 정도로 드물다. 하지만 책을 읽고서 최고가 된 사람은 수없이 많다. 먼 곳에서 찾을 필요도 없다. 신용호, 정주영 같은 경영인을 비롯해 마오쩌둥도 젊은 시절 엄청난 양의 독서를 했고 평생 책을 읽었다. 잘 알려진 투자자들도 하나같이 책을 많이 읽은 사람들이다. 그들은 책을 통해 세상과 자본주의 사회가 어떻게 돌아가는지를 꿰뚫어 보는 통찰력을 배웠다. 그리고 자신의 삶에 적용했다.

책을 통해 위기와 시련을 극복한다

성공자의 위치에 오른 사람치고 책을 읽지 않은 사람을 못 봤다. 세상에 영웅들은 모두 책으로 만들어졌다고 해도 과언이 아니다. 성공자와 일반 사람의 차이는 생각의 차이다. 그 차이를 만들어내는 것이 독서다. 성공자와 실패자의 차이는 독서 습관으로 알 수 있다. 습관 중에 아침에 일어나자마자 책을 손에 들고 읽는 사람은 가장 가치 있는 습관을 지닌 사람이다. 아무리 삶의 역경이 닥쳐도 책을 통해 극복할 수 있는 게 책이 가지고 있는 위대한 힘이다.

독서를 한 사람이라면 한눈에 알아볼 수 있을 정도로 그들만의 독특한 분위기가 있다. 지적인 모습은 누구나 소망한다. 책을 많이 읽는다는 이유로 정상에 있는 사람들과 어깨를 나란히 할 수 있다. 독서는 읽는 사람을 존귀하게 만들어 준다. 책 읽는 사람이 세상의 주인이 될 확률이 높다.

화학자이며 물리학자인 독일 철학자 프레더릭 빌헬름 오스트발트 Friedrich Ostwald는 성공한 사람은 어떤 닮은꼴이 있는지 연구했다. 그의 연구 결과에 따르면 성공한 사람들은 두 가지 공통점이 있었다. 실패 앞에서도 포기하지 않는 긍정의 마음과 엄청나게 책을 많이 읽는 다독가였다는 사실이다.

독서가 얼마나 중요한지 알 수 있는 부분이 빌 게이츠Bill Gates가 "하버드 졸업장보다 독서가 더 중요하다"고 했던 말이다. 삶에 대한 욕구가 강한 사람은 지적 욕구도 강하다. 지적 욕구가 강한 사람일수록 책을 가까이한다. 인생을 걸고 꼭 성취하고야 말겠다는 꿈이나 목표가 있는가? 지금은 자신이 미약하지만 평범함을 뛰어넘어 비범해지고 싶다는 의욕이 있다면 책을 읽어야 한다. 성공자들은 한결같이 독서를 많이 해서 꿈을 이룬 사람들이다. 그들이 꿈과 비전을 이룰 수 있었던 바탕에는 언제나 책이 있었다.

책은 사람을 살린다. 벼랑 끝에 선 손정의를 살렸고 청력을 잃은 베토벤을 살린 것이 책이었다. 이처럼 책은 어려움을 극복하고 다시 살아가는 힘을 제공한다. 소중한 책에 둘러싸여 흐뭇한 미소를 지으며 독서 하는 모습을 상상해 보자. 어떠한 환경에도 우리는 책에 몰입할 수 있다. 세상을 살아가다 보면 역경과 시련은 피해갈 수 없다. 하지만 책을 읽고 무장한다면 어떠한 위기에도 흔들리지 않는 반석 같은 사람이 될 수 있다. 이제 독서는 시간 때우기나 취미가 아니라 자기 발전을 위한 공부여야 한다.

02

1년 100권, 누구나 1년으로 100권 독서를 할 수 있다

　　독서를 매일 하는 사람은 책 읽기가 수월하지만, 독서를 안 하던 사람이 책을 보면 머리에 남는 것도 없고 속도도 느리다. 책 읽기를 습관적으로 만들기 위해서는 목표를 정하고 하루도 빠짐없이 읽어야 한다. 하루에 30분을 읽겠다든지 일주일에 3권을 읽겠다든지 목표량을 정하고 꾸준하게 책을 읽으면 습관이 자리 잡게 된다. 독서 습관이 자리 잡을 때까지는 의도를 세우고 근勤하게 독서를 해야 한다. 하루 운동으로 근육이 만들어지지 않는 것처럼 독서도 꾸준하게 읽어야 독서 힘이 생긴다. 목표량을 정하고 꾸준히 책을 읽으면 누구나 독서 고수가 될 수 있다.

목표를 정하고 읽으면 능률이 배가 된다

일단 독서를 하기로 마음을 먹었다면 먼저 계획 독서를 할 필요가 있다. 아무런 계획 없이 마음만 앞서 이책 저책 마구잡이로 읽다 보면 쉽게 지쳐 독서에 대하여 반감을 품을 수 있다. 책을 읽겠다고 마음을 먹었다면 무조건 목표를 세워서 읽어야 한다. 혹시 계획한 독서량을 채우지 못했을 때 그다음 날이라도 못했던 양을 채워서 꼭 읽어야 한다. 직장인일 경우 일이 바쁘고 힘들므로 노력해서 읽지 않으면 주말에도 책읽기가 힘들다. 직장인이라면 업무에 관한 책을 읽는 것도 한 방법이다. 현재 직업에 관한 책을 읽다 보면 맡은 업무에서 남들보다 능력을 키울 수도 있다. 남들이 보지 못한 면을 보고 깨달음을 얻을 수도 있다.

나는 처음에는 재미를 목적으로 소설이나 비문학을 읽으면서 독서량을 늘렸다. 재미를 목적으로 보더라도 그 안에서 얼마든지 독서의 이익을 얻을 수 있기 때문이다. 책을 꾸준히 읽다 보면 책 읽는 힘이 생겨 두꺼운 책도 부담 없이 읽게 된다. 그만큼 독해력이 높아졌다는 것이다. 습관이 인생을 만들듯이 독서를 하는 것도 습관 중 하나다. 습관이 되면 언제든지 상관없이 책만 손에 들려있다면 읽을 수밖에 없다. 책 읽기는 자신의 의지로 시작해야 한다. 누가 좋다고 해서 시작한다면 중간에 포기도 쉽다.

한 분야의 책을 약 100권 정도로 읽으면 그 분야에서 전문가로 인정받을 만큼 식견과 지식을 얻을 수 있다고 한다. 책을 읽을수록 지식이 쌓이므로 더 알고 싶다는 욕구가 생긴다. 독서에도 좋아하는 마음이 중요하다. 책 읽기를 좋아하는 사람을 이길 수 없다. 즐기면서 책 읽기를 하는 사람은 더 깊게 읽을 수 있고 행복을 느낄 수도 있다. 좋아해서 읽다 보면 좋아하는 작가도 생기고 좋아하는 분야의 책도 생긴다. 그러면 그것을 중심에 두고 책을 골라 읽어나가면 습관이 잡힌다. 무작정 읽는 것보다는 목표 권수를 정해놓고 읽으면 더 효율적으로 읽을 수 있다.

하루 24시간 누구나 똑같은 시간을 살고 있다. 누군가는 항상 시간이 모자라 주위가 늘 부산스럽다. 반면 누군가는 내가 해야 할 일을 제대로 해내면서도 자신이 하고 싶은 일까지 하며 즐겁게 산다. 책 읽기도 이와 같다. 어떤 사람은 한 달에 책 한 권을 읽을 시간도 없다고 말하지만 어떤 사람은 하루에 한 권씩 책을 읽기도 한다. 우선순위에 무엇을 두느냐에 따라 충분히 해낼 수 있는 일이다. 책 읽기는 단호하게 목표량을 정하고 무슨 일이 있어도 해내야겠다는 각오로 임해야 나중에 성과가 보인다.

독서로 4차 혁명 시대를 대비하라

　인공지능 시대에 인간의 고유한 능력을 향상하기 위해서는 취미 독서를 넘어 학습 독서를 해 나아가야 한다. 독서는 해도 되고 안 해도 되는 취미가 아니라 필수적으로 책임 의식을 가지고 해야 한다. 이제 성장사회가 막을 내리고 지식사회로 이동했다고 할 수 있다. 그런 변화에 균형을 맞추기라도 하듯 사회도 변했다. 성장사회가 집단을 중요하게 여겼다면 지식사회는 각자 개인시대로 바뀐 것이다. 특히 앞으로 다가오는 미래에는 스스로 우뚝 서야 한다. 독서를 통해서 지식을 습득하고 다른 사람의 경험을 공감하는 체험은 4차 혁명 시대를 대비하는 좋은 자세다.

　책읽기로 하루 이틀 만에 변화무쌍이 일어나지는 않는다. 종이 한두 장 차이는 거의 없지만 1,000장이 쌓이면 그 무게가 엄청난 것처럼 독서도 하루하루 쌓이다 보면 성과가 일어난다. 오늘날 읽기는 누구나 할 수 있지만 이 보물을 꺼내어 쓰는 자가 소수에 불과하다. 한때는 일부 권력자들에게만 전수해오던 글 읽기가 이제 누구나 읽게 됐는데도 얼마나 강력한 도구인지도 모르는 사람들이 태반이다. 평범한 사람도 책읽기로 얼마든지 비범한 사람이 될 수 있다.

4차 혁명 시대에 자신이 별다른 계획이나 준비가 없다면 더욱더 책을 읽어야 한다. 책을 읽는 것은 나에게 활용할 수 있는 지식이 점점 늘어난다는 것이다. 읽는 권수만큼 지적자산은 월등히 많아진다. 그러므로 책을 펼칠 때는 이 책이 나에게 어떤 선물을 가져다줄지 설레는 마음으로 책을 읽어야 한다. 다가오는 인공지능 시대에 학습 독서만이 경쟁력을 쌓을 수 있는 유일한 방법이다. 책을 읽지 않으면 미래를 볼 수도 준비할 수도 없다. 책읽기는 자신의 미래를 준비하는 지혜로운 자세다.

왜 CEO들이 바쁜 와중에도 책을 많이 읽을까? 성공한 사람의 공통된 자질과 습관 중의 하나가 항상 책을 읽었다는 사실이다. 그들은 독서를 통해 성공자가 될 수 있었다. 독서를 통해 수없이 많은 고난과 역경을 극복할 수 있었고 위대한 업적과 성공을 거둘 수 있었다. 따라서 독서의 몰입은 위대한 인생을 살아갈 수 있는 지름길이다. 책을 읽으면 만 배의 이익이 있다는 말처럼 책은 읽는 자에게 성공의 비밀을 알려주고 있다. 독서란 세상을 잘 살아가는 방법이기도 하다. 특별한 재능이나 매일매일 새로운 도전을 하며 경험을 늘려가는 사람이 아니라면 망설이지 말고 지금 당장 책을 펼쳐야 한다.

타고난 성품까지도 변화시킨다

책 읽기를 꾸준히 하면 인격 형성을 이루는 데도 도움이 된다. 위대한 사람이 처음부터 위대했던 것이 아니라 평범한 사람도 꾸준히 노력하여 비범한 경지에 이른 것이다. 독서를 통해 몸과 마음도 건강해질 수 있다. 독서 하는 사람은 자신의 건강도 돌보며 소중하게 여긴다. 독서는 삶을 더욱 윤택하고 건강하게 해주는 것이다. 책을 읽는 사람이 부정적인 생각보다 긍정적인 생각을 더 많이 한다. 긍정과 부정은 종이 한 장 차이지만 결과는 삶의 질을 바꿀 만큼 크게 달라진다. 부정적인 생각은 부정을 불러오고 긍정적인 생각은 긍정을 불러오기 때문이다. 생각은 말과 행동까지 지배한다고 해도 과언이 아니다.

책을 통해 내면을 다스리고 지혜를 구하는 방법들도 알 수 있다. 나만의 세상에서 벗어날 수 있는 유일한 방법이다. 우물 안 개구리처럼 생각에 갇혀 있는 사람들이 많다. 마음이 조잡한 사람도 책을 통해 변화가 시작된다. 몸은 어른이지만 사고 자체가 어린아이처럼 유치한 행동을 하는 사람도 있다. 독서는 생각을 유연하게 해주고 다양한 모습들을 보여주고 여유롭게 해준다. 책을 통해 상황을 대입해서 더 좋은 방법들을 찾기 때문이다. 이 시대 최고의 비즈니스 경영전략가 게리 해멀 Gary Hamel 교수는《꿀벌과 게릴라》라는 책에서 책을 읽지 않게 되면 평생 도약하지 못하고 그 수준에 머물러 진부한 인생을 산다고 말했다.

집에서 마냥 책만 보고 있거나 생각만 하고 있으면 아무런 변화가 일어나지 않는다. 책을 읽었으면 그에 따른 변화도 중요하다. 한 권이라도 제대로 읽고 실천하고 열심히 살아가다 보면 정상에 이룰 수 있다. 책을 많이 읽으면 훌륭한 사람이 될 수 있다. 지금 우리 시대에 위대한 인물이 많이 나오지 않는 이유는 그만큼 책을 많이 읽는 자가 없기 때문이다. 큰 꿈을 가졌다면 한 권이라도 더 읽으려고 노력해야 하고 인간관계도 더 신경 써야 한다. 책 속에서 지혜를 얻어 수많은 기회를 스스로 발견해야 한다. 책을 많이 읽으면 지식이 풍부하고 생각도 여유로워서 성격도 온유하게 변한다.

미약하고 나약한 사람도 책을 통해 강한 사람이 될 수 있다. 책을 통해 현실에서 일어나는 일보다 더 극적이고 불우한 사건을 간접 체험할 수 있다. 이를 통해 현실에서 맞닥뜨리는 삶의 슬픔과 고통이 다가와도 헤쳐 나갈 수 있는 의지가 생긴다. 또한 책을 통해서 현실에서 쉽게 발견할 수 없는 것들을 깨달아서 더욱 지혜로워진다. 책을 통해 마음공부까지 가능하다. 일단 100권 목표를 가지고 읽기에 도전해보자. 읽기 전과 읽은 후의 모습은 확연히 다른 모습이 된다. 한번 태어난 성품은 고칠 수 없다고 하지만 독서인은 책으로 얼마든지 달라질 수 있다.

03

좋은 책을 읽은 사람은
인생이 변한다

　책을 많이 읽으면 운명과 의식 수준이 바뀐다. 세상에 일어나는 모든 일에 대해 이해할 수 있고 포용력이 넓어진다. 아무리 자신에게 두려운 상황이 닥쳐도 고요한 마음을 방해하지 못한다. 마음이 평화롭고 풍요로우며 고요한 상태로 다시 태어나는 것이다. 본성이 맑고 밝게 고쳐진다. 좋은 책은 인간의 본성을 이해하고 사물의 본질과 관계성을 잘 파악하게 해준다. 수준 높은 책을 많이 읽으면 사람들과의 대화도 한층 매끄럽게 할 수 있게 된다. 의식 레벨 지수 또한 놀랄 만큼 향상된다. 자신의 의식과 생각이 높아지므로 그동안 보지 못했던 기회들을 보게 되어 인생이 새롭게 변화되기도 한다.

스스로 공부하는 사람만이 살아남는다

이시형 박사는 미래에는 공부하는 사람만이 살아남는다고 했다. 당연한 이치이고 오랜 역사가 증명해왔다. 지금부터라도 평생의 습관으로 만드는 독서를 시작한다면 자기가 원하는 성공적인 삶을 살 수 있다. 현대인들은 대부분 인터넷이 만들어 놓은 막강한 정보력 때문에 굳이 책의 필요성을 못 느끼며 살아가고 있다. 하지만 인터넷은 검증되지 않은 정보도 많을뿐더러 깊이가 없어서 삶의 철학을 완성시키지는 못한다. 인간의 잠자는 힘을 깨우기 위해서 더욱 책읽기에 몰입해야 한다.

살아가면서 많은 문제가 일어나지만, 책을 읽는 자는 여유로움을 잃지 않는다. 이미 책 속에서 수많은 사람의 경험을 쓴 글을 읽고 그들의 지혜를 빌렸기 때문이다. 책을 읽지 않은 자는 읽는 자에게 끌려가는 삶을 살게 된다. 책을 늘 가까이하는 사람은 주도적이고 독립적이기 때문이다. 앞으로의 세상은 책을 읽은 자와 읽지 않은 자로 나뉠 것이다. 스스로 왜 독서를 하려고 하는지를 명확히 아는 자는 손에서 책을 놓지 않는다. 책 속에서 변화된 세상을 빠르게 읽을 수 있어 결국 공부하는 사람만이 인생의 성공자가 될 수 있다.

밥을 먹지 않고 살 수 없는 것처럼 독서를 하지 않고 현명해질 방법은 없다. 현명한 자란 배우고 지혜롭게 사용하며 더 나은 방향으로 이끄는 자를 말한다. 배움을 얻을 수 있는 가장 효과적인 방법이 독서다. 처음부터 독서로 시작하면 현명해지고 사고력이 높은 사람이 될 수 있다. 책을 많이 읽은 사람은 풍기는 아우라가 다르다. 보이지 않는 보호막이 쳐져 있는 것처럼 지적 풍모와 안정감이 묻어난다. 문제가 생기더라도 책을 읽은 사람은 안 읽은 사람에 비해 탄력적으로 해결할 수 있다. 세상은 변화에 빠르게 대응할 수 있는 끊임없이 공부하는 사람을 필요로 한다.

　　책을 통해 인간은 시행착오를 거치지 않고 문제 원인과 해결책을 찾을 수 있다. 사색 독서를 활용하여 문제를 해결할 수 있다. 사고력의 발달은 언어를 이해하는 능력에서 키워진다. 언어의 이해 능력을 키우는 방법은 독서가 가장 빠르고 강력하다. 현재 사회 지도층 사람들은 언어 이해 능력과 사고력이 높은 사람들이다. 사고력과 통찰력이 발달해야 정상에 우뚝 설 수 있다. "역사를 통해서 살펴봐도 지식이 권력이다."라고 할 정도로 결국 지식인들이 정상에 올랐다. 앞으로는 책 읽는 사람만이 살아남는 시대가 도래할 것이라고 많은 책에서 언급한다.

책읽기로 운명을 바꿀 수 있다

　행운이란 새롭게 갑자기 찾아오는 게 아니다. 자신이 실력을 갖추고 있어야 행운을 알아볼 수 있다. 따라서 행운은 스스로 만들 수 있다. 다양한 분야의 책은 다양한 관점을 갖게 되고 사물을 바라보는 시선도 폭이 넓다. 책읽기로 생각이 깊어지므로 무심코 지나쳤던 주변 상황들에 관심을 가지고 보게 되고 남들이 보지 못한 행운도 발견할 확률도 높다. 책 읽는 것으로 자신의 운명까지도 스스로 조각할 수 있다. 많은 양의 독서를 하면 책의 좋은 기운을 많이 흡수하여 운명까지도 스스로 바꿀 수 있다.

　독서로 의식 수준이 높아지면 폭넓은 세상을 이해할 수 있다. 그동안 자신이 두려웠던 상황이나 힘들었던 어떤 상황도 방해하지 못한다. 이미 읽은 후의 모습은 읽기 전 모습이 아니기 때문이다. 마음이 평화롭고 긍정적인 성격으로 에너지가 밝은 사람이 된다. 인간의 마음가짐을 이해하고 사물의 본질과 관계도 잘 알게 된다. 사람들과의 대화나 업무도 효율적으로 향상된다. 자신의 의식 수준이 높아지므로 주위에 높은 의식인 들로 채워짐으로 그동안 보지 못했던 기회들도 보게 되고 행운으로 만들어 간다.

　자신의 운명을 바꾸자고 한다면 독서 하는 습관으로 바꿔야 한다. 독서 습관은 운명을 바꾸는 강력한 방법이다. 내가 책을 읽고 일어나는 상황에 다른 행동을 하면 내가 다른 운명을 선택하는 것과 같다. 독서는 마음을 열고 읽으면 삶을 변화시키는 데 많은 도움이 된다. 열린 마음으로 독서 하면 분명히 자신에게 필요한 문구가 눈에 들어온다. 스스로 변화하겠다는 의지를 갖고 책을 읽는 것이 중요하다. 의지를 세우고 읽을 때 내 의식이 변화하여 행운까지도 끌어올 수 있는 긍정의 마음 상태가 된다.

한 권의 책을 읽음으로써 자신의 운명을 송두리째 바꾼 사람들도 많다. 책을 통해 새로운 세계를 만나려면 그동안 갖고 있던 고정관념과 사고방식을 완전히 버릴 수 있어야 한다. "새 술은 새 부대에 부어라."라는 말처럼 이전에 생각들을 새롭게 세팅해야 한다. 책을 통해 거듭나겠다는 각오로 수불석권手不釋卷 해야 한다. 우리가 궁금해 하고 어떻게 살아야 하는지 모든 질문에 대한 답이 책 속에 있다. 보물을 찾듯이 책을 통해 지혜와 분별력을 갖추게 되면 운명까지도 스스로 다스릴 수 있다. 책 속에서 과거 역사를 통해 수많은 사람이 이것을 증명해왔기에 가능한 현실이다.

---

1 **수불석권(手不釋卷)** : 손에서 책을 놓지 아니하고 늘 글을 읽음

책읽기로 자신에게 투자하라

자신에게 가장 좋은 투자는 독서다. 지금의 허접하고 나약한 자신을 강인하고 지혜로운 자로 만드는 것이다. 하루하루 전전긍긍하며 살아가는 사람을 미래를 내다보는 비범한 인물로 바꾸어 놓는다. 그 무엇으로도 바꿀 수 없는 실상을 책을 읽으므로 변화시켜 버린다. 책을 읽으므로 얻는 것은 언제나 상상 그 이상이다. 평범함을 넘어 지식과 지혜를 갖춘 특별한 사람이 된다. 일반 사람보다 생각이 앞서고 지도자가 될 수 있다. 훌륭한 지도자라면 남이 보지 못한 것을 볼 수 있어야 하고 미래를 내다볼 수 있는 혜안慧眼이 있어야 한다.

지금의 삶에 만족하는 사람은 거의 없을 것이다. 새롭게 변화하고 싶고 돌파구를 찾고 싶은 사람은 책에서 방법을 찾아야 한다. 영양가 없는 사람들과 만나 시간을 낭비할 바에는 그 시간에 책을 읽는 게 훨씬 이롭다. 앞선 많은 위대한 사람들이 책을 통해 그 자리에 왔다고 고백했다. 미치게 변화하고 싶은데 방법을 모르겠거든 책 속에서 그 답을 찾아야 한다. 책 속에 길이 있다는 말이 있듯이 말이다. 책은 사람의 인생을 충분히 바꿀 수 있는 강력한 도구다.

책을 읽으면 지혜롭고, 똑똑해진다. 과거에는 글을 읽을 줄 아는 것 자체가 굉장한 특권이었다. 지도자가 되려면 꼭 갖추어야 하는 능력이기도 했다. 조선시대 양반사회에서는 하인이 글을 읽으면 몰매를 맞았다. 오로지 계급자들만 책을 소유하고 지배했다. 지금은 누구나 책을 읽을 수 있는 상황임에도 불구하고 책 읽는 사람이 소수다. 깨어있고 지혜로운 자는 책이 원하는 목적지에 데려다줄 것을 믿는다. 책 읽는 자를 가장 두려워하라는 말이 있듯이 꾸준히 책을 읽는 자는 불확실한 시대에 방패를 두른 것이나 다름없다.

독서의 가장 큰 이로움은 남들과 다름이다. 남들보다 발전적인 생각을 하는 데 필요한 것이 독서다. 남들과 다르게 돋보이는 사람들은 한결같이 책을 읽는 사람들이다. 매일 단 십 분이라도 책을 읽고 주기적으로 서점에 들러 관심 분야의 책을 사서 읽어야 한다. 이렇게 성실하게 읽은 독서량이 쌓여서 어떤 일도 자신감 있게 할 수 있고 헤매는 시간을 단축할 수 있다. 자기 자신을 사랑한다면 간절히 독서를 해야 한다. 책을 읽으므로 인생을 살아갈 경험과 지혜를 얻기 때문이다. 독서야말로 자기 자신에게 하는 최고의 가치 있는 투자다.

04

학교의 제도권 교육은 한계가 있기에
박사와 고졸의 지력 차이는 없다

우리나라 현재 제도권 교육은 많은 변화를 해야 한다. 종전의 교육 방법은 개개인의 무한한 잠재 능력을 끌어낼 수 없는 교육제도이다. 학교 밖에서의 사회와 너무 동떨어진 교육에 막상 현실에 부딪히면 배웠던 지식이 무용지물일 때가 많다. 학교 교육 방법을 전체적으로 다시 재정립해야 하는 이유다. 그전에는 제도권 안에서 우수한 대학을 나와야 정상에 빨리 오를 수 있었다. 지금은 남발된 대학 졸업장보다 책을 통해 전문지식을 넓힌 사람을 주도적이고 독립적인 사람으로 인정하는 시대가 됐다. 독서로 얼마든지 솟아오르는 용이 될 수 있다.

책 읽기는 제도권 밖 교육의 대안이다

국민 1인당 독서량과 국가의 경제력이 비례한다고 한다. 개인의 독서량이 많을수록 국가가 부강해진다. 지적 수준이 높아지면 지적자산이 생존경쟁에서 우위를 선점할 수 있기 때문이다. 대부분 사람이 학창 시절을 지나고 돈과 시간을 들여 다시 공부한다는 것은 어려운 일이다. 이런 사람들에게 소크라테스는 남이 쓴 책을 많이 읽으면 남이 고생하여 얻은 지식을 쉽게 내 것으로 만들 수 있다고 말했다. 이 말은 스스로 독서를 통해 지식인이 될 수 있다는 사실이다.

미국의 시카고대학교 총장이던 허친스Hutchins는 강의식 교육에 한계를 느끼고 학교 학생들에게 재학 기간 중 고전 100권 이상을 읽게 하는 시카고 계획을 시도하였다. 고전 책 리스트를 주고 이 책들을 읽은 학생에게만 졸업할 수 있는 조건을 내세웠다. 어쩔 수 없이 학생들은 고전 철학을 읽어야 했다. 그러는 동안에 혁명적인 변화가 일어났다. 꼴찌였던 대학을 명문대학으로 탈바꿈시키는 놀라운 결과가 일어난 것이다. 시카고 계획 이후 노벨상을 받은 사람이 88명이나 배출된 것이다. 책을 통해서 얼마든지 잠재된 능력을 도출할 수 있다는 놀라운 일화다.

공부는 평생 해야 한다. 학창 시절에 배운 지식만 가지고 사회생활을 지속한다는 것은 불가능하다. 현대 사회는 직업도 수없이 사라지고 새로운 직업이 생기는 시대다. 지금 내 직업이 어느 순간 사라질 수도 있는 시대다. 미래를 내다볼 수 있는 혜안이 없다면 나와 내 자식들에게도 어려움을 물려주게 된다. 눈으로 글자를 읽는 것만이 독서가 아니라 책을 읽으면서 스스로 사색할 수 있어야 진짜 독서다. 그렇게 함으로써 진정한 해답을 찾게 된다. 생각이 바뀌고 결과적으로 삶 자체가 바뀌게 된다.

정규 교육이 성공을 담보하지 않는 시대다. 알리바바그룹을 창업한 마윈 馬雲 역시 대단한 학위자도 아니었지만, 중국 유통업계 혁신을 불러왔다. 그 또한 대단한 책벌레였다. 책을 통해서 제도권 밖에서도 성공할 수 있는 사례가 많다. 모든 학문의 기초가 독서이기 때문이다. 변화무쌍한 미래를 선점하기 위해서는 책 읽기가 가장 적합하다. 인터넷 정보홍수 시대에 가치 있는 정보를 뽑아 쓸 수 있는 능력도 책 읽기에서 길러진다. 현대 경영학의 창시자 피터 드러커도 대학을 다니지 않고 오로지 도서관에 눌러앉아 책을 읽으면서 공부했다고 한다. 정규대학을 다니지 않고서도 빠른 변화에 적응할 수 있는 독서는 학교 밖 차원에서 가장 성공적인 대안이다.

자신만의 창조적인 콘텐츠를 만들어라

앞으로 책을 읽지 않는 사람은 그 어느 집단에도 어울리지 못한다. 독서를 한 사람과 하지 않는 사람은 물과 기름처럼 융화될 수가 없다. 책을 읽는 사람끼리 교감이 되니 통하지 않는 사람과 당연히 어울리지 못한다. 학교에서 배운 지식으로 몇 년이나 버틸 것 같은가? 예전에는 10년에 걸쳐 변화했던 것이 이제는 1년 안에 변한다. 책을 보는 사람은 이해력이 높아 전체 문맥을 빠르게 이해하고 핵심 문맥을 빠르게 도출해 낸다. 무의식적으로 모든 사람이 책 읽는 사람을 좋아한다. 독서인은 어느 곳에서든 환영받는다. 그러므로 언제 어느 곳에서든지 책 읽는 모습을 자신만의 콘텐츠로 만들어라.

책의 이로움을 알았다면 언제든지 손에 들고 읽을 수 있어야 한다. 장소를 구분하지 말고 항상 읽을 태세를 갖추어야 한다. 나폴레옹도 전쟁터에서 말안장 위에서 책을 읽었다고 하지 않는가? 이렇게까지는 못해도 항상 책 읽기를 통해 정신적 영혼에 영양분을 공급해야 한다. 우리 마음은 잠시만 딴눈을 팔아도 금세 제자리로 돌아가려는 관성이 있다. 독서는 끊임없이 자기 자신을 채찍질하여 자신만의 고유한 특성을 끄집어내는 작업이다. 책 읽기도 마음수련과 같다. 읽다 보면 내면이 그만큼 커지기 때문이다.

책을 통해 새로운 지식을 습득하는 사람들은 직장에서도 인정받을 확률이 높다. 나의 경우 회사 대표님이 책이 많이 있었다는 이유로 채용했다고 전해주었다. 많은 사람들은 은연중에 책 읽는 사람을 좋아하고 신임하는 경향이 있다. 본인들은 읽지 않아도 직원이나 자식들은 책을 읽기를 간절히 원한다. 그들도 공통으로 책 읽기가 위대한 습관이라는 것을 안다. 어디서든 항상 책을 손에 들고 읽고 있는 모습은 돋보이게 한다. 자신을 책 읽는 사람으로 경쟁력을 높여라.

수많은 지식 속에서 키워드를 뽑아내 자신만의 창조적인 콘텐츠를 만들 수 있다면 남다른 감각으로 성공반열에 올라설 수 있다. 금융기관에 뛰어난 분석가들은 집중적인 책 읽기로 수많은 정보에서 핵심 키워드를 빠르게 뽑아낼 줄 아는 사람들이다. 책에서 핵심을 빠르게 이해하고 관심 키워드를 뽑을 수 있으면 원하는 위치에 올라설 수 있다. 세상에서 성공한 사람들은 꾸준히 공부하고 책을 읽고 세상에 이치를 깨달은 자들이다. 남들이 보지 못하는 1cm를 볼 수 있는 실력이 향상됨으로 원하는 소득도 덩달아 따라온다.

책에서 정보의 샘을 이용하라

공부를 잘했던 사람들이 피치 못할 사정으로 대학에 가지 못했을 경우 열등감이 강하다고 한다. 그 예로 김대중 대통령은 평전에서 학력 열등감을 떨

치기 위해 항상 책을 들고 읽었다고 한다. 장소를 불문하고 시간이 나는 대로 책을 읽으므로 배움에 대한 갈망을 채웠다. 지금은 지자체마다 도서관이 잘 정비되어 있다. 스스로 공부하고자 마음만 먹는다면 얼마든지 자유롭게 도서관을 이용해 정보를 얻을 수 있다. 지금은 대학을 나왔다고 특별하게 생각하지도 않는다. 오히려 고졸이면서 자기가 좋아하는 분야에 일찍 도전하여 두각을 나타냈다면 더 잘 출세하는 세상이다. 외부를 탓할 핑계가 없다.

독서의 이득은 사고력이다. 눈으로 그저 글자를 읽는 게 아니란 생각을 하면서 읽어야 진정한 도움이 된다. 책 속에는 많은 정보가 들어있기에 누구라도 읽고 지식과 지혜를 찾아가는 사람이 주인공이다. 구체적인 정보를 전달하는 매체로 책만 한 게 없다. 우리나라 기업들이 너도나도 독서경영을 운영하는 것도 독서로 유능한 사원들을 만들기 위해서다. 필독서를 선정하여 의무적으로 읽게 해서 인사고과에까지 반영하는 것을 보면 독서가 얼마나 경쟁력인지 사주들도 알고 있다. 독서는 책을 통해 자기 능력을 드러내는 방법이다.

책 속에는 정보의 샘이 넘쳐흐른다. 누구든지 독서해서 먼저 정보를 퍼가는 자가 주인이다. 노예로 살지 않는다. 책을 읽는다는 것은 자신에게 쉼터를 제공 하는 거와 같다. 지친 몸과 마음을 책을 통해 치유하고 에너지를 재충전 해야 한다. 21세기를 살아가려면 정보력도 그만큼 중요하다. 남보다 앞설 수 있는 발판이 되기 때문이다. 고등교육을 받지 않았어도 책 속에서 얼마든지 지혜를 습득하고 정보력을 쌓을 수 있다. 대표적인 인물이 교보문고 신용호 회장이다. 신 회장은 "책이 사람을 만들고 사람이 책을 만든다!"라는 유명한 어록을 남겼다. 초등교육도 제대로 못 받았지만, 기업경영인이 될 수 있는 놀라운 원동력을 책을 통해 도움 받았다고 말했다.

미래사회에서 성공 요소로 우대받는 필수요건이 지적자산이라고 한다. 우리는 하루 세 끼 식사를 통해서 신체에 영양분을 공급하여 에너지를 만들어낸다. 책 읽기를 통해 영혼에 영양분을 제공해야 한다. 하루라도 영양을 주지 않으면 시들어버리는 것처럼, 영혼도 항상 지식으로 채워주어야 한다. 샘도 퍼낼수록 맑은 물이 솟아나듯이 정보의 샘도 책 속에 있다. 책에서 지혜를 계속 퍼 올려야 한다. 도서관에 많은 책이 기다리고 있다. 누구나 책을 디딤돌 삼아 성공적인 인생을 살 수 있다. 세상이 변해서 누구나 마음만 먹으면 주인공이 될 수 있는 시대다. 학벌이 중요한 시대는 이미 지났다. 책 속에서 정보의 샘물을 마음껏 길어 올려 사용하자.

05

독서를 하는 지금이 성장하는 시간이므로 내 인생의 황금기다

열심히 노력해서 현재 자기 모습으로도 만족하는 사람도 있을 것이다. 하지만 독서가 빠진 성공은 모래 위에 지은 성과 같다. 조그만 비바람에도 뿌리째 흔들린다. 성공한 사람일수록 더 책을 읽는 이유가 정상을 오르는 것 보다 지키는 게 더 어렵기 때문이다. 스스로 답을 찾고 탐구해 나감으로 본질을 꿰뚫어 볼 수 있는 지혜를 책에서 구한다. 현재 자기 모습이 내세울 만한 근거가 없다고 해도 책을 읽고 있다면 기죽을 필요가 없다. 언제나 책을 가까이 두고 읽는 사람이라면 매일매일 성장하고 있으므로 지금이 가장 인생의 황금기다.

내가 변하면 세상이 변한다

　주변에 열심히 사는 사람들이 많이 있다. 그렇다면 이런 사람들이 다 성공했는가? 열심히 일한 만큼 성공하는 게 아니라 열심히 책을 읽는 만큼 성공한다. 책을 읽으므로 자신이 어떻게 살아가는 삶이 가치 있는 삶인지 스스로 찾을 수 있기 때문이다. 세상은 자신의 거울이다. 내가 책을 읽고 성장하면 내 주위에 나보다 성장한 사람들이 몰려든다. 내 의식이 뛰어오르면 높은 에너지의 사람들이 나를 이끌어준다. 내가 책을 읽고 의식이 변해 있으면 시야에 들어오는 세상도 아름답다. 모든 건 '나'로부터이다.

　변하려면 책을 읽어야 한다. 인간은 책을 읽을수록 괜찮은 인간이 된다. 읽으면 읽을수록 내 모습과 지식도 업그레이드된다. 하루라도 책을 읽지 않으면 입에 가시가 돋는다는 말처럼 지나치다 싶을 정도로 책을 읽어야 인생 혁명이 일어난다. 독서 습관은 내일을 살아갈 에너지를 장착시켜준다. 읽지 않으면 자신만 손해라는 것을 알아야 한다. 나는 책을 읽고 꿈도 찾았고 열정도 되찾았다. 큰 꿈을 꾼다면 더 많은 시간을 책읽기로 채워야 한다. 읽지 않으면 그만큼 꿈이 멀어진다는 사실을 알아야 한다.

　자신이 성장하려면 스스로 책을 읽고 발전하는 자신을 만들어야 한다. 꿈을 꿔야 삶이 성장한다. 꿈을 원대하게 꾸고 목표를 크게 잡아야 한다. 이를 위해 아주 많이 다양한 분야의 책을 읽어야 한다. 책도 많이 읽는 사람이 더 많이 읽게 된다. 독서를 많이 할수록 책을 더 쉽고 빨리 읽을 수 있는 독서 기술이 발달하기 때문이다. 성경에서 "아흔아홉 개 가진 자가 나머지 한 개를 가져간다."라는 말처럼 책도 많이 읽는 자가 더 많은 양과 질을 올리는 효과를 거둘 수 있다.

코로나로 세상살이가 힘들다고 아우성치지만, 세상은 준비된 자에게 초점이 맞춰진다. 아무리 사나운 개가 눈앞에 있더라도 내 기운이 강하면 그 개는 꼬리를 내린다. 내가 지적으로 가득 채워진 풍모라면 그 무엇도 두렵지 않다. 자신감 넘치는 사람은 매력 있다. "지금 만나는 사람과 변화가 없고 책을 읽지 않으면 5년 후 모습이 지금과 똑같을 것"이라고 찰스 존스 Charles Jones[2] 는 말했다. 변하지 않고 매몰되어 있는 자원은 썩듯이 모든 건 변화하고 성장해야 한다. 사람을 변화시키는 힘이 책에 있다. 내가 지적으로 변해 있으면 세상도 나에게 호의적이다. 모든 건 나로부터 시작한다.

---

2 찰스 존스(Charles Jones) : 동기 부여 연설가이자 작가

가치 실현하기 위해 독서하라

책읽기만큼 정직한 것도 없다. 무조건 시간과 에너지를 투입해야 성과를 볼 수 있다. 인간은 끊임없이 최상의 욕망을 갈구한다. 자신의 존재가치를 높여가려는 욕구가 살아있다는 증거다. 그러기 위해 자기 계발과 목표성취를 위해 자신을 갈고닦아야 한다. 보람된 인생을 살기 위해 스스로 성장시켜야 한다. 늘 공부하고 책을 읽어야 한다. 머물러 있어서는 발전이 없다. 인간은 가치 있는 삶을 살 때 존재감을 느끼고 행복을 느낀다. 좋은 삶의 가치가 실현되는데 필요한 조건이 독서다.

책 속에는 무한한 세계가 존재한다. 한계 없는 세계를 알고 생각하고 지혜를 구할 수 있다. 밝은 내일을 꿈꾸고 미래를 설계할 수 있다. 세상을 담고 있는 책이 온전히 내 것이 됐을 때의 모습을 상상해보자. 책을 가까이하고 품격을 갖추어야 나중에 존경받는 지도자가 될 수 있다. 스타벅스 사장 하워드 슐츠도 항상 가방에 책을 가지고 다니면서 틈새 시간을 이용하여 많은 책을 읽는다고 한다. 자신이 읽고 감명 받은 책은 구매해서 직원 모두에게 나눠주기도 한다. 이렇듯 성공한 사람들은 어디서든 독서를 즐기는 모습이다.

훌륭한 사람이 되려면 좋은 조건을 갖추어야 하고 책을 많이 읽어야 한다. 가치 실현을 구체화하기 위해서는 닮고 싶은 사람을 설정할 필요가 있다. 본받고 싶은 위인이 있으면 그와 관련된 책을 읽고 본받으려고 노력하면 된다. 닮고자 하는 사람과 늘 함께하면 목소리도 닮는다는데 위인을 책 속에서 만나서 닮아가야 한다. 옛 성인의 숨결조차도 고스란히 느낄 수 있다. 과거의 몇 세대를 거쳐 간 성인이라도 책 속에서 대화할 수 있다. 책을 통해 스스로 느끼고 깨우치는 것이 지혜로운 자의 행동이다. 가치 있는 정보를 걸러내는 일도 책읽기에서 능력이 길러진다.

"성공하는 삶보다 가치 있는 삶을 살라"라고 아인슈타인은 말했다. 인간은 가치 있는 삶을 살 때 존재감을 느끼고 보람된 인생을 살 수 있다. 성공자들이 적은 이유가 주변에 성공한 닮고 싶은 사람이 없어서 성공할 수 없다는 말이 있다. 성공자들이 각 개인을 만나주기도 만무하지만, 책 속에서는 얼마든지 만나고자 하는 성공자들을 만날 수 있다. 그들이 나침반이 돼서 방향을 잡아준다. 비용도 들지 않는다. 그저 시간과 열정만 있으면 된다. 독서를 통해 가치 실현은 물론 만 배의 이익을 얻을 수 있다.

세상을 움직이는 자는 소수이다

교육열이 높음에도 불구하고 책을 읽는 사람은 더더욱 손에 꼽을 정도이다. 주변만 봐도 책을 읽는 사람이 없다. 책이 아니어도 볼거리가 넘쳐나기 때문이다. 사람은 죽을 때까지 배워야 한다고 했다. 배우는 것으로 독서만 한 것이 없다. 독서만이 현실변화에 적응하는 빠른 방법이다. 1%의 사람들이 세상을 움직인다. 독서 비율을 보면 세상을 움직이는 사람이 왜 소수 인지 이해가 된다. 다가올 인공지능 시대에 책을 읽은 사람이 세상을 주도할 가능성이 크다. 역사에서도 세상을 움직이는 자는 항상 소수의 사람이었다.

21세기에 책을 읽지 않고 성공하겠다는 포부抱負는 아궁이에 불을 지피지 않고 방이 따뜻해지기를 바라는 마음과도 같다. 성공의 기본적인 덕목이 공부다. 성공자들은 지도자가 많은데 지도자 자격이 되려면 그만큼 남들보다 지혜가 충만해야 하고 좋은 선택을 해야 하고 잘 이끌어가야 한다. 세 살 적 버릇 여든 간다고 어릴 때부터 공부하는 자세를 길들여야 나중에 인생이 편안하다. 현재 우왕좌왕 시간을 보내버리면 허접한 인생이 기다리고 있다. 특별한 사람들은 평범함을 거부한 소수 사람이다.

일명 흙수저가 금수저로 갈아탈 방법이 있다. 계층이동도 가능한 게 책 읽는 사람들이다. 소수의 성공자는 운명대로 삶을 살지 않았다. 스스로 개척했고 위기를 기회로 바꾸었다. 이러한 결정적인 선택이 지혜와 연결되어 있다. 책 한 권 읽지 않는 자가 정상에 오를 리는 가뭄에 콩이 나듯 드물다. 완전히 인생을 뒤바꾸기 위해서는 책 읽기 대가들이 되어야 한다. 그래야 세상에 영향력을 끼칠 수 있는 삶을 살 수 있다. 소수의 특별한 사람이 독서로 사회 각 분야에서 주인공으로 우뚝 서서 다수의 세상 사람들을 이끌고 가는 형국이다.

세상에 훌륭하고 위대한 사람은 모두 독서가였다. 그들은 책 속에서 답을 찾고 지혜를 구했다. 똑같은 사람들 같겠지만 그들은 이미 보통 사람을 넘어선 사람들이다. 데이비드 호킨스 David R. Hawkins [3] 박사의 《의식혁명》 책을 보면 "사람이라고 다 같은 사람이 아니라 의식 정도가 사람마다 다르다"라고 했다. 위인, 성공자들은 수많은 독서로 의식 정도를 스스로 끌어 올렸다. 의식 정도가 높으므로 위대한 일도 해냈다. 독서 수행이라고 할 정도로 위인이 되기란 만만하지는 않다. 독서하면 이렇게 인생이 변화된다는데 안 할 사람이 누가 있겠는가? 하지만 수행 같기에 인생을 뒤바꿀 정도로 책을 읽은 사람은 손에 꼽을 듯 적다.

---

3 데이비드 호킨스(David R. Hawkins) : 마더 테레사가 상찬한 세계적인 영적 스승.

06

독서를 하면
사고력과 창의력이 폭발한다

　　자신감이 넘치고 사고가 자유로운 사람은 책을 많이 읽는다는 특징이 있다. 사고력이 높으면 그만큼 지식도 충만하다는 근거다. 책이라는 매개체는 읽다 보면 문장의 흐름과 구조가 보인다. 근거에서 뒷받침되는 주장까지 더해지기에 읽는 자가 논리적이고 어휘력까지 풍부하게 된다. 언어에 대한 깊은 이해는 사고력이 높아져 남들이 생각지 못한 아이디어도 샘솟는다. 독서로 접목하면 사고력과 창조력이 풍부해진다. 미래 혁신 인물은 사고력을 바탕으로 문제해결과 창의력이 발달한 사람이다. 독서를 많이 한 사람들의 특징은 사고력과 창의력이 높아 어디서든 주인공으로 빛난다.

미래 인재는 공감 능력이 뛰어나다

공감 능력이 많은 사람은 주위 사람들에게 인기가 많다. 누군가의 이야기를 듣고 공감해줄 때 상대방은 친구라고 생각한다는 연구 결과가 있다. 독서인은 늘 여유만만하고 생각이 자유롭다. 지식이 그만큼 많아서 보는 시야도 넓어진다. 책은 읽을수록 더 가속도가 붙어 이해력과 공감력 또한 상승한다. 나는 직장에서 나이가 들어가면서 스스로 입지가 작아진 느낌에 불안할 때가 있었다. 그때 많은 책을 읽었다. 그 당시 불편했던 상황들이 책을 읽고 난 후 전혀 불편하지 않았던 기억이 있다. 사고 공간이 새롭게 정립되었기 때문이다.

창의력과 상상력을 바탕으로 공감 능력까지 겸비한 사람은 혁신적인 인물이다. 리더라고 일컬어지는 사람들은 기본적으로 논리적 사고를 지녔다. 인생은 생각에 의해 창조된다. 남들과 생각을 1%만 다르게 해도 인생이 달라진다는 말이 그만큼 생각이 중요 요소로 작용하기 때문이다. 조용헌 교수는 "사람의 운명을 결정짓는 다섯 가지 요소 중 하나가 독서다"라고 했다. 독서인은 절대로 일희일비—喜—悲하지 않는다. 그런 사람들은 기본적으로 한 차원 높은 의식의 사람이기 때문이다. 그런 사람들의 책을 읽음으로써 공감 능력을 키울 수 있다.

다양한 분야의 책을 읽고 공부한 사람은 남이 하지 못한 남다른 생각을 한다. 남과 다른 생각이 그 사람을 비범하게 만들고 탁월하게 만든다. 자기 분야에서 다른 사람과 대체할 수 없는 인물이 된다. 피터 드러커Peter Ferdinand Drucker가 이런 인물이다. 그는 3년마다 주제를 다르게 바꾸어 가면서 책을 읽었다고 한다. 꾸준히 책을 읽은 사람은 고정관념이 없고 삶을 대하는 시선도 다르다. 유유상종類類相從이라고 내가 부드러워지고 공감 능력이 뛰어나면 내 주위 사람들도 비슷한 부류의 사람들이 끌려온다.

새로운 세상을 이끌어갈 인재는 공감 능력이 뛰어나다. 나눔과 봉사 이타利他의 마음을 가진 자들이다. 그동안에는 타인을 딛고 올라야 성공한다는 심리가 대세였다. 그러나 지금은 인간 본래의 본성으로 방향을 바꾸는 새로운 이론적 틀로 변화되었다. 인공지능 시대에는 로봇이 사람 대신 모든 일자리를 대신한다. 이러한 사실에 속수무책 손 놓고 있을 게 아니라 인간의 본성을 회복하는 기회로 삼아야 한다. 아무리 기계가 일자리를 대신한다고 해도 인간의 본성을 넘보지는 못할 것이다. 책을 통해 공감 능력을 끌어내 세상을 돕는 자가 유리한 위치에 올라설 수 있다. 공감 능력이 탁월한 자는 누구와도 대체될 수 없는 특별한 인물이 될 수 있다.

---

4 **피터 드러커(Peter Ferdinand Drucker)** : 미국의 경영학자, 작가

의도적으로 읽는 시간을 확보하라

아시아 최대 갑부 세계 5위안에 드는 복합 기업그룹을 만든 리자청_{李嘉誠, 청쿵그룹 회장}이란 인물이 있다. 리자청은 처음에는 조그만 플라스틱 조화사업을 했다. 조화사업을 발판 삼아 여러 분야를 큰 기업으로 이끈 대재벌 회장이다. 그는 남과 다른 독서 습관으로 책을 읽었는데 독서를 자신의 업무와 관련된 부분에 대해 사소한 것까지 속속들이 꿰고 읽었다. 그는 잠자기 전 반드시 책을 읽었으며 책 속에서 지혜를 구했다. 매우 바쁜 사람이었지만 의도적으로 독서 시간을 마련해서 그 시간만큼은 꼭 독서를 했다고 한다. 그의 독서 습관만 봐도 아시아 최대 부자가 된 이유를 알 것 같다.

현대 사람들은 누구나 바쁘다는 말을 입에 달고 산다. 시간이 없다는 것은 그만큼 바쁘다는 것이다. 어렸을 때는 시간도 느리게 갔던 것 같은데 지금은 어린아이들도 시간이 빠르게 지나간다고 말할 정도이다. 그만큼 에너지 축이 변화했다. 덧붙여 현란한 미디어까지 합세해 책을 읽을 시간이 없다고 말한다. 볼거리가 너무 많아 책을 읽을 시간을 확보하지 못한다고 조사 결과가 나왔다. 독서광들은 유혹을 다 물리치고 책을 손에 들었던 사람들이다. 독서 시간은 반드시 의지가 필요하다. 시간이 나서 책을 읽겠다면 영원히 읽지 않겠다는 소리나 다름없다.

독서 하는 모습은 주위를 미소 짓게 한다. 부모들도 자녀가 책을 읽고 있으면 이미 훌륭한 자녀가 된 것처럼 기특해한다. 은연중에 책을 읽지 않고서는 정상에 올라서지 못한다는 사실을 무의식적으로 그들도 알고 있다. 그래서 자신들은 독서를 안 해도 자녀들만은 책을 읽기 바라는 부모가 대다수다. 책을 많이 읽으면 직장에서도 끝까지 살아남을 확률이 높다. 독서 하는 사람이 많지 않기에 직장에서도 중요한 결정을 해야 할 때 책 읽는 자에게 도움을 요청하기도 한다.

하루 중 일정 시간 내서 독서하는 시간으로 만든다는 것은 쉬운 일이 아니다. 특히 직장인은 변수가 많아 보통 의지가 아니고선 실현하기가 어렵다. 이렇게 어려운 습관이 성공자들의 공통된 습관이라고 한 것을 보면 그들의 성공요인이 독서라는 걸 알 수 있다. 원하는 삶을 살려면 의도적으로 독서를 해야 한다. 리자청은 잠자기 전 무조건 30분 독서 하는 것을 수십 년 철칙과 같이 지켰기에 세계 갑부가 됐는지 모른다. 그렇다면 우리 일반인은 의지를 담아 의도적으로 독서 시간을 확보해서 독서를 해야 한다.

책 읽는 자에게 정년이 두렵지 않다

산업혁명 이후 대량 생산 선線에서는 성실함이 최고 무기였다. 지금처럼 디지털 정보화시대에는 성실함이 무기가 될 수 없다. 지금은 미래를 볼 수 있는 혜안과 통찰력이 성실함을 대신한다. 사물을 제대로 판단할 능력이 없으면 매우 불리한 상황이 될 것이다. 문제를 빠르게 판단하여 해결 능력이 뛰어나면 회사 내에서도 중요 인물이 된다. 나는 책을 많이 읽는다는 이유만으로 나이와 상관없이 모든 중요 결정에 내 의견이 참조된다. 나보다 더 좋은 대학을 나온 직원도 있고 기술 업무도 더 뛰어난 직원도 있지만 통찰력만은 책 읽는 자를 넘보지 못한다. 내가 가장 잘한 일은 책을 읽은 것이다.

현재 있던 직업 중에 많은 직업이 사라지고 새로운 직종들이 생길 것이다. 지금 하는 일이 언제 사라질지 모른다. 누구나 불확실한 시대에 안전함이 없다. 어제 잘 나가는 사람이 하루아침에 쪽박을 찰 수도 있다. 앞으로는 스스로 기획해서 실행하거나 결과물을 내놓는 사람이 주목받는다. 결국 생각하는 능력이 있느냐 없느냐가 생존의 요소가 된다. 책을 읽는 자는 남들이 보지 못한 것을 보기에 크게 두려움이 없다. 책을 읽지 않는 사람은 실체 없는 두려움에 잠식당하지만, 책을 읽는 사람은 안정감이 있다. 책 속 거인이랑 같이 움직이기 때문이다.

내가 책을 읽는 한 책 속의 지혜들이 나를 도울 것이기에 독서는 나의 힘이다. 책 읽는 자가 어디서든 당당한 이유다. 다양한 책을 읽는 자는 읽은 만큼의 책 속의 거인들이 배경에서 독서인을 지지대처럼 받쳐준다. 인공지능이 대체되고 나머지 창조력을 요구하는 직업에서도 끝까지 살아남는 자는 독서인이다. 책 읽지 않는 직장인들은 나이 들어감에 불안하고 초조해도 책을 읽는 자는 책을 의지해서 안정감을 유지한다. 책을 읽는 자는 그 누구와 견주어도 밀리지 않는다. 다른 직원은 구조조정으로 정리해고 당해도 책을 읽는 자는 통찰력이 남다르기에 해고에서 안전하다.

사고력과 창의력이 우수한 사람들은 끊임없이 책을 읽는 사람이다. 독서야말로 큰 건물을 짓기 위한 최고의 기초공사다. 과거부터 현재까지 수많은 성공한 사람들이 독서를 통해 만들어졌다. 지금까지 수많은 문헌과 자료를 봐도 책을 읽은 사람은 일반인보다 훨씬 높은 사고력과 창의력을 장착함으로 앞선 선구자들이 될 수 있었다. 독서인은 직장에서 나이가 많든지 적든지 나이에 연연하지 않는다. 사고력과 창의력으로 검증받기 때문이다. 책 읽는 모습으로 하루하루 쌓아가다 보면 남들이 두려워하는 정년도 두렵지 않다. 나이 들어감에 오히려 지혜가 그만큼 쌓이게 되기 때문이다.

07

책읽기를 하는 사람은
거인의 어깨에 올라탄 인생을 살게 된다

성인, 위인들은 손에서 책을 놓지 않고 늘 글을 읽은 사람들이다. 책을 읽지 않으면 사람답게 살 수가 없다. 책을 얼마나 많이 읽었느냐에 따라 인생이 판가름 난다. 우리가 주변에 성공 본보기가 있으면 우리도 성공할 확률이 높지만 그렇지 않더라도 실망할 필요는 없다. 책 속에서 그들의 경험과 지혜를 얼마든지 구할 수 있기 때문이다. 소크라테스도 "남의 책을 많이 읽어서 자기 발전을 이룰 수 있다"라고 했다. 독서 하는 사람은 세상을 두려워하지 않는다. 그들은 이미 거인의 어깨에 올라타 세상을 바라보기 때문이다.

누구라도 위대해질 수 있다

　독서는 성공한 사람들의 성공방식을 알려주므로 읽는 자가 간접경험을 할 수 있다. 이미 그들은 실패와 성공을 경험해봄으로써 읽는 자에게 지름길을 안내해 준다. 책을 한 권 쓰려면 그 분야에 관한 책 100권 이상을 읽고 쓴다. 남이 고생해서 쓴 책을 읽는 것만으로 내경험과 지식으로 만들 수 있다. 시공간을 초월하여 수백 년 전에 사람하고도 책 속에서 그들의 숨결을 느낄 수 있다. 지구가 생겨나고부터 지금까지 하늘 아래 새로운 것은 없다고 성경에서도 말했다. 늘 있던 것이 새롭게 재발견될 뿐이다. 우리가 고전을 읽고 현실적용을 하는 것도 이 때문이다.

　한때는 책이 상류 문화의 전유물이었다. 어릴 적 텔레비전에서 기업 회장 침실에 항상 책이 놓여 있었고 책을 읽는 모습이 방영됐다. 그때 느낀 게 부자들은 잠자기 전에 저렇게 책을 읽는구나. 어린 마음에 새겨져 있다. 그 시절 내가 다닌 초등학교에는 도서관도 없었다. 지금이야 도서관이 없는 학교가 없지만, 그때는 그만큼 책이 귀하고 많이 없었다. 지금은 마음만 먹으면 수많은 책을 읽을 수 있을 만큼 책들이 쏟아져 나온다. 누구나 남의 지식을 지렛대 삼아 내가 올라설 수 있다.

누구라도 위대한 사람이 될 수 있는 기회의 시대를 살아가고 있다. 책 속에서 위대한 성인과 위인들이 그 방법을 알려주기 때문이다. 워런 버핏Warren Buffett도 "한 분야에 우뚝 설려거든 다른 사람보다 다섯 배 더 읽어라."라고 했다. 그가 성공한 비결은 책 속에 있음을 말해주는 대목이다. 가난하고 평범한 사람일수록 더욱 책을 읽어야 한다. 독서의 힘이 이렇게 강력함에도 불구하고 독서를 하지 않겠다면 결국 남들에게 끌려가는 인생을 살 수 밖에 없다. 책은 나를 성장하도록 돕는다. 정신적으로 성숙하게 할 뿐만 아니라 사회에서 요구하는 다양한 능력을 갖추게 해준다.

위대한 성공을 거둔 워런 버핏Warren Buffett, 빌 게이츠Bill Gates, 짐 로저스Jim Rogers 등 그들을 변화시켜준 힘 역시 독서에서 찾을 수 있다. 이들은 평전에서 스스로 독서를 통해 위대한 성공을 거두었다고 말했다. 이들도 독서를 하지 않았다면 평범함을 벗어나지 못했을 것이다. 똑같은 능력으로 시작해도 거인으로 성장할 수 있는 비결이 독서다. 워런 버핏Warren Buffett은 학창 시절에 학교 공부보다 독서 책을 많이 읽고도 항상 전교 1등을 놓치지 않았다고 한다. 책읽기가 얼마나 사고력에서 우위를 차지하는지 알 수 있는 대목이다. 위대해지고 싶으면 그만큼 책을 읽어야 한다. 생각하는 힘을 길러주는 위대한 독서는 성공과 부와 명예까지도 선물해준다.

읽는 만큼 성과를 내야 한다

책을 읽어도 전혀 성과가 없는 사람이 있다. 그저 글자를 머리에 쑤셔 박는 게 독서가 아니다. 읽은 내용을 실천에 옮겨야 나를 성장시킨다. 책은 잊었던 꿈도 되살려준다. 나는 직장에서 나이는 들어가고 전전긍긍할 때 독서를 함으로써 예전 꿈 목록에도 없었던 글쓰기 작업을 이렇게 하고 있다. 그동안 내 속에 뭐가 꿈틀거리는지도 몰랐다. 다양한 책을 읽고 천 권을 돌파하고 나니 나도 모르게 글쓰기가 숙명인 것처럼 이렇게 책을 쓰고 있다. 책을 읽었다면 그에 따른 적용과 결과물이 나와야 한다.

나는 훌륭한 사람들의 강연도 많이 가보고 교회에 나가 설교도 들어봤지만, 근본적으로 아무것도 변화되지 못했다. 내가 천 권의 책을 읽었을 때 세상 이치에 눈이 뜨이고, 근본부터 변화되었다. 사람은 변하기가 어렵다고 하는데 나는 책이라면 변화 가능하다고 경험을 통해 확신할 수 있다. 책을 읽고 긍정적으로 됐으며 나누는 것도 더 적극적으로 했다. 길거리 쓰레기 하나 줍는 것도 덕을 쌓는 거라는 책 내용을 읽고 그냥 지나치지 않았다. 이렇게 나는 책을 읽고 사소한 행동까지 바꿔 나갔다.

열심히만 살아서는 어제와 별반 다를 바 없는 인생을 살아간다. 보이지 않는 틀 안에서 감금당한 꼴이다. 의식 수준이 올라서면 자유로운 사고가 가능하다. 나이 먹는 것도 두렵지 않고 이전에 중요하다고 생각한 것들도 하찮은 생각 덩어리로 치부된다. 권력자들이 독서 하는 사람을 왜 무서워했는지 알 것 같다. 거짓 뉴스가 세상에 난무해도 책을 읽은 자는 자기 주관이 있다. 관찰자로서 꿰뚫어 볼 수 있는 능력이 책으로 길러져 있다. 큰 집단 무리가 옳다고 해도 그 무리 안에 들어가는 안전함을 추구하지 않는다. 이미 머릿속 자료에서 스스로 감별할 수 있기 때문이다. 성공자들이 소수의 외로운 싸움에서 항상 이긴 자들이다.

책을 읽었다면 성과를 도출해야 한다. 눈으로 읽는 것만 몸에 배어서 어디에도 안 나가고 책만 죽어라 파는 사람은 영양가 없는 사람이다. 읽은 만큼 사회에 환원해야 하고 이바지해야 한다. 갈수록 세상은 힘들고 어려운 사람들도 많다. 그 훌륭한 지식으로 사회에 손을 내밀어 도움을 주어야 한다. 책을 읽고 나만 잘살겠다는 심보는 도둑놈 심보다. 내가 책을 읽고 도움을 받았다면 그만큼 세상에 돌려줘야 한다. 물질 부자가 됐다면 물질을 나눠야 하고 지식이 쌓였다면 지식을 나눠야 한다. 그 어떤 방법으로라도 책 읽은 값을 해야 한다.

현실을 뛰어넘게 해준다

책을 읽는 사람은 일희일비—喜—悲하지 않는다. 그만큼 판단하는 정신이 강하고 높은 에너지 상태에 머무르게 된다. 책을 읽은 만큼 의식도 확장되기 때문이다. 불편한 상황들도 빨리 제자리로 머무르게 하여 불필요한 에너지를 낭비하지 않게 된다. 책 속의 거인 의식이 내 의식과 접목했기 때문이다. 사업가들이 많은 심리적 압박으로 인해 책을 늘 곁에 두는 이유가 책 속에 있으면 거인의 어깨에 올라탄 거와 같은 생각이 들기 때문이다. 책을 읽는 한 거인과 함께 간다.

머리가 혼란스럽고 마음가짐이 조잘거릴 때 나는 무조건 책을 손에 든다. 책 속에서는 외부 환경이 아무런 영향을 끼치지 못한다. 나는 이런 상태를 책 읽기 명상이라고 이름 붙이고 싶다. 그만큼 몰입상태로 책을 읽으면 그 어떤 상황도 현실을 극복하는 상태가 된다. 손정의도 몸이 아파서 3년 동안 병상에 있었지만, 오히려 3천 권의 책을 읽고 빅뱅을 일으켰다. 책에 들어가면 현실 속의 악조건을 잊을 수 있다. 그 때문인지 책을 읽는 사람은 외모도 젊을뿐더러 정신도 젊다.

책을 읽고 있는 한 영원히 청춘이다. 학생이 왜 청춘이냐면 늘 배우기 때문이다. 피터 드러커 Peter Ferdinand Drucker는 "책을 읽지 않으면 문맹자"라고 했다. 자괴감이 들지 않는가? 지금의 자기 모습을 넘어서고 싶으면 책을 읽어야 한다. 책은 우리를 부유하게도 해주고 귀한 사람이 되게도 해주는 마술 같다. 하지만 책은 재료만 줄뿐 요리는 우리 스스로가 만들어야 한다. 인생을 살다 보면 수많은 우여곡절이 발생하나 늘 손에 책이 들려있는 자는 그 어떤 장애물도 영향 받지 않는다.

세상이 아무리 빠르게 변하는 시대에도 독서만큼은 아무리 강조해도 과하지 않다. 많은 위대한 사람들이 증명했듯이 인생의 어떠한 위기에도 좌절하지 않게 만드는 힘이 책 속에 있다. 영국 서섹스 대학교 박사팀 연구 결과에 따르면 스트레스를 푸는 방법으로 가장 효과가 좋은 방법이 독서라고 한다. 6분 정도 책을 읽으면 스트레스가 68% 감소되고 심신도 안정된다고 한다. 모든 만병의 근원이 스트레스라고 하는데 독서로 날려버릴 수 있다니 놀랍다. 현실성 도피 여행을 책 속으로 떠나보는 것도 좋을 것 같다.

08

독서는 취미가 아닌
치열하게 읽어야 한다

나는 한때 독서를 심심풀이 땅콩 식으로 취미로 읽은 적이 있다. 그렇게 십여 년을 읽었지만, 아무것도 변하지 않았다. 문득 죽기 살기로 한번 책을 읽어보자 생각하고 일일 일독이라는 명제 아래 책을 읽어나갔다. 이 방법으로 일 년이 지나자 10년에 걸쳐서 읽은 것보다 1년 안에 읽은 책으로 엄청나게 의식이나 지혜가 변해 있었다. 채우지 못한 권수는 주말에 도서관에 가서 읽었다. 독서는 시간 날 때 읽는 게 아니라 없는 시간이라도 만들어서 치열하게 읽어야 삶이 변한다.

독서 핑계 대지 마라

    요즘은 어린아이들도 시간이 없다고 하는 시대다. 뭐든지 속도도 빠르고 느림의 미학을 모르는 시대다. 하물며 책을 읽을 시간은 더욱 없다고 한다. 이들의 주장은 과연 사실일까? 송나라 구양수 歐陽脩 는 "책을 읽기에 가장 좋은 장소는 침상, 말안장, 화장실"이라고 했다. 책을 읽는 것은 습관의 문제이지 절대 환경이나 시간이 아님을 알 수 있다. 읽고자 하는 마음이 간절하다면 장소는 문제 되지 않는다. 그냥 처음부터 책을 읽을 의지가 없었다고 말하는 것이 솔직해 보인다. 시간이 없어서 책을 읽을 수 없다는 말은 읽기 귀찮다는 말을 돌려서 한 말이다.

    나는 평소 직장 출퇴근 시간을 활용해서 책을 읽으므로 하루에 책 한 권을 읽을 때가 많다. 어느 땐 책에 심취해서 내려야 할 정류장을 지나쳐 다시 돌아오는 경우도 다반사였다. 그 정도로 출·퇴근길 독서는 몰입 독서로 안성맞춤이다. 출근하고 밥을 먹어야 육신이 살아가듯, 독서도 해야 할 일로 정해 놓으면 행동이 따라온다. 일주일에 한 권씩 읽는다든지 세 권을 읽는다든지 목표를 정하고 읽으면 무의식적으로 권수를 채우게 된다. 나를 가꾸듯이 일상을 독서로 채우면 훗날 그 보답을 받게 된다.

내가 자랐던 어릴 적 시골집 마당은 하루 이틀만 풀을 뽑아주지 않으면 금세 잡초들이 우후죽순 자라났다. 이처럼 하루라도 책을 읽지 않으면 마음에 잡초가 자란다. 정신상태가 바로 느슨해지고 다른 미디어나 텔레비전으로 시선이 돌아간다. 독서는 매일 하는 것으로 정해야 한다. 그래야 정신이 좀먹지 않는다. 독서를 해본 사람은 얼마나 책이 유익을 주는지 안다. 자신을 가꾸듯 소중하게 하루하루 독서로 채워나가야 한다. 책 읽는 습관으로 일상이 모여 그 사람의 운명이 되기에 책읽기는 어떤 일보다도 중요하다.

내가 지금까지 살아온 삶 중에서 가장 잘한 일이 책을 읽은 것이다. 책을 읽을 때 감명 깊은 내용이나 가슴을 뜨겁게 하는 글을 읽으면 '책을 읽지 않았더라면 어찌했을까'라는 생각을 하며 책을 읽게 된 나 자신이 너무 기특하다. 책을 읽고 난 후 예전에 부러워했던 것들이 지금은 전혀 부럽지 않다. 나는 책을 취미가 아닌 치열하게 읽는 사람으로 나 스스로 자부심이 크다. 어쩌면 책 읽는 것도 기술인데 책의 세계에 들어와서 내 운명을 내가 다스릴 수 있으니 그것 또한 행운이다. 책은 단 십 분이라도 우선순위로 읽어야 하는 실천 목록이다. 어떤 환경에서도 핑계 대지 말고 부지런히 읽어야 한다.

전략적으로 읽어야 한다

그리스 철학자 플라톤Platon의 말을 빌리면 "책을 읽는 사람과 읽지 않는 사람과는 하늘과 땅만큼의 격차가 생긴다."라고 말했다. 최대의 조언은 우리는 책을 읽어야 한다는 것이다. 그것도 전략적으로 읽어야 한다. 한가한 사람이나 바쁜 사람이나 책 읽기 시간이 없기는 매한가지다. 한가한 사람이 많이 읽는 것도 아니요, 바쁘다고 책 읽을 시간이 없는 것도 아니다. 책읽기는 오로지 자신의 의지에 달린 거다. 감나무 밑에 입을 벌리고 학수고대해도 절대 감은 입으로 떨어지지 않는다. 책의 지혜들이 저절로 와주기를 바라는 것은 어불성설이다.

"4년제 대학을 마치고 사회에 나와 4년 정도 지나니 배웠던 지식이 바닥이 나서 그 대안으로 책을 읽기 시작했다"라는 어느 박사님 말이 생각난다. 이분은 자신의 분수를 알아서 다행이지 대부분 사람이 위기의식을 못 느끼고 그저 주는 정보나 넙죽 받아먹는 사람이 많다. 그러니 요즘 가짜 정보가 많아도 구별도 못 하고 우왕좌왕한다. 소문난 잔칫집에 먹을 게 없다고 독서도 수천 권 읽었다고 그 사람이 만물박사가 아니다. 오히려 깊이 근勤 하게 들어갈수록 많은 것을 얻을 수도 있다. 한 권이라도 제대로 읽어 나에게 적용해야 할 부분을 끌어내는 게 중요하다.

나는 천 권의 독서를 하고 이제야 책을 읽는 묘미를 알 것 같다. 읽을 때마다 도끼로 머리를 부수는 것처럼 사정없이 현재 나를 깨부수고 새로운 나로 되돌려진다. 내가 읽고 아는 지혜를 회사직원에게 말해주면 하루가 다르게 회사직원도 달라진다. 책의 영향은 생선 냄새처럼 숨기지 못한다. 어디서든 내가 읽고 가슴 뛰었던 내용을 가까이 있는 사람에게 전달하게 된다. 책의 내용을 듣기만 해도 상대방을 의욕 넘치게 만드는데 책을 직접 읽는다면 경이로운 세상을 맛볼 것이다. 나로 인해 누군가가 힘을 얻는다면 즐거운 마음으로 지혜를 나누게 된다.

독서는 재료만 줄뿐 오직 자신이 사고하여 긍정적 변화를 일으켜야 독서의 참된 의미가 완성된다. 남이 읽어서 좋았다고 해서 모두에게 다 좋은 것은 아니다. 받아들이는 지식 그릇이 다르기 때문이다. 책을 읽고 덮고 나면 무슨 내용인지 도통 기억이 가물거린다. 나중에 현장에서 꺼내어 쓸 수 있는 지혜로 만들어야 한다. 나는 읽으면서 중요한 내용을 메모해서 다음 날 회사직원에게 그 내용을 다시 말함으로써 내 머리에 각인시킨다. 이렇게 하니 읽은 내용을 잊어버리지도 않고 내가 조리 있게 말하다 보니 말재주도 느는 것 같다. 이렇듯 책은 자신에게 맞는 전략적 방법으로 읽었을 때 능률이 배가 된다.

다양한 책을 섭렵하라

많은 책을 읽었지만 읽었던 책들이 모두 나에게 도움이 된 건 아니다. 그중에는 너무 유치해서 읽다가 던져버린 책들도 상당하다. 어차피 하루에 수천 권씩 새로운 책들이 쏟아져 나온다. 나하고 인연이 아닌 책은 미련 없이 떠나보내야 한다. 처음 책을 읽기 시작할 때 자기계발서부터 읽기 시작해서 성공학, 영성학, 경제학으로 종류를 늘려나갔다. 어느 부분에 대하여 나의 소관을 말하라고 하면 얼마든지 말할 수 있는 언변이 됐다. 책을 읽기 전에는 감히 꿈도 못 꾸던 모습이었다. 나는 그저 손에 들고 책을 읽었을 뿐인데 겨울밤 소리 없이 눈 내리는 모습처럼 내 안에 다양한 지식이 차곡차곡 쌓이고 있었다.

지식은 계속 최신 정보로 바꿔야 한다. 빠른 변화에 적응하려면 새로운 지식으로 쌓아가야 한다. 책의 맛을 알기 전까지는 읽기가 노동일 수도 있다. 읽고 싶은 마음은 굴뚝같아도 책만 손에 들면 눈이 감긴다는 사람도 있다. 책이란 미물도 사랑하는 자에게 보물을 내보이는 것 같다. 한두 권으로 승부를 보려 하지 말고 반드시 다양한 책들을 읽어야 한다. 읽었던 다양한 책들이 협력해서 선한 영향력을 발휘하듯이 종류별로 책들을 확보해서 읽어야 한다. 아는 지식이 많지 않다고 생각하는 사람일수록 적극적으로 읽어야 한다.

책을 읽을 때 책을 하나의 인격체로 대하고 읽으면 책도 보답한다. 불교에서 모든 사물에 정체성이 있다고 하듯이 책이라는 매개체도 느낌으로 교감할 수 있다. 영혼 대 영혼이 만나는 것처럼 온 힘을 기울여서 읽어야 한다. 책은 얼마나 고마운 존재인가? 학벌이 부족하다고 해도 책으로 얼마든지 채울 수 있다. 지혜가 부족하다고 해도 책으로 채울 수 있다. 유일무이唯一無二한, 자기 계발 법이 독서라고 했다. 책을 읽고 자신의 삶을 잘 경영해야 한다. 밥도 매일 고깃국에 쌀밥만 먹으면 지겹듯이 독서도 다양한 분야의 책으로 내 영혼에 혼식하자.

현재 사회에서는 책을 읽지 않는다면 낙오자다. 책은 검증된 정보가 가득 들어 있다. 그런데도 읽지 않는다면 읽지 않는 자만 손해다. 돈이 크게 드는 것도 아니고 독서만 하면 앞서갈 수 있는데, 이 좋은 방법을 사용하지 않는 자들이 너무 많다. 미래사회는 책을 읽지 않고 살아갈 수가 없는 세상이다. 오죽하면 책 읽는 자와 안 읽는 자로 나뉘는 세상이 되겠느냐고 일본 작가가 말하지 않았던가? 이 말을 허투루 들으면 안 된다. 늦었다고 할 때가 빠르다는 말처럼 지금부터라도 책을 읽어야 한다. 시작만 하면 가장 이로움을 주는 게 독서다. 물도 차든지 뜨겁든지 해야 마시기 좋은 것처럼 책도 읽으려면 치열하게 읽어야 한다.

09

뇌가 선정적인 사람
책을 읽으면 뇌가 젊어진다

옛말에 구르는 돌에는 이끼가 끼지 않는다는 속담처럼 머리도 써야 뇌가 굳어지지 않고 말랑말랑해진다. 우리 뇌는 읽는 대로 거르지 않고 무의식으로 축적된다. 늘 책을 가까이하는 습관은 우리 뇌를 똑똑한 뇌로 바꿔준다. 읽기가 익숙해진 사람은 그만큼 사용할 수 있는 뇌의 영역도 넓어진다. 뇌가 바뀌면 지금까지 반응했던 인식을 다른 유형으로 작용한다. 뇌를 계속 사용하면 노화까지도 막아준다. 100세 시대에 책읽기로 뇌를 젊게 하자. 영원히 청춘이 되고 싶은 사람은 늘 책을 가까이하라.

책읽기는 뇌를 위한 영양제다

우리 인간이 하루에 오만가지 생각한다고 한다. 끊임없이 생각으로 뇌를 혹사한다. 생각을 안 하려고 하면 더 생각이 난다. 코로나 범유행 현상으로 현대인은 더 지치고 피곤하고 에너지가 바닥나 있다. 사람이 살아있을 때 뇌의 기능을 10%도 사용하지 못한다고 한다. 황무지를 개발하면 황금 밭이 되듯 우리 뇌도 끊임없이 사용하면 뇌가 깨어나 황금 밭이 된다. 잠자는 뇌를 깨우기 위해 가장 좋은 방법이 책읽기다. 뇌의 영역을 전체적으로 강화해 준다고 보면 된다.

휴 렌Hew Len[5] 박사에 의하면 "사람의 뇌는 1분에 1만 피트 정보가 쌓인다."라고 한다. 따라서 뇌가 매 순간 정보를 판단하지 못한다. 무의식적으로 습관 된 대로 받아들이고 유형대로 움직인다. 하지만 독서 한 뇌는 전두엽 뇌를 자극하기 때문에 상상력이 풍부하고 창조적인 뇌가 가능하다. 지금까지 봐왔던 사물을 다르게 보고 다르게 방어한다. 따라서 결과도 달라진다. 이런 뇌로 가능하게 해주는 도구가 책읽기다. 책읽기는 뇌를 휴식하게 해주는 쉼터이다. 인간의 무의식은 건들 수 없는 영역이라고 알고 있는데 책읽기로 가능하다니 이 비밀을 아는 자는 행운아다.

---

[5] 휴 렌(Hew Len) : 호오포노포노(Ho'oponopono) 창시자

독서는 일명 뇌의 회로를 바꿔주는 역할을 한다. 책을 읽으면 운명까지 바뀐다는 말이 이 때문이다. 책 한 권을 읽었을 때와 백 권을 읽었을 때와 천 권을 읽었을 때는 의식 수준이 완전히 다르다. 많이 읽을수록 옛사람을 벗어버리고 새사람으로 거듭난다. 엄마 배에 들어가 다시 태어나지 않아도 독서로 얼마든지 새사람으로 거듭날 수 있다. 지력을 쌓음으로써 인생을 행복하게 새것으로 변경시킬 수 있다. 칼 비테Karl Witte[6]는 저능아인 아들을 교육만으로 천재로 만들었다. 충분히 독서로 똑똑한 뇌로 바꿀 수 있다.

인간의 뇌는 얼마든지 환경에 의해서 달라질 수 있다. 인생을 얼마나 살았느냐에 필요 없이 스스로 달라지려고 노력하면 달라질 수 있다. 끊임없이 사고하고 상상하면 뇌의 변화에 영향을 끼친다. 독서를 하면 뇌가 유연하며 유능하게 발달 된다. 책으로 충분히 전문 분야의 전문가가 될 수 있는 것도 책을 읽으므로 뇌를 활성화할 수 있기 때문이다. 나이가 들수록 더 책읽기로 뇌에 영양을 공급하자. 우리 신체도 영양제를 먹어 활기를 채우듯이 우리 뇌도 책읽기로 뇌에 영양제를 주입하자.

6 　칼 비테(Karl Witte) : 조기교육과 영재교육을 주장한 위대한 교육가이며, 페스탈로치가 적극적으로 신뢰한 가정 교육의 선구자

읽기만 잘해도 뇌가 달라진다

뇌 분야의 권위자인 매리언 울프 Maryanne Wolf 교수는 《책 읽는 뇌》에서 "독서는 인류 탄생의 가장 위대한 발명품"이라고 했다. 독서는 인간에게 선천적으로 타고난 재능이 아니라 후천적으로 발명된 것이다. 독서로 인해 인류문명이 오늘날과 같이 발전할 수 있었다. 뇌과학으로 볼 때 인간은 5세부터 읽기를 가르치기 좋은 나이라고 한다. 다섯 살 이후부터 시각, 청각, 언어 영역이 발달하기 때문이다. 왜 많은 책 속에서 어릴 때부터 독서 습관을 들여야 하는지 알 수 있는 부분이다.

독서가 얼마나 어려운지 독일의 대문호 괴테 Goethe 조차도 "80년이라는 세월을 바쳤는데도 책 읽는 법을 배우지 못했다"라고 말했을 정도이다. 그만큼 읽는 것 또한 만만하지 않다. 작년 통계청 자료에 의하면 국민 반 이상이 일 년에 책 한 권도 읽지 않는다고 한다. 시간이 없어서 그렇다는 대답과 독서 말고도 재밌는 게 너무 많아서라는 대답이 많았다. 국민의 지력은 국력이라는 말도 있는데 이렇게 책을 읽지 않고 어떻게 나라를 부강하게 할 것인가? 일본이 한국이 경제성장에서 일본을 앞지를까 봐 마음 졸이다가 한국 국민 독서율을 보고 걱정을 놓았다는 이야기가 있다.

자국민의 독서율에 따라 국가 힘이 좌우될 정도로 독서가 그만큼 중요하다. 독서가 쉬운 일이 아니기에 더욱 가치 있다. 일단 읽으면 내가 성장할 수 있는 최고의 방법이기 때문이다. 책만 집중해서 읽어도 명상과 똑같은 의식상태가 된다. 자신을 발전시키기 위해 여러 가지 방법들이 있다. 나는 명상도 하고 기도도 하지만 책읽기가 가장 강력한 핵심이었다. 직장에서 스트레스를 받아도 책을 통해 날려 버릴 수 있었다. 실제로 독서만으로 명상 못지않은 차분한 효과를 얻을 수 있다. 독서를 하느냐 하지 않느냐에 따라 뇌 기술도 달라진다.

일반인 대다수가 나이 들어감에 따라 육체가 노화되듯이 뇌도 노화된다고 생각한다. 하지만 육체는 늙어가도 노화는 노력 여하에 따라 얼마든지 늦출 수 있다. 뇌는 쓰면 쓸수록 발달한다. 우리 뇌는 고정된 것이 아니어서 읽기만 잘해도 충분히 뇌 역량을 올릴 수 있다. 또한 읽는 사람은 훌륭한 사람이 될 수 있다. 책 속의 위인이나 사상가들의 지혜를 온전히 흡수할 수 있기에 가능하다. 우선 손에 책을 들고 읽어야 한다. 책을 읽기만 해도 얼마든지 뇌 기능을 강화하고 더불어 노화도 막을 수 있다. 독서로 뇌를 춤추게 하라.

공부하는 뇌는 영원히 청춘이다

뭐든지 관리하지 않으면 망가진다. 사람의 뇌도 갈고 닦아야 기름 친 장비처럼 잘 돌아간다. 나는 어디서나 책을 읽는 사람이기에 나의 표정에서 편안하고 나이보다 젊어 보인다는 말을 종종 듣는다. 책을 읽지 않았다면 이런 평온을 맛볼 수 있었을까? 비결이 있다면 나는 늘 책을 읽었기에 가능했던 거라 말하고 싶다. 출퇴근길에도 책을 손에 들고 읽는 사람에게 왠지 눈길이 간다. 몇 해 전에 한 업체에서 직장인 출퇴근길 호감 가는 형 설문조사를 했었다. 결과는 종이책을 들고 읽는 남녀모습이 상단에 뽑혔다. 누구나 매력적인 사람이 되고 싶다면 어디서나 손에 책을 들고 읽자.

지적인 매력과 교양은 어디서나 관심 받는다. 옛날이나 지금이나 교양과 지성은 미덕임에는 변함없는 사실이다. 책을 가까이하는 사람들의 공통점은 표정이 밝고 사고가 자유롭다는 것이다. 자기관리와 감정조절도 잘한다. 인생을 살아감은 늘 배움의 연속이다. 고인 물이 썩는 것처럼 공부하지 않고는 삶에서 낙오된다. 준비된 자가 신의 선물을 받듯이 책읽기를 통해 좋은 것을 받을 그릇을 넓혀야 한다. 어른이나 아이들이나 장소를 불문하고 배우고 공부하는 모습은 아름답다. 삶의 기본이기 때문이다.

책을 읽고 이해하지 못하면 문맹이나 다름없다. 실질적으로 성인 22%가 글을 읽고 문맥상의 핵심을 파악하지 못한다고 한다. 요즘 아이들도 학교에서 선생님이 하는 말을 이해를 못 하고 문해력이 약해서 말귀도 못 알아듣는 형국이라고 한다. 이 모든 게 책을 읽지 않아서 생긴 병폐다. 외부에서 보면 한국이라는 나라는 교육열은 월등히 높은데 읽고서도 이해를 못 하는 상황이라면 너무 부끄러운 일이다. 타인과 소통까지도 걱정할 정도이다. 소통이 안 되면 불통이기 때문이다.

공부하는 자세는 건강하게 살기 위해서도 필요하다. 타인에 대한 말을 이해 못 하고 공감 능력도 부족하면 삶이 우울해진다. 혼자만으로 세상을 살아갈 수는 없다. 최소한의 책읽기라도 해야 한다. 생김새나 몸매를 보고 매력을 느끼는 것은 잠시뿐이나 책을 읽는 모습은 배우자감으로도 가장 선호도가 높다. 사람은 책 읽는 모습과 함께 성장하기 때문이다. 공부하는 모습은 누구에게나 매력 있는 모습이다. 어떻게 보면 책 읽는 뇌는 선택받았다고 할 수 있다. 책 읽는 자가 가장 강한 사람이다. 그 모습이 가장 섹시하고 매력적이다.

PART 2
―
독서로
인생을 바꾼 사람들

역사책을 통해 주의 깊게 살펴보면
어떤 일들이 일어났는지 정확히 알게 된다.
그러면 미래의 세계도 무슨 일이 일어날지 가늠하게 된다.

01

미래에셋 박현주 회장 :
독서를 성공의 도구로 활용하다

시대마다 사회를 주도하는 흐름이 있다. 한때 PC방이 한길 건너 하나씩 있었지만 지금 세대들은 PC방이 뭐 하는 방인가 되묻는 젊은이들도 있다. 그때는 시장성을 읽고 빨리 선점했던 사람이 돈방석에 앉았다. 이원리가 책 속에 있고 책에 의해서 움직인다고 미래에셋 박현주 회장은 말했다. 누구나 볼 수 있으면 세상에 가난한 자들이 없겠지만 이 비밀을 꺼내어 쓰는 자는 소수이다. 또한 발견한들 행동으로 실천하지 못하면 아무런 의미가 없다. 미래학자들이 쓴 미래 책들은 장기적 흐름에 관한 해답이 나와 있다. 대부분 사람이 자신과 동떨어진 미래 일이라 생각하고 관심을 기울이지 않아서 기회를 잡지 못하는 대신 박 회장은 성공의 도구로 철저히 활용했다.

독서로 미래를 읽다

　박현주 회장은 금융투자업계의 귀재로 가장 이른 시일 안에 가장 큰 성공을 거둔 입지적인 금융기업인이다. 창업 23년 만에 자본을 무려 1,750배 늘렸고 9명 직원으로 시작했던 것이 현재 1만 명이 넘어선 자산운용회사를 경영하는 대표회장이다. 대한민국 증권계의 신화라고 일컬어질 정도면 그가 뛰어난 능력가임을 알 수 있다. "기업을 경영하다 보면 수많은 난관이 생길 때 박 회장은 책에서 많은 지혜를 구했다"라고 말했다. 항상 책을 읽고 미래를 예측하고 변화를 빨리 읽고 받아들였다. "자신이 누구보다 예측과 통찰력이 있다면 그건 책을 많이 읽었기 때문이다"라고 했다.

　청소년기에 아버지가 돌아가시고 잠시 방황했으나 다시 마음을 다잡고 마키아벨리Machiavelli의 군주론, 미국의 전설적인 외교 전략가 헨리 키신저Henry Kissinger의 자서전, 카네기Andrew Carnegie 자서전 등 독서를 방대하게 읽어나갔다. 훗날 이런 독서를 했던 것이 기업을 직접 경영하고 싶다는 꿈을 갖게 해주었다고 한다. 대개 성공자들이 위인전이나 자서전에 심취하는 것을 보면 앞서 살아간 인물들이 어떤 정신으로 삶을 살았나를 보고 그 발자취를 따라 지혜를 얻고자 함이다. 박 회장 또한 "미래를 이해하기 위해 책을 보고 책 속에서 아이디어를 얻었다"라고 했다.

박 회장 어머니는 어릴 때부터 아들에게 경제개념을 심어주기 위해 일 년 치 용돈을 한 번에 주었다. 어머니의 이 방법으로 훗날 돈을 계획적으로 쓰고 관리하는 법을 배웠다고 한다. 어머니가 보내준 일 년 치 돈으로 주식에 투자하며 서서히 투자의 길에 들어선다. 이때 투자 경험이 밑거름이 되어 미래의 큰 꿈을 꾸었다고 한다. 대학 시절 자본시장의 발전 없이 자본주의가 발전할 수 없다는 말을 듣고 증권시장에 관심을 두었다. 가치투자에 대한 개념을 정리하고 일찍부터 경영자가 되기로 결심하고 관련 책들을 많이 읽었다.

독서의 가장 큰 장점은 인생을 변화시키는 데 있다. 별 볼 일 없는 나그네 상태에서 세상에 영향력을 행사할 수 있다. 에디슨Edison은 "책은 착한 사람도 만들고 똑똑한 사람도 만들고 능력자도 만든다."라고 했다. 책을 읽는다는 것은 자기 미래를 만드는 것과 다름없다. 박 회장이 경영을 계획하고 독서를 많이 했던 이유는 아버지의 영향이 크다. 어릴 때 바쁜 농사일이 끝나면 아버지는 늘 책을 보셨다. 어렸을 때 위인전을 읽고 있으면 부모님께서 늘 칭찬하셨다. 따라서 이른 나이에 위인전과 자서전을 모조리 읽고 성공자들은 보통 사람들과 다른 삶을 산다는 것을 이미 체득했다. 몸은 어린아이지만 그의 지식은 성인 못지않게 쌓여갔다.

책을 읽고 변화에 발 빠르게 대응하다

　기업을 운영하다 보면 물줄기가 한곳으로만 계속 흐르지는 않는다. 머릿속에 항상 변화를 주시해야 한다. 그가 해외 출장을 마치고 비행기 안에서 읽었던 책이 스펜서 존슨Spencer Johnson의《누가 내 치즈를 옮겼을까?》이다. 이 책의 메시지는 상황이 바뀌면 빨리 변화를 받아들이라는 내용이다. 박 회장은 이 책을 읽고 바로 자신의 금융시장 상황을 그려봤다. 남들보다 한발 앞선 미래를 보고 과감하게 기존의 틀을 깨고 새로운 상품을 내걸어 대성공을 거두었다. 박 회장은 책을 읽고 항상 기업경영에 적용하여 실천하는 자였기에 오늘날 미래에셋이 있다고 말한다.

　경제 서적이나 미래 서적을 탐독하는 박 회장은 대학 시절에 미래학자 앨빈 토플러의 제3의 물결을 열 번 이상 정독하고 현재까지 19번 정도 읽었다고 한다. 그가 유달리 미래 흐름을 예측하고 앞선 상품을 만들어 성공하는 것을 보면 그는 철저히 책을 읽고 자신에게 적용하는 사람임을 알 수 있다. 중국 시장에 진출할 때도 먼저 그 나라 역사와 정치 사회 문화를 책으로 먼저 알아가고 섭렵해 나갔다. 그가 실수는 있었어도 23년 동안 성장의 흐름을 탔던 이유는 독서가 밑바탕이 되어 수많은 변화에도 발 빠르게 대응한 결과이다.

그는 자서전에서 "돈을 아름다운 꽃에 비유하면서 꽃이 아름다운 이유는 꽃이 진 뒤 씨앗을 뿌리고 다시 수많은 꽃을 피우는 아름다움이 있기 때문이다"라고 했다. "돈도 꽃처럼 돌고 돌아 씨를 만들고 열매를 맺어 이 땅에 건강한 사회를 위해 아름다운 꽃이 되어야 한다"라고 역설한다. 박 회장은 지금까지 해마다 미래에셋에서 받은 배당금 전액을 재단에 기부하고 있다. 바르게 벌어서 바르게 쓰자는 마음가짐이다. 기업인들은 공과 사가 있지만 세상에 끼치는 영향력이 막강한 것은 사실이다. 그는 "최고 부자보다는 최고 기부자가 되고 싶다"라고 말했다.

박 회장은 책을 읽고 생각을 글로 적고 사고를 정리하는 습관이 있다. 이 과정에서 생각이 깊어지고 행동을 전략적으로 옮길 수 있다. "책을 통해 경영에 필요한 결정이나 아이디어를 얻을 수 있다"라고 했다. 아무리 바쁠 때도 한 달에 두 번씩 서점을 방문하여 필요한 책들을 사 들고 끊임없이 읽었다. 기업인은 예측하고 기회 포착을 잘 잡아야 하는데 독서가 구심점이 됐다고 했다. 그는 독서의 중요성을 강조하면서 그를 키운 건 8할이 독서였다고 말한다. 남보다 빠르게 예측하고 준비할 수 있었던 것은 꾸준히 책을 통해 지혜를 적금해놨기에 가능했다.

책은 가장 친한 벗

박 회장은 본인이 독서인으로 젊은 세대들에게도 평소 자신이 즐겨 읽는 책을 소개하고 권하기도 한다. 사업을 하다 보면 많은 난관과 불안감이 들 때 책을 읽으므로 그 중압감을 덜고 전략을 구상한다고 한다. 성공자들이 책을 많이 읽는 이유가 책에서 지혜를 구하고 불안감을 덜기 위함이다. 책을 읽는 것은 고수와 대화하는 거라면서 충분히 자신의 것으로 지혜가 될 때까지 반복해서 읽으라고 조언한다. "책을 읽고 전략을 구상하고 새로운 사업에도 관심을 두고 있다"라고 한다. 그는 여전히 책을 읽으면서 꿈을 꾼다.

박 회장은 책을 읽고 멀리 내다보는 안목을 갖추었다. 남이 하기 전에 먼저 앞선 생각으로 기업을 선도해 나감으로 최고의 정상에 올려놓았다. 그는 "지금도 끊임없이 책을 읽고 책 속에서 비전을 찾고 해결책을 찾는다."라고 인터뷰에서 말했다. 코로나 사태로 인해 경제활동이 멈춘 시점에도 직원들에게 구조조정은 없다고 선포했다. 마음을 얻어 오히려 충성직원이 되어 사기를 북돋아 더 열심히 일하는 회사로 만들었다. 직원들에게도 늘 독서의 중요성을 강조하며 독서하기를 권유한다. 그는 "오늘날 자신을 만든 건 8할이 독서"라고 말했다.

그는 요즘 젊은이들에게도 자신이 읽고서 좋았던 책들을 소개하고 있다. 짐 콜린스Jim Collins가 쓴《좋은 기업을 넘어 위대한 기업》책은 미래에셋 유튜브 채널에서도 이 책을 읽어볼 것을 권유하고 있다. "아무리 똑똑한 사람이라도 회사와 핵심 가치가 맞지 않는다면 미래에셋 버스에 태우지 않겠다."라고 한 것도 책에서 인용한 말을 빌린 것이다. 좋은 영감을 가벼운 자기개발서에서도 얻는다고 한다. 그러면서 책을 가리지 말고 모든 종류의 책을 읽어야 한다고 했다. 묵직한 경영서만 우리에게 지혜를 주는 건 아니다.

읽고 있는 한 여전히 새로운 꿈을 꾼다. 나이에 상관없이 다양한 아이디어 원천을 구할 수 있으니 늘 새로운 사업을 구상한다. 책을 읽지 않은 사람들은 안주해 버리고 꿈을 잊어버리지만, 책 속에서는 매일 설레게 하는 동기를 발견한다. 회장직에서 물러나고 전문 경영자들에게 직책을 전수했지만, 꾸준히 책을 통해 공부한다고 한다. 책이 가장 친한 벗이라고 했다. 그는 독서 경험자로서 요즘 젊은이들에게 독서를 권유한다. "시작은 미약했으나 나중은 창대하리라"라는 말처럼 그를 월급쟁이로 시작하여 현재 재계 20위안에 올려놓은 이유가 독서였다.

02

노무현 대통령 : 다방면의 방대한 독서로 정치 능력을 키우다

　우리나라 역대 대통령 중 김대중 대통령과 노무현 대통령은 독서를 엄청 많이 한 사람들이다. 두 대통령 모두 제도권 안 대학은 안 나왔지만, 책을 통해 정상에 오른 지도자다. 심리학자 아들러는 "열등감이야말로 자아 발전의 촉진제"라고 말했다. 자신들의 부족함을 스스로 채우기 위해 엄청나게 책을 읽었다. 고난과 역경 속에서 오히려 책을 더 많이 읽고 열등감을 이겨냈다. 책을 눈으로만 읽지 않고 무언가 그 속에서 얻어냈고 자신만의 독서 방식으로 성공의 발판을 삼았다.

형들의 책을 읽고 독해력이 강화된다

　노무현 대통령은 어릴 때부터 기상이 남달랐다. 가난했지만 패기가 하늘을 뚫고 나갔다. 형들의 영향으로 어렸을 때부터 형들이 공부하던 법학 책을 읽어나갔다. 내용도 이해 못하면서 문자를 읽었다. 독서법 원리에 의하면 어려운 책을 읽어내면 독해력과 집중력이 강화된다고 한다. 웬만한 어려운 책도 슬슬 읽힌다. 그 어려운 법률서를 읽었으니 읽는 뇌 부분이 넓혀져 많은 책을 읽을 기본기가 자리 잡혔다. 노무현 대통령 독서 방식은 책의 경계를 두지 않고 다양한 책으로 넘나드는 다독파 스타일이다.

　노무현 대통령은 초등시절 독서보다는 운동과 노는 것을 좋아하는 개구쟁이였다. 공부는 잘했지만, 성실과는 거리가 멀었다. 친구들과 산으로 들로 개구리를 잡으러 다니면서 학교 출석일도 상당수 빼먹었다. 이런 노무현에게 부모님이나 가족들은 꾸짖거나 잔소리하지 않았다. 그가 어디서든 당당하고 두려워하지 않는 성격 뒤에는 부모님의 믿음이 있었다.

　어린 나이에 자유분방함을 누리고 이후 책을 가까이했다. 공부를 잘했던 형이 공부하면서 빨간 색연필로 줄을 그어 놓은 책을 물려받아 공부했다. 오히려 새 책으로 공부하는 사람보다 더 빨리 성적이 올랐다. 어린 노무현에게 형은 우상이었다. 그 동네에서 유일한 대학생이었던 형이 법률 책을 뒤적이던 모습이 한없이 멋있게 보였다. 형의 모습을 닮고 싶어 법률에 관한 내용을 이해 못하면서 무작정 읽었다. 이렇게 읽었던 것이 자신도 모르게 독서력을 강화한 훈련을 한 셈이다.

무모하리만큼 도전력이 어디서 기인하는지 그는 형들의 책을 읽고 사법고시에 도전하겠다는 당찬 계획까지 세운다. 훗날 열악한 여건 속에서 사법고시에 합격할 수 있었던 배경에는 어렸을 때 형의 밑줄 쳐진 법률서가 많이 도움이 됐다고 한다. 어린 노무현은 나이에 맞지 않는 늘 어려운 책을 읽었다. 어려운 책을 읽으므로 독서 힘을 더욱 키울 수 있었다. 노 대통령의 예리하고 분석하는 능력의 탁월함은 어릴 적 어려운 책 읽기 훈련으로 길러진 독해력 때문이다. 책을 통해 자신의 주체성을 확립하고 폭넓은 사고력과 지도자의 역량을 강화함으로써 더욱 성숙한 인격체를 만들어 나갔다.

비판적 사고, 자유분방한 다독多讀 습관

비판적 단어를 사전에서 찾아보면 현상이나 사물의 옳고 그름을 판단하여 지적하는 행위라고 나온다. 비판적이란 어감 때문에 조금 냉소적이긴 해도 미래 시대에는 지도자에게 요구되는 중요한 요소이다. 상처도 딱지를 떼고 그 위에 약을 발라야 빨리 낫듯이 뭔가 왜곡된 것, 은폐하려는 것을 걷어내고 본질을 꿰뚫어 봐야 계획적인 방향으로 이끌 수 있다. 노무현 대통령은 비판적 독서라고 할 수 있다. 노무현 대통령은 소수의 영웅이 시대를 만든다는 말을 부인하면서 우리가 흔히 세종대왕이나 정조 등을 많은 업적으로 위대한 왕들로 알고 있지만 노무현은 정도전의 역사관을 더 높이 평가했다.

노무현 대통령은 뭐든지 호기심이 발동하면 그에 관한 책들을 모두 탐독했다. 그는 독서에서도 노무현 독서 형식이 있을 정도로 뭐든지 도전적이고 비장한 각오로 읽어냈다. 우연히 집어 든 책 한 권으로 인생이 뒤바뀐 경우가 많이 있다. 노 대통령에게 《링컨 전기》라는 책이 이 경우다. 노무현 대통령은 《링컨 전기》를 읽고 링컨을 재발견함으로 자신의 정신세계까지 흔들어놓았다고 했다. 링컨을 재발견한 것을 그는 엄청난 충격이라고까지 표현했다. 대통령은 링컨의 따뜻한 포용 정치나 탈권위적이고 겸손함까지 대상으로 삼았다. 책 수천 권을 읽고도 행동하지 않는 자보다 한 권을 읽어도 자기 것으로 실천하는 것이 독서의 효용가치다. 남들과 다른 왕성한 호기심으로 하물며 청솔모, 꽃게, 들에 피는 이름 모를 꽃들까지도 책을 통해 무한대로 흡수했다.

노무현 대통령은 전문 분야에 관한 책도 한계를 짓지 않고 읽었다. 민법,

상법, 행정법, 소송법까지도 모조리 섭렵했다. 중요한 부분은 밑줄까지 쳐가면서 반복해 읽었다. 중학교 때 이미 헌법의 기초이론을 무작정 읽어서 읽는 뇌 부분이 일반인과 다르게 엄청나게 확장되었다. 이렇게 넓혀 놓은 뇌 영역으로 일반 책 읽기는 식은 죽 먹기로 읽었다. 감명 깊게 읽었던 책은 어떻게 해서든지 주위 사람에게 책을 소개하고 책을 사서 전해주기도 했다. 회의나 강연을 통해 직·간접적으로 추천한 책만 해도 50권이 넘는다. 이분의 포용정치처럼 책도 구분 짓지 않고 폭넓게 읽고 받아들이고 적용했다. 그의 빠른 성격만큼이나 빠르게 읽고 분석하는 다독파였다.

역대 대통령 중에서 발명왕이라고 들을 정도로 그는 남다른 상상력과 창조력이 뛰어났다. 청년기에 개발한 누워서도 읽을 수 있는 독서 지지대와 요가 법, 청와대에 들어온 후 개발한 전자 프로그램 등 청와대의 에디슨이었다. 뭐든지 만들고자 하는 구상이 떠오르면 어떻게든 만들어냈다. 어렸을 때 어려운 책들을 폭발적으로 읽은 결과물이 창조력으로 다시 태어났다. 컴퓨터를 사들이기 전에 컴퓨터에 관한 책을 먼저 섭렵했고 본체를 뜯어서 속 내부구조를 샅샅이 관찰했다. 취미인 요트나 볼링도 책으로 먼저 흐름을 파악하고 돌입했다. 뭐든지 집중적으로 파고드는 정열적인 다독가였다.

책을 읽고 현실정치에 적용한다

　노무현 대통령은 20대의 운동권 학생들의 뇌 구조가 궁금하면 그들이 읽는 책을 통해 그들의 생각을 이해했다. 사람, 사물, 곤충, 들에 핀 꽃까지 모든 궁금한 것들을 책으로 먼저 탐독했다. 언제나 그의 머릿속에는 방대한 지식창고처럼 지식이 쌓여있었다. 스위치만 누르면 금방 답이 나오듯이 막히지 않고 무슨 질문에도 해박한 지식으로 쉽게 대답할 수 있었다. 이는 어릴 때 어려운 책들을 반복적으로 읽은 습관과 경계를 짓지 않고 읽은 다양한 독서 때문이다.

　해박한 지식으로 이미 답을 알고 있는 상태에서 참모진들에게 질문을 던지면 참모진들이 몹시 긴장했다. 얼마나 해박한지 질문에 대한 요지를 충족시키지 못했다고 한다. 노무현 대통령은 글쓰기를 배우지도 않았는데 본인이 직접 3권이나 책을 집필했다. 문장력과 감수성이 뛰어나 남의 도움을 빌리지 않고 책을 썼다. 그의 상상력과 창의력이 얼마나 뛰어난지 알 수 있다. 대통령 재직 시 회의가 있을 때 연설 초안도 한번 훑어보고 원고를 덮어놓고 본인이 연설문을 구슬로 대독하고 표현이나 문구를 자유자재로 재배치했다. 어려운 책을 읽을 때는 밑줄을 치고 몇 번씩 반복해서 읽었다.

노무현 대통령은 바쁜 업무에도 항상 책을 읽었다. 특히 재직 시 역사 서적을 많이 읽었다.

《드골의 리더십과 지도자론》,《송시열의 그들의 나라》,《칼의 노래》와 같은 역사의식을 넓히는 책들을 읽었다. 다양한 책들을 두루 읽으면서 참여정부의 핵심 열쇠인 변화혁신에 적용하려고 노력했다. 책을 읽고 워크숍이나 출입 기자들에게도 추천하거나 책을 선물하기도 했다. 역사의식이 강한 사람은 삶도 흐트러짐이 없다고 했다. 지나고 보니 노무현 대통령이 집권할 때 나라가 가장 왕성했던 이유가 독서와 연결고리가 있는 것 같다.

윗물이 맑아야 아랫물이 맑듯이 대통령부터 책을 읽고 실천하니 그 모습을 본 참모진들이 읽지 않을 수 없고 도미노 현상처럼 지자체장, 공무원, 기업들까지 그 당시 독서 모임이 활성화된 이유가 대통령의 독서와 무관하지 않다고 본다. 부강한 국가를 만들기 위해 국민이 책을 읽어야 한다. 대통령이 된 뒤에도 많은 바쁜 업무에도 불구하고 책을 더 많이 읽었다. 그는 읽는 것을 철저히 실험정신으로 정치에 반영하고 정치 운영에 접목했다. 이처럼 책은 읽고 적용해야 효용가치가 높다.

03

카이스트 정재승 교수 : 어렸을 때부터
책에 파묻혀 살며 융합형 과학자가 되다

한때는 한 우물만 파는 사람이 성공하는 시대가 있었다. 하지만 앞으로는 융합형 인간이 대세다. 융합형 인간이란 서로 다른 현상들이 결합해서 새로운 창조물을 창출해내는 사람이다. 그 대표적인 인물이 정재승 뇌과학자다. 그를 대변하는 타이틀이 여러 개다. 뇌를 연구하는 물리학자이지만 예일대 의대 정신과 연구원이었으며 현재 카이스트 바이오 및 뇌공학과 교수다. 새로 신설된 융합인재 학부 학부장이기도 하다. 정재승 교수는 과학과 예술 미디어 사회 인문학까지 모든 영역에서 활동하는 융합의 시대를 주도하는 사람 중 대표적인 사람이다.

어린 시절 독서로 과학자의 꿈을 키우다

그는 초등학교 때부터 공상 과학 속의 주인공처럼 좀 엉뚱한 면이 있었다. "자신이 특별한 사람이고 초능력도 나오고 뭔가 큰 사건이 벌어질 날을 대비하여 자기는 준비하고 있는 사람이다"라고 생각했다. 다른 얘들도 다 그런 줄 알고 주위 친구들에게 물어보기까지 했다고 한다. "내가 어떤 존재인지 알고 싶어서 그 대답을 과학에서 찾을 수 있다"는 믿음이 있었다. 그래서 어렸을 때 늘 책을 가까이했다. 답을 구하지 못해도 우주의 기원과 변화, 생명의 잉태를 탐구하며 사는 삶이 근사한 인생이라고 생각했다. 어릴 때부터 책을 통해 꿈을 찾으려는 모습이 부모님의 책 읽는 모습에서 기인했다고 한다. 괴테, 다윈, 볼테르 이런 인류 역사를 바꾼 위인들이 평생 연구하고 생각한 그 모든 것들이 책 한 권에 들어있다. 생각만 해도 가슴 뛰지 않나? 알면 보이고 그때부터 보이는 것은 전과 같지 아니하다" 정재승 교수 글이다. 그는 자신이 독서로 삶을 이룬 것처럼 자신이 가리키는 학생들 또한 독서의 위대함을 알기를 바란다. 자기 스스로 독서의 위대함을 알기에 카이스트 학교에 신설 융합인재 학부를 신설하고 그 학부 학생들은 명저 100권을 읽고 원고지 50장 내에 감상문을 써야 졸업할 수 있다. 미국의 세인트존 대학을 따라 했는데 그 학교를 넘어서는 게 목표다.

정재승 교수는 "4차 현명시대에 걸맞은 교육과 인재 육성을 국가 차원에서 교육혁신을 해야 한다"라고 강조했다. "스스로 공부하는 즐거움을 만들어 줘야 하는 게 지식인이 할 일이다"라고 했다. 인간이 살아가면서 누릴 수 있는 최고의 즐거움이자 특권이 독서이다. 책을 읽어야 사람답게 살 수 있다. 정재승 교수는 평생을 거쳐 반드시 해야 하는 것으로 첫 번째로 독서를 뽑았다. 그는 초등학교 때 이미 물리학자를 꿈꾸고 결국 이루어냈다. 그는 현재의 자신이 있음은 독서를 폭넓게 한 결과라고 한다.

과학과 수학을 잘해서 과학고에 갔는데 실상 국어를 가장 잘했다. 수학과 과학을 잘한다고 훌륭한 과학자가 될 수 있을까에 대한 회의를 하고 전공에 몰두하기보다 졸업하기 전까지 도서관에 있는 책을 다 먹어 버리겠다는 각오로 책을 읽었다. 스스로 책에서 답을 구하고자 했다. 이때 본격적으로 독서를 시작한 계기가 됐다. 고교에서 대학까지 기숙사 생활하면서 도서관에 틀어박혀 책을 읽었다. 빌 게이츠Bill Gates가 도서관을 통째로 읽어버린 것처럼 정재승 또한 졸업하기 전까지 도서관 책을 전부 읽어야겠다는 계획을 세우고 도전했다. 책에서 먼저 과학을 보고 읽었다.

정독과 속독을 병행한 쾌락 독서로 읽다

그의 독서법은 먼저 속독하면서 정독해야 할 책을 골라 정독하고 속독할 책을 골라 빠르게 속독한다. 일명 속독과 정독을 병행한 독서를 한다. 독서는 평생에 해야 할 과제이며 습관이 아닌 즐거운 마음으로 해야 지속할 수 있다고 했다. 처음부터 어려운 책을 읽는 것보다 자신이 좋아하는 분야부터 읽는 것이 좋다고 한다. 읽다 보면 책 속에서 책을 연결해 주는 경우가 많아 책을 꾸준히 읽게 되는 경우가 많았다. 책 읽기 요령이라면 자신의 관심 분야를 읽다 보면 자연적으로 독서에 몰입이 되고 독서 습관이 자리 잡게 된다고 한다.

책은 읽고 나면 금방 잊어버리는데 옆에 쌓아놓고 반복해서 보는 식으로 읽으면 망각 속도가 느려진다고 한다. 따라서 감동이 있는 책은 꼭 다시 읽기를 했다. 그는 어릴 때 읽은 백과사전을 즐겁게 읽었을 정도로 책 읽는 시간은 즐거운 시간이라는 개념을 제대로 이해했다. 정교수는 책들과 책들 사이의 지도를 머릿속에 그려가며 읽는다. 책들 사이의 연관 관계들을 따라가면서 계속해서 책을 찾아 읽는 것이 그의 독특한 독서법이다. 연결하여 읽고 주제별 관련 책을 연결하여 읽으며 저자의 책을 찾아서 전부 읽는다.

정교수는 "독서는 스스로 부딪혀 가면서 자신의 독서 방식을 만들어 가야 한다"라고 조언한다. "주로 서점에서 여러 책을 읽어가면서 좋아하는 저자와 좋아하는 분야의 책을 선택해서 읽다 보면 자신이 좋아하는 주된 생각이나 관심이 가는 분야를 찾을 수 있다"라고 한다. "독서가 어렵지 않고 오랫동안 재미있게 읽을 수 있으려면 이런 시행착오 끝에 자신만의 독서법을 찾아야 한다"라고 권유한다. 정교수는 작가이면서 과학자이면서 교수까지 다양한 직업의 지식인으로 등재되어 있다. 여러 개의 직업이 있음은 그의 방대한 독서량과도 무관하지 않을 듯하다. 독서는 애쓰지 않고도 원하는 위치에 오르게 해주는 역할을 한다. 정교수도 다양한 책을 읽었기에 자기도 모르게 다양한 직업의 지식인이 된 것이다.

책읽기는 쾌락이라고 말한 정교수는 소장하고 있는 책 또한 2만 권이 넘는다. 대도서관을 방불케 할 정도로 그의 책 사랑을 엿볼 수 있다. 책 목록을 정해놓고 읽는 동안 이 책을 읽고 다음 책은 어떤 책을 읽어야 할지 목록을 보고 고민하는 시간이 스스로 행복하다고 말했다. 책 욕심도 많아서 절대 버리지 않고 모아두다 보니 서재가 책 무덤이라고 할 정도로 장대하게 책들이 쌓아져 있다. 대체로 책을 많이 읽는 사람들은 절대로 책을 버리지 않는다. 읽은 책들이 자신의 자식들 같기 때문이다. 나 또한 다른 것은 다 버려도 버리지 못하고 차곡차곡 쌓아놓는 것이 책이다. 빼곡히 꽂혀 있는 책장만 보아도 밥을 안 먹어도 배가 부른 느낌이다.

과학을 세상 밖으로 끌어내다

정재승 교수는 어렸을 때 부모님의 영향으로 독서 습관이 이미 자리 잡았다. 부모님이 책을 읽으라는 소리는 안 했지만, 항상 책을 읽는 모습을 보여주었다. 과학자가 되는 길이 운명임을 알고 늘 책을 가까이했다. 그는 독서를 누가 시켜 마지못해서 한 게 아니라 책 읽는 자체가 즐거움이며 놀이였다. 그는 과학책을 쓴 저자이기도 하다. 그의 책 과학 콘서트는 칼 세이건Carl Sagan, 천문학자의 코스모스보다 더 많은 독자를 보유했다. 대중들을 과학으로 끌어들일 수 있는 화려한 글 솜씨를 발휘하며 출간하는 책마다 인기 도서를 기록하고 있다. 그만큼 그가 쉽고 재미있게 과학을 풀어쓴다고 할 수 있다.

그는 과학은 일반인의 영역이 아닌 복잡하고 난해하다는 인식을 깨고 쉽고 재미있게 누구나 접할 수 있도록 만들어내는 역할을 했다. 그를 통섭형 인간이라 부르는 것은 인문 사회과학과 자연과학을 통합해 새로운 것을 창출해내기 때문이다. 그동안 과학은 머리가 비상하고 특별한 사람들의 전유물처럼 느껴졌었다. 하지만 "과학은 추상적인 개념이나 수식의 의미를 이해하면 반드시 경이로움을 느끼게 해준다는 점에서 도전해볼 만한 분야"라고 그는 말한다. 이런 경험을 자기 혼자 알고 있기에 너무 아까워서 과학에 관심 없는 사람들에게 자연 우주란 이런 것이라고 공유하고 싶다고 한다.

정재승 교수는 "과학이라는 분야는 누구나 할 수 있는 경이롭고 특별한 학문이며, 이 사실을 일반 대중들에게 전하는 것이 자신의 의무이자 사명이다"라고 말한다. 어린이들에게 과학이라는 분야를 친숙하게 하려고 어린이들의 눈높이에 본 인류 진화를 다룬 이야기를 책으로 쓰기도 했다. 그의 이런 행보들이 어렵게 느껴졌던 과학이 일반인도 쉽게 다가갈 수 있도록 교두보 역할을 했음을 알 수 있다. 그는 세계 경제 다보스포럼에서 세계적 리더로 선정되기도 해 국가 위상을 높이기도 했다. 독서의 힘으로 위대함을 증명한 사람이다.

그는 과학을 세상으로 끌어내 일반인들도 쉽게 과학을 접할 수 있게 만들었다. 동떨어졌던 과학이라는 매개체를 자기 삶의 형태로 즐길 때 과학적 진보가 일어난다고 했다. 그가 새롭게 시작한 고전 100권 읽기 등은 아직 결과물이 나오지 않았지만, 시카고대학을 고전 100권 읽기로 삼류대학에서 명품 대학으로 탈바꿈시킨 저력이 우리나라에서도 훗날 일어나지 않으리라는 법은 없다. 어떻게 보면 남이 가지 않은 길을 첫발을 디딘 것일 수도 있다. 이런 도전이 그가 책을 통해 책 속에서 앞서간 사람들의 경험을 쓴 글을 읽고 그들이 성공했기에 지금 계획이 이미 성공임을 알고 있지 않을까?

04

이덕무 실학자 : 신분사회였던 조선시대에서 책을 통해 서자 신분을 뛰어넘는다

이덕무李德懋는 조선시대 책을 많이 읽은 지식인으로 대표되는 인물이다. 조선시대는 어느 때보다 뛰어난 문장을 겸비한 지식인들이 대거 등장한 시기였다. 그중에서 이덕무는 스스로 간서치看書痴[7]라 할 정도로 책을 읽고 쓰는 것이 삶의 희로애락이었다. 조선시대에 신분사회였던 것을 견주어보면 이덕무는 서자 신분임으로 관에 등용될 수 없는 처지인데도 늦은 나이로 규장각 검서관으로 등용됐다. 책을 통해 서자 신분을 뛰어넘은 것이다. 그는 평생을 걸쳐 책을 읽고 탐독하였으며 18세기 지식인 사회를 이끈 최고의 위대한 지식인이다.

---

7 간서치(看書痴) : 책에 미친 바보, 지나치게 책을 읽는 데만 열중하거나 책만 읽어서 세상 물정에 어두운 사람을 낮잡아 이르는 말.

치열하게 읽고 탐구한다

　이덕무는 본부인이 낳은 아들이 아닌 다른 여자가 낳은 아들이 낳은 서자 출신 선비였다. 조선시대에는 서자라는 신분으로는 벼슬이나 관직에 오를 수 없었다. 열심히 공부하고 실력이 되어도 과거시험을 볼 수가 없었다. 이런 희망이 없는데도 이덕무는 손에서 책을 놓지 않았다. 성공하기 위해서 책을 읽은 게 아니라 사람답게 살기 위해 책을 읽었다. 그는 하루에 자신이 읽기 위해 준비한 분량을 몇 십 번이고 되풀이해서 읽었을 정도로 일정한 공부의 양을 정해서 그대로 실천한 사람이다. 이처럼 독서는 여유가 생기면 하는 게 아니라 하루에 꼭 해야 할 일과처럼 해야 하는 것이다.

　이덕무는 어렸을 때부터 스무 살이 되기까지 하루도 빠짐없이 책을 손에서 놓은 적이 없었다. 그의 방은 매우 작았으나 방에 여러 창이 나 있어서 동쪽에서 서쪽으로 해를 따라 밝은 데로 옮겨 다니며 책을 봤다. 책벌레로 소문이 나자 시험도 보지 않고 늦은 나이에 왕실 도서관인 규장각의 검서관으로 임명된다. 이것은 순전히 그가 폭넓게 해온 독서 덕분이었다.

　이덕무는 열여덟 살에 이미 독서열이 왕성해서 자신이 살던 곳을 구서재 九書齋라고 이름 짓고 책 읽는 장소라고 할 정도로 책만 보았다. 구서九書라는 뜻은 독서의 아홉 가지 방법으로 독서, 폭서, 차서, 교서, 평서, 저서, 간서, 장서, 초서를 말한다. 인간은 저마다 타고난 재주가 있듯이 이덕무 또한 천성적으로 책을 좋아했다. 어렸을 때부터 성년이 될 때까지 단 하루도 고서를 손에서 놓아본 적이 없다고 한다. 세상 물정도 모르고 오직 책만 파고들었다. 그래서 이덕무는 스스로 자신을 간서치看書痴라고 표현했다. 너무 책을 많이 읽어 책만 읽는 바보라고 생각했다.

평생 이만 권의 책을 읽고 수많은 책을 베껴 쓰고 집필했다. 예전에는 책이 흔하지 않아 책을 빌려서 베껴 써서 자기 책으로 소장했다. 베껴 쓰면서 문장력 또한 폭발하니 그 시대의 훌륭한 문장가로 우뚝 섰다. 시대가 달라져도 책 읽는 모습은 낯설지 않다. 오로지 책을 읽는 즐거움으로 추위와 더위 배고픔 아픈 것도 느낄 수 없었다고 한다. 이덕무는 독서 고수 중 고수다. 이덕무는 동서양의 문물을 두루 섭렵했을 뿐 아니라 조선의 문물과 제도, 인물과 역사, 풍속 등을 백과전서파로 써내 일반 사람들에게도 읽게 했다. 오직 왕성한 탐구심과 호기심으로 열심히 탐구한 결실이다.

환경을 딛고 꿈을 이룬 독서 비법

이덕무는 온전히 독서의 힘만으로 열악한 조건이나 환경을 뛰어넘었다.

이덕무는 책 읽는 것은 배고픔을 잊게 해주고 추위를 막아주며 근심과 번뇌를 없애주는 데다 기침까지 낫게 해준다고 했다. 책 읽기 이유에 최고의 찬사다. 이덕무처럼 어렸을 때부터 몸에 밴 독서 습관은 엄청난 힘으로 생겨난다. 그는 목적을 두고 출세야욕을 위해서 책을 읽은 게 아니라 숨 쉬듯이 일상에 해야 하는 일과처럼 읽었다. 그는 하루도 빼놓지 않고 책을 읽었다. 해가 떠서 질 때까지 밝은 데로 옮겨 다니면서 책을 읽었다고 한다. 하루를 몽땅 책만 읽고 보낸 것이다. 이렇게 독서광으로 소문나서 과거시험을 보지 않고 왕실 검서관으로 뽑힐 수 있었다.

꾸준히 하는 자가 승리한다는 말이 있듯이 이덕무는 비가 오나 눈이 오나 책과 동행했다. 이덕무는 주변에 같은 환경조건과 처지가 비슷한 친구들이 많이 있어 글을 읽고 토론과 논쟁을 즐겼다. 조선시대 실학을 집대성한 많은 인재가 이덕무의 친구들이었다. 이덕무는 책을 볼 때는 우선 시간을 정해놓고 읽어야 한다고 한다. 오직 시간을 따로 떼어놔서 그 시간에 반드시 읽으라고 한다. 이덕무의 독서 방법은 한정된 분야만 읽지 않고 다방면에 걸쳐 독서를 했다. 이덕무가 박학다식했던 이유는 오직 독서 때문이다.

여행할 때는 붓과 종이 그리고 책을 항상 옷소매에 넣고 다니다가 주막이나 나룻배에서도 여지없이 책을 꺼내 들고 읽었다. 잠시만 틈만 나도 책을 읽고 메모했다. 여행 중에 현지 사람에게 궁금한 것을 물어보고 보고 들은 것을 빠짐없이 기록하고 메모했다. 이렇게 기록한 것들을 나중에 한 권의 책으로 다시 태어나는 것이다. 이덕무는 중국에 갔을 때도 제일 먼저 서점을 찾아 그 나라만의 문화나 유행에 관련된 부분을 먼저 읽었다. 그 나라 문화를 알기 위해서는 서점에 가서 먼저 경험하는 것도 좋은 방법일 것 같다.

가난하여 책 한 권 살 돈도 없는 환경이지만 빌려서 베껴서라도 규칙적으로 독서 한 이덕무가 역대 실학자 중에 가장 박식했다고 한다. 어떤 환경에서도 책을 부지런히 읽어야 한다. 마치 매일 밥을 먹고 숨을 쉬듯이 말이다. 독서의 힘만으로 환경과 조건을 넘어설 수 있다. 독서에서도 베껴놓은 책들을 반복하여 읽으며 기록하고 사색했다. 반복은 책읽기에서 무척 중요하다. 특히 중요한 책은 주기적으로 읽고 기록해야 한다. 조선 지식인 이덕무처럼 끊임없이 읽고 탐구하고 기록해야 한다.

조선의 문예 부흥에 앞장서다

그는 독서가로 많이 알려있으나 통찰력 가득한 책들을 집필한 문장가로서도 손색이 없다. 늘 메모하고 기록했던 습관으로 많은 실학서實學書를 집필하기도 했다. 이덕무의 친구들은 함께 공부하고 토론하고 글을 짓기도 했다.

책만 읽고 토론 문화가 없으면 독단적일 수밖에 없다. "혼자 독서를 하는 것은 외롭게 술을 마시는 것만큼이나 끔찍한 일이다"라고 책을 읽고 대화와 토론의 중요성을 역설한 심리학자 알프레드 아들러Alfred Adler[8]의 말이다. 다행히도 이덕무 주위에는 독서의 대가들에 둘러싸여 있었다. 항상 책을 읽고 당대의 문장가들과 토론과 논쟁을 벌였다.

조선시대를 지식혁명 시대라고 부르는 이유가 이덕무가 집필한《청장관전서青莊館全書》의 탄생과 무관하지 않다. 이덕무는 새로운 정보를 들으면 붓을 들고 반드시 기록했고 고금古今 도서를 집대성하겠다는 꿈을 갖기도 했다. 같이 활약했던 북학파의 일원 중 가장 박학다식博學多識하고 오직 실력으로 인정받은 사람이다. 그는 맹자孟子와 논어論語를 무척 좋아했다. 겨울에 집이 너무 추워 책을 읽지 못할 정도로 바람이 방으로 들어올 때는 논어 책으로 병풍을 삼기도 했다. 나중에 너무 가난해서 먹을 것이 없어 쌀을 살 요량으로 맹자孟子를 팔아 배불리 먹고 친구 유득공柳得恭에게 시적으로 표현한 문장을 보면 그의 유유자적 성품을 느낄 수 있다.

이덕무는 경전과 역사 제자백가 사상, 문집 등은 물론 기이하고 이단적인

---

8 알프레드 아들러(Alfred Adler) : 오스트리아의 정신의학자.

책들까지 두루 통달해 방대한 독서가였다. 세상 물정은 모르고 오직 아는 건 책 읽는 것밖에 없다고《나무의 마음처럼》이란 시에서 말했다. 이덕무는 분야를 가리지 않고 다방면으로 독서를 했지만, 소설은 좋아하지 않았다고 한다. 남을 이기기 위해 속이는 글들을 외면했다고 한다. 시대에 따라서 가치관이 변하듯이 그때 외면했던 소설이 지금에선 읽어야 할 고전이다. 특히 그를 칭하는 많은 호에서 청장靑莊이라는 호는 맑고 청렴하다는 뜻으로 그의 강직하고 청렴한 성격을 엿볼 수 있다. 이런 모습 때문에 관직 때 정조가 520여 차례 하사품을 내렸을 만큼 총애했던 지식인이었다.

조선시대 많은 지식인이 주도적인 역할을 잘해서 그 시대가 실학으로 찬란히 빛나던 시대다. 이덕무는 정규교육을 받지 않았지만, 순전히 독서로 문리가 트인 사람이었다. 당시 최고의 지성인인 홍대용洪大容, 박지원朴趾源, 박제가朴齊家, 유득공柳得恭 등과 교류하면서 지금의 중국에까지 이름을 알렸다. 문예 부흥이 최고의 전성기였고 나라 또한 의식이 격변하는 위기 속에서도 책 읽는 국민은 망하지 않는다는 말처럼 조선은 굳건했다. 그의 따뜻한 마음, 강직한 소신, 철학 등이 지금까지도 인문학적 가치로 빛이 난다. 이덕무는 사회적 틀을 깨고 독서가로서 문예 부흥에 앞장서고 새로운 가치를 추구한 변화를 주도한 사람이었다.

05

세계적 투자가 짐 로저스 : 어렸을 때부터 책을 자주 봄으로써 전설적 투자가가 되다

세계적인 투자가 짐 로저스Jim Rogers는 세계 금융시장에 상품투자의 귀재이며 전설로 불렸다. 세계 각국의 숨어있는 저평가된 보물 같은 주식을 찾아내어 투자하는 전문가이다. 남들이 투자하기에 적합하지 않은 곳이라고 해도 그는 자기의 직감을 믿고 투자하여 거대한 부를 손에 쥐었다. 펀드매니저 fund manager 시절 그가 세운 기록은 월가의 전설이 되었다. 조지 소로스 George Soros와 함께 한 12년 동안 연간 수익률이 단 한 번도 마이너스로 떨어지지 않았다. 그가 이렇게 변화를 빨리 읽어내고 통찰력이 남달랐던 이유는 어렸을 때부터 책을 통해 공부했기 때문이다.

책을 통해 각 나라의 역사와 트렌드를 읽고 투자한다

짐 로저스Jim Rogers는 어릴 때 집안에 아버지의 서재가 있었다. 부모님의 영향으로 서재에 꽂혀 있는 아버지의 책들을 수없이 많이 읽었다. 무슨 내용인지 이해는 못 해도 그의 머리가 비상하게 예리함은 어릴 때 어려운 아버지의 책을 읽은 것과 연결성이 있을 것 같다. 그는 커가면서 독서를 왕성하게 해나갔으며 지혜가 고스란히 쌓였다. 책을 통해 과거와 현재를 공부하고 매 순간 예리한 촉으로 변화를 잡아낸다. 그 밑바탕에는 어릴 때부터 끊임없이 했던 독서에 기인한 요인이었다. 그는 책을 읽고 공부하지 않고 투자하는 것은 소중한 시간과 돈만 낭비하는 꼴이 된다고 했다.

짐 로저스Jim Rogers는 "세상에 일어나는 변화를 읽어내기 위해서는 책을 통해 공부해야 한다"라고 했다.

그는 역사책을 통해 나라마다 일어나는 사건들이 세계 경제에 어떤 영향을 미칠지 연구하고 공부했다고 한다. 자국의 역사만 공부한 게 아니라 세계 여러 나라들의 역사 공부를 책을 통해 탐독했다. "옛날이나 지금이나 역사 공부하기에 가장 좋은 매개체는 역시 책만 한 게 없다고"라고 한다. 그는 책을 통해 정보들을 모으고 역사 공부를 열심히 했다. "다양한 종류의 역사 서적들을 많이 읽어두면 세상을 예리하게 읽어낼 힘이 생긴다."라고 한다.

역사책을 통해 주의 깊게 살펴보면 어떤 일들이 일어났는지 정확히 알게 된다. 그러면 미래의 세계도 무슨 일이 일어날지 가늠하게 된다. 군중심리에 휩쓸리지 않기 위해 객관적으로 판단할 수 있는 지혜를 책을 통해 길러야 한다. 그는 "미래에 벌어질 어떤 일들을 다양한 변화를 책을 통해 읽어냈다"라고 했다. 그는 일반사람들이 대박감이라고 생각한 사업 분야에선 거들떠보지도 않았다. 남들이 거들떠보지 않는 부분에 투자해서 남들이 폭락할 때 그는 성공을 거둘 수 있었다. 그가 살아남은 이유는 군중심리에 따라가지 않고 자신이 선택한 곳에 대한 확고한 믿음의 대가다.

짐 로저스Jim Rogers는 위기는 반복된다는 생각에서 과거의 일들을 살펴보고 위기가 닥쳤을 때 사람들이 어떻게 생각하고 행동했는지 역사책을 통해 스스로 공부했다. 과거에 일어난 상황에서 어떤 경제 흐름이 있었는지 책을 통해 공부했다. 우리 기억의 프로그램이 태초부터 현재까지 되풀이되듯이 짐 로저스Jim Rogers 또한 역사는 반복되기에 과거 역사를 통해 공부하고 대비했다. 현실에 일어나는 사건들과 장기간에 일어난 사건들을 비교검토 하면서 세상의 어떤 변화가 가지고 있는 주식에 영향을 끼쳤는지 알 수 있는 것이 그만의 척도이다. 해외여행을 할 때도 각국의 역사책을 통해 그 나라의 문화와 유행을 먼저 확인했다.

읽고 난 후 바로 현장 실습을 하다

짐 로저스Jim Rogers는 "대부분 역사는 승자 편에서 기록되었기 때문에 책에서 윤곽만 읽는다."라고 한다. "각 나라를 여행함으로 자기 눈으로 직접 현장 파악까지 하는 것이 완벽한 공부다"라고 짐 로저스Jim Rogers는 말한다. 시장변화를 빠르게 읽고 투자 적기라고 생각하면 누가 뭐라 해도 밀고 나가는 성격이 성공 투자요인의 핵심이다. 전 세계 젊은이들에게 실재 현장경험의 중요함을 외치며 현장에서 감을 읽으라고 조언했다. 37세 젊은 나이에 은퇴하고 모터사이클 한 대로 전 세계를 일주하며 나라마다 주식거래소와 장외시장을 직접 탐방하며 자기 눈으로 직접 살폈다. "세계 각국의 금융시장과 현지인들의 생활상을 직접 살펴보고 여행한 것이 훗날 투자하는 데 폭넓은 시야와 통찰력을 길러주었다"라고 그는 말했다.

그가 한 첫 사업은 다섯 살 때이다. 동생을 고용하여 야구장에 가서 땅콩을 팔고 빈 병을 주워 다가 팔아서 돈을 벌었다. 그는 돈을 벌고 싶었기 때문에 바로 현장으로 나가서 돈을 벌었다. 그가 젊은이들에게 현장에 직접 나가

체득하라고 한 이유가 자신이 어릴 때 현장에서 행동하므로 얻은 감 때문이다. 그가 옥스퍼드 대학을 다닐 때 등록금을 받으면 납부 기한이 코앞에 닥칠 때까지 등록금을 다른 투자처로 굴리곤 했다. 그는 실행력이 얼마나 중요한지 그때 깨달았다고 한다. 읽는 것만으로 만족하지 않고 그에 따른 행동을 반드시 했다. 인생에서 성공하고 싶다면 읽거나 알고 있던 사실을 반드시 실전에서 응용해야 한다.

앞으로는 중국어와 영어가 가장 중요한 세계 언어가 될 것이라고 그 나라들의 역사 공부를 미리 했다. 짐 로저스 Jim Rogers는 그의 딸들에게 중국인 보모를 고용해 항상 중국어로만 이야기하도록 했다. 자녀들에게 중국어가 중요한 시기가 올 거라면서 가르치기만 한 게 아니라 평소 중국어로 대화하고 중국어를 사용해서 일상을 생활하게끔 환경을 조성해준 것이다. 그는 세계가 앞으로 어떤 큰 변화가 올 것인지 미리 정보들을 모으고 역사 관련 책들을 읽고 준비했다. 역사책을 읽고 19세기는 영국이 가장 번영했고 20세기는 미국이 뒤를 따랐고 21세기는 중국의 시대가 올 거라고 예견하고 그는 자녀들까지 발 빠르게 미래를 대비했다.

책 속에는 수많은 비밀스러운 보물들이 잔뜩 들어있다. 그 보물을 발견한들 행동으로 옮기지 않으면 꿰매지 않은 구슬 서 말과 다름없다. 많은 사람이 책을 읽었다고 한들 정상에 오른 사람이 소수인 것을 보면 읽고 나서 행동으로 옮기는 자가 그만큼 많지 않은 것을 반증한다. 반드시 행동으로 이끌어야 성과가 나온다. 인터넷 검색만 해도 숨겨질 만한 정보들이 쏟아져 나오지만 실상 그것을 행동으로 옮기는 자는 소수다. 누구나 자기 스스로 해야 한다. 어떻게 살아갈지를 결정하고 책에서 도움을 받고 혼자 스스로 발견해야 한다. 책에서 많은 정보를 주어도 결국 모든 것은 스스로 각자 행동하느냐 아니냐에 달려 있다.

상식 밖으로 사고思考하는 힘을 키워라

그의 매력이라면 사회 관념과 대다수 군중의 의견과는 다른 독창적이고 독자적인 사고력이다. 그는 두 딸에게도 "상식이라는 것도 무조건 믿지 말고 근거를 스스로 조사해 보고 믿을만한지 스스로 판단하라"라고 가르쳤다. "통념과 관습은 우리의 사고능력을 빼앗아 가기에 다수의 사람이 생각하는 정보나 통념들을 아무런 의심 없이 받아들이지 말라"라고 권고한다. 하물며 비슷한 생각일지라도 전혀 다른 각도로 바라볼 수 있는 소수 사람이 되기를 권한다, 이런 상식 밖 생각으로 위험을 안고도 그는 용감하게 승부수를 던졌기에 남들이 누리지 못하는 부를 거머쥔 것이다.

이미 20년 전에 중국에 투자할 때도 많은 사람이 짐 로저스Jim Rogers를 미친 사람 취급했지만, 그는 지금도 21세기는 중국이 패권국이 될 거라고 하면서 투자를 계속하고 있다. 그가 얼마나 방대한 자료를 모으고 각 나라의 역사책을 공부하고 탐독했는지를 알면 아무도 그에게 딴죽을 걸지 못할 것이다. 그는 특히 역사를 좋아해서 다양한 역사책을 읽기를 즐겨한다. 그렇다고 한 권만 깊이 파는 게 아니라 상반되는 여러 종류의 역사책과 수많은 각기 다른 버전들의 책을 섭렵하여 읽는다. 이렇게 하는 독서법은 한곳으로 치우침이 없이 균형을 맞춰 사고할 힘을 길러준다고 한다.

예를 들자면 한나라에 일어난 사건에서도 정당성을 외치며 반격했다고 책에 나와 있어도 그 반대편 진영 나라의 역사책을 읽어봄으로써 서로의 입장에 따라 사건을 바라볼 수 있는 눈을 길렀다. 짐 로저스Jim Rogers가 가장 두려워하는 것은 거의 대다수가 언론을 믿고 승부수를 던지는 것이다. 그는 "언론이 주는 정보를 무조건 옳다고 믿지 말고 특정 이해 당사자들이 심어놓은 기사들을 꿰뚫어 볼 수 있는 눈을 책을 통해 사고력을 기르라"라고 말한다. 세상의 상식을 의심하고 스스로 책을 보고 생각하고 결정하는 힘을 길러야 한다. 역사나 투자나 다양한 책을 접하고 사고하고 분석하고 정확히 파악할 수 있어야 성공으로 가는 가장 빠른 지름길이다.

짐 로저스Jim Rogers는 어릴 때부터 책을 읽는 것이 하루 일 중 하나였다. 그는 지금의 자신이 순전히 어릴 때부터 읽은 책의 영향 때문이라고 한다. 그는 고등학교 시절에는 찰스 디킨스Charles Dickens 작가를 좋아해서 디킨스의 책을 모조리 찾아 읽었다. 그 시절 읽었던 책 《올리버 트위스트》, 《데이비드 코퍼필드》 등은 아직도 내용이 고스란히 생각나 잊을 수 없는 책이라고 한다. 그가 여행을 좋아하게 된 계기도 책을 통해서이다. 《픽윅 클럽 여행기》라는 소설책은 그가 여행을 좋아하게 된 계기가 됐던 책이다. 그는 어릴 때 책을 통해 꿈을 키우고 포부를 키웠다. 책을 통해서 지혜를 얻어 언제나 상식 밖으로 행동했기에 지금의 짐 로저스Jim Rogers가 있다.

06

켈리델리 회장 켈리 최 : 독서 100권을 읽고 초밥 회사로 영국 100대 부자 안에 들다

켈리 최Kelly Choi 회장은 유럽에서 요식업 사업으로 7천억 매출을 달성한 초고속 성장회사 켈리델리의 회장이다. 프랑스에서 초밥 도시락 사업을 시작한 지 7년 만에 유럽 10개국에 매장을 열고 프랑스 파리 벤처기업 프로그램에서 매출과 직원 수 성장 속도에서 당당히 1위를 달성했다. 또한 프랑스 경영대학원 석사과정 교재에 켈리델리 기업의 성공 신화가 실리기도 했다. 현재 글로벌 경영기업인으로서 세계적인 회사들로부터 집중 관심을 받는 사람이다. 성공하고자 하는 사람들에게 아낌없이 기법을 전해주는 선한 영향력을 끼치는 자산가이기도 하다.

백 권의 책을 읽고 활용하여 인생 2막에 도전한다

켈리 최 Kelly Choi 회장은 현재는 매스컴의 관심을 한 몸에 받고 누구나 부러워하는 사람으로 바쁘게 살아가고 있다. 하지만 한때는 사업 실패 이후 센 강에 몸을 던질까 고민했을 만큼 힘겨운 시절을 보내기도 했다. 그녀는 많은 사람이 돈이 없어서, 학력이 부족해서, 나이가 많다는 이유로 무엇인가를 새롭게 시작하지 못한다고 말한다. 그러면서 "중요한 건 열정을 갖고 성공을 위해 준비하는 사람만이 그 행운을 잡을 수 있다"라고 말한다. 그녀가 마흔이 넘는 나이에 10억의 빚을 떠안고 도산하지만 두 번째 도전하는 사업은 철저히 관련된 책 100권을 정독하고 그 책 내용을 그대로 실천함으로써 마음가짐 자체를 새롭게 정립하고 사업에 도전하게 된다.

켈리 최 Kelly Choi는 난독증이 있어서 원래 책읽기를 좋아하지는 않았다. 첫 사업을 할 때도 독서를 거의 하지 않고 시작했다. 하지만 첫 사업 실패 후 두 번 다시 망하지 않기 위해 준비한 것 중 하나가 독서였다. 난독증이 있다 하더라도 노력으로 충분히 읽을 수 있을 거로 생각하고 일단 책을 읽었다. 책 속에서 자신보다 먼저 수많은 문제를 해결해 나가며 성공한 사람들의 지혜가 녹아 있는 정수를 맛보았다. 그녀는 책 속에서 이미 큰 실패를 겪고 다시 일어선 성공사례들을 읽으며 큰 힘을 얻었다. 자신에게만 비극이 일어난 것은 아니라는 데서 위로받고 그녀는 책을 통해 다시 제2의 인생을 펼쳐갈 힘을 얻었다.

그녀는 읽어야 할 책 목록을 주변 사람들에게 추천받는다. 혼자 일일이 찾기에는 시간이 오래 걸리므로 주변인들에게 추천을 요청한다. 페이스북, 멘토, 친구들로부터 최대한 추천을 받아 100권을 선정하고 읽기 시작한다. 백 권 안에는 유행을 타지 않고 꾸준히 팔리는 책도 있고, 덜 알려진 책들도 목록 안에 들어있다. 그녀는 기한을 두고 읽지 않으면 무한대로 늘어져 버리기 때문에 꼭 기한을 정한 후 읽기 시작한다고 한다. 감동이 있는 책은 반드시 다시 읽기를 권한다. 그녀는 정말 좋았던 책은 네 번까지 읽는다고 한다. 인상적인 부분에 밑줄을 치고 읽으며 나중에 주변 사람에게 전해주고 싶은 내용은 꼭 노트에 기록하는 습관이 있다고 한다.

켈리 최 Kelly Choi는 "한 분야의 책 100권을 제대로 읽으면 그 분야 학위를 딴것과 같다"라고 말한다. 100권을 쓴 저자에 따라 다른 시각으로 접근하기에 다양한 주장을 알 수 있기 때문이다. 여러 권의 책을 읽고 저마다의 주장에 앞서 진실에 다가갈 수 있는 변별력이 생기기 때문이다. 그녀는 독서를 힘들어했지만 100권 읽기를 뚝심으로 강행하고 세계 여행을 떠날 때도 100권

책을 대동하고 읽었다. 여행 중에 업무와 병행해야 하는 상황에서도 읽을 권수 목표를 정하고 실제로 실천에 옮겨 자신의 한계를 이겨 내고 싶었다고 한다.

읽은 후 책 속 지혜를 철저히 활용한다

켈리 최Kelly Choi는 뭐든지 혼자서 결정하고 혼자서 해결했다. 어릴 때 집은 가난했고 부모님은 일하기도 바빠서 자녀들에게 관심조차 주기 어려운 상황이었다. 그녀는 혼자서 늘 씩씩하게 긍정적이며 낙천적인 성격으로 문제들을 헤쳐 나갔다. 프랑스에서 친구와 시작한 첫 번째 사업은 사전준비도 없이 무작정 뛰어들어 실패했다. 두 번째 사업을 시작하기 전에는 첫 번째 사업 실패 요인을 철저히 검증하고 분석하여 또다시 실패하지 않기 위해 부단히 노력했다. 시작부터 사업에 관련한 책 100권을 읽고 철저히 그 책 내용대로 복사했다.

그녀는 "책 속의 내용을 그대로 실천함으로써 책을 먹어버렸다"라고 표현했다. 그 정도로 스치듯 읽어나간 게 아니라 책 속에서 배운 것을 실제로 자신에게 적용하며 실제 행동으로 옮겼다. 그녀는 독서를 강조하면서 "실천 없는 독서는 시간 낭비일 뿐이라며 책 속의 지식을 적극적으로 활용해야 진짜 자기 지식이다"라고 말한다. 그녀가 제2의 인생을 시작할 때는 자수 성공한 부자들의 책을 읽고 그대로 복제해 자기 것 화해서 실천했다. 부자들의 마음가짐을 그대로 복제했다. 책을 읽는 사람은 신체가 거짓말하지 않는다고 하듯이 언어 표정 등으로 드러나게 마련이다.

그녀는 책 속에서 먼저 성공한 사람에게 손을 내밀어 구원요청을 하라는 내용을 읽고 실제로 그들에게 도움을 요청해 모두 도움을 받았다. 그녀가 스노우 폭스 김승호 회장에게 도움을 요청했을 때 흔쾌히 기법을 전수해 줬다. 스시 장인 야마모토에게 몇 번의 요청에도 거절당했지만, 최종에서 요청받아 내고 도움을 받았다. 그녀는 어차피 도움 받을 거라는 것을 요청하기 전에 알았다고 한다. 왜냐하면 도움 요청을 허락할 때까지 계속 찾아갈 거라고 마음으로 이미 각오했기 때문이다. 그녀는 이런 끈질김을 책 속에서 하라고 한 대로 했을 뿐이라고 한다.

켈리 최Kelly Choi는 통솔력에 관한 책을 읽을 때는 여러 번 깊이 읽고 공부했다. 100권의 통솔력 관련 책을 찾아 읽으면서 책 속에서 본 것들을 그대로 그냥 따라 했다고 한다. 닮고 싶은 사람을 코치로 두고 똑같이 따라 하면 조금씩 닮아갈 수 있다. 책 속의 성공자들을 벤치마킹하는 것이 독서의 효과적인 방법이기도 하다. 한 분야의 책을 계속 읽다 보면 무의식중에 쌓여서 원래 내 생각인지 책 속의 내용인지 구분이 안 될 때가 많다. 통솔력에 관한 책을 많이 읽어서 자기 회사경영을 다른 사람에게 맡기는 지도자가 된 기분이었다고 한다. 그녀는 직원들에게 항상 독서를 강조한다. 본인이 책을 읽고 다시 정상으로 올라왔듯이 직원들에게 책의 중요성을 나누고 필요한 책을 추천해주기도 한다.

세상을 향한 선한 영향력은 진행 중이다

켈리 최 Kelly Choi 회장은 지금도 유럽 10여 국에 1,200여 개 매장의 창업자로서 바쁜 와중에도 1년에 100권 이상 책을 탐독한다고 한다. 현재는 코로나로 인해 강연 등은 유튜브를 통해 그녀의 성공비결을 많은 사람에게 공유하기도 한다. 마음 또한 따뜻한 경영인이라고 할 정도로 한 사람이라도 부의 세계에 올라 태우는 일에 게으름을 피우지 않는다. 자신이 먼저 책을 읽고 책을 소개하고 또한 자신도 책을 썼다. 그녀는 "부의 비결을 많은 사람이 받아들여 행복한 삶을 살기를 도와주는 것을 작은 사명이다"라고 한다. 자신이 해냈기에 분명 다른 사람들도 해낼 수 있다고 도전과 희망을 한가득 전해준다. 그녀가 밑바닥에서부터 올라왔기에 성공하고자 하는 많은 사람에게 멘토가 되어 활발하게 활동 중이다.

켈리 최 Kelly Choi 는 통찰력이야말로 회사의 미래이자 자신의 미래라고 단언한다. 그녀는 늘 책을 통해 지혜를 구한다. 앞으로 회사가 오로지 성장만 할 거라고는 보지 않기에 미리 대안을 세우고 준비하고 있다. 회사의 콘셉트를 확고히 하되 여러 변동 상황에서 계속해서 책 속에서 지혜를 얻어 변화를 추구한다는 것이 그녀의 각오다. 아시아의 생활양식을 유럽에 소개하고 파는 것이 그녀가 가지고 있는 근본 생각이다. 그녀는 이미 한국문화가 세계에서 열광하고 동경하는 것이 하나의 방향으로 자리 잡을 거라 예상하고 음식으로 한국문화를 세계에 알리고픈 포부를 갖고 있다.

그녀는 "세상에 관해서도 관심을 두고 더 좋은 세상으로 변하는 데 힘을 보태고 싶다"라고 한다. "재료가 아무리 싸고 품질이 좋아도 노동자의 노동을 착취하거나 어린아이들에게 일을 시켜서 얻어지는 재료에 대해서는 전혀 사용하지 않는다"라고 한다. "누군가가 불행해지면 결국에는 그 화살이 자기 회사 가족들에게 돌아오기 마련이다"라고 한다. 그녀의 포부는 "나만 잘살겠다고 하는 게 아니라 모든 인류가 잘사는 방법을 위한 마음을 가질 때 더 좋은 것이 되어 회사로 되돌아온다는 사실을 믿어 의심치 않는다"라고 그녀는 말한다.

세상의 큰 부자의 반열에 올랐음에도 그녀의 마음가짐 그녀의 나눔 또한 큰 본보기가 된다. 그녀는 책을 출간하고 받는 인세도 모두 세상에 나눔하고 있다. 코로나로 인해 대중 강연은 잠시 중단하고 있어도 유튜브나 SNS를 통해 꾸준히 성공하고자 하는 사람들에게 부를 끌어당길 수 있는 비결을 아낌없이 공개해주고 있다. 자신이 남으로부터 도움을 받았기에 다시 되돌려 주는 것이라고 한다. 언제나 책과 동행하며 늘 책을 읽으므로 단단한 지식으로 경영을 이루어 가고 있다. 그녀의 독서에 대한 집념은 지금도 진행 중이다.

07

이랜드 박성수 회장 : 독서경영으로 중소기업을 대기업으로 변화시킨다

회사의 성장은 직원 개개인의 성장에서 출발한다고 믿고 회사에 독서경영 프로그램을 운영하고 직원들의 자체 역량을 성장시킨 시초격인 인물이 이랜드그룹 박성수 회장이다. 이랜드 직원이라면 필수로 책을 읽어야 다닐 수 있을 정도로 독서가 이랜드 경영의 핵심축이다. 박성수 회장은 "지식이 상품인 시대가 올 것이라고 말하며 지식만이 4차 혁명 시대에 살아남을 자산이다"라고 강조했다. 장기적으로 독서가 가장 확실한 길이라며 독서경영을 응용하여 소기업을 대기업으로 변화시킨 희망의 아이콘이 됐다.

병상에서 3천 권의 책을 읽은 것이 사업 밑천이 되다

박성수 회장은 청년 시절 질병으로 미래를 꿈꿀 수 없을 정도로 삶에 대한 시련과 좌절의 시간이 있었다. 미래가 암울하고 삶에 대한 희망도 없을 때 그는 병상에서 책을 읽기 시작했다. 책 속에서 보이지 않던 탈출구를 빠져나갈 빛이 보이지 않겠냐는 심정으로 책을 읽었다. 장래에 대해 불안감이 엄습해 올수록 치열하게 독서를 했다. 훗날 사업을 하기 위해 다양한 정보를 독서를 통해 습득했다. 2년 동안 병상에서 그가 읽은 책은 3천 권 가까이 됐다. 특정 분야만 읽은 게 아니라 생소한 분야까지 책을 찾아 읽으며 공부했다.

병상에서 불치병을 이겨 내고 책을 읽은 힘으로 위대한 꿈을 꾸며 지인에게 5백만 원을 빌린 사업자금으로 옷 가게를 열었다. 그는 사업을 시작할 때 이미 수많은 책을 읽고 세부적인 자료가 세워져 있었기에 자신 있게 운영했다. 책을 읽고 운영했기에 새로운 아이디어가 솟아났으며 나날이 사업이 성장했다. 그는 작은 성공에 만족하지 않고 여러 다양한 분야까지 사업을 확장하고 운영한다. 항상 남에게 대접받고자 하는 대로 남을 대접하라는 황금률의 법칙을 마음에 새기고 옷 가게에선 가장 장사가 잘된다는 주일에도 쉬게 하므로 남들과 다른 행보로 이어졌다.

그는 "사업을 할 때 인간적인 계산으로 사업을 운영한 게 아니라 인문학적 소양으로 운영했기에 폭발적인 성장이 이뤄진 것이다"라고 한다. 아침 새벽 시간에 항상 책을 읽고 지혜와 아이디어를 책 속에서 구했다. 그는 긍정적 사고방식과 남들과 다른 사고방식이 회사경영 중심이며 이것 또한 책을 읽고 정립된 생각이다. 세상 사람들은 다수의 사람이 모이는 곳으로 가기 마련이다. 하지만 책 속에서는 남들과 다른 노선을 타라고 나온다. 그렇기에 책을 많이 읽는 사람이 당연히 성공할 수밖에 없었음을 느낀다.

박성수 회장은 병상에 있었을 때가 오히려 은혜요 축복이라고 술회한다. 그 기간이 없었다면 책을 읽지 않을 수도 있었을 것이며 지금의 이랜드도 없었을 것이다. 그때 병상에서 읽은 책으로 인해 회사를 키우는데 밑바탕이 되었다고 한다. 독서는 이렇듯 내면을 변화시키고 한 사람을 변화시키고 사회를 변화시키는 나비 역할을 한다. 병상 중에 독서가 그를 위대한 사람으로 만들었다. 그가 얼마나 독서의 힘을 아는지 회사경영을 할 때도 독서프로그램을 체계적으로 적용하며 운영했다.

회사경영을 독서경영으로 운용한다

이랜드 기업은 독서경영으로 유명하다. 박성수 회장이 책을 읽고 성공했기에 전 직원들은 책을 필수적으로 읽어야 한다. 박 회장은 전 사원을 대상으로 필독서를 선정해주고 책을 읽고 점검하여 인사고과에 반영함으로써 독서가 기업 활동의 핵심이 되게 했다. 이랜드는 출근해서 일을 시작하기 전에 단 몇 분이라도 책을 읽는 시간을 갖는다. 독서를 우선순위에 두는 사람이 탁월하다는 결과가 있듯이 박성수 회장은 독서가 얼마나 중요한 것인지 자기 스스로 경험했기에 회사경영에 있어 독서를 가장 우선순위에 두었다.

박성수 회장은 전문가가 되기 위해서 직장인이 독서를 해야 한다고 강조한다. 전문가는 위기의 상황이나 새로운 상황에서도 당황하지 않고 자기 지식을 꺼내어 해결한다. 일반인이 우왕좌왕 망설일 때 전문가는 쌓은 지식이 밑바탕에 깔려있기에 해답을 빨리 도출할 수 있다. 박 회장은 "좋은 책은 뛰어난 사람의 인생 경험을 요약해서 담고 있기에 짧은 시간에 인생을 대리 경험할 수 있는 가장 좋은 방법이다"라고 하면서 직장인은 책을 통해 전문가가 돼야 한다고 말했다. "기계에 기름칠하면 잘 돌아가듯이 독서로 머리에 자극을 주어 아이디어가 솟아나고 성장할 수 있다"라고 말했다.

이랜드는 모양만 갖춘 독서경영이 아니다. 철저히 독서 위주로 운영하여 지식경영으로 발전시켰다. 회사 내 좋은 책 선정위원회를 구성해서 선정한 독서목록을 수준에 따라 분류하고 리더쉽, 전략, 혁신, 마케팅 등으로 분류하여 이 책들을 3년 안에 숙달해야 한다. 신입사원 면접 때도 추천한 책을 읽고 독후감을 제출하여 서류전형을 하는 독특한 채용방식도 도입했다. 책을 좋아하지 않고서는 절대 다닐 수 없을 정도로 독서가 핵심축이었다. 일 년에 한 번씩 독서야유회를 떠나 책을 선정해 읽고 전 직원 토론 경쟁을 벌이기도 한다. 박 회장은 지식은 철저히 독서를 통해서 얻어진다고 확실하게 믿는다.

박성수 회장은 "독서를 통해서 벤치마킹하는 것이 가장 확실하고 뛰어난 방법이다"라고 했다. 기업의 목적이 이윤추구임에도 박성수 회장은 독서를 매개체 삼아 직원들의 지식 함양을 올렸다. 회사에서 강압적으로 독서를 시켰지만, 나중에는 지적자산이 된다. 이랜드 직원들은 재직 시 독서 습관을 몸에 익혀 회사를 나와서도 지적자산으로 우뚝 서, 책 쓰기 연구소나 저자가 된 사례도 많다. 이랜드 하면 '독서경영이다'라고 말할 정도로 기업이 체계적으로 독서경영을 뿌려놓은 시초가 됐다. 독서경영이 빛을 발하여 성과 또한 해마다 갱신하여 올바르게 기능하고 있다는 증거다.

독서에 대한 확실한 기준을 잡고 읽다

박성수 회장은 책을 많이 읽지만 읽으면서 그만의 독서 비결을 가지고 읽는다. 그는 한번 책을 손에 들면 호기심이 떨어지기 전 3일 이내에 독파해버린다. 이렇게 읽지 않으면 중간 정도에 귀접기가 접힌 채로 읽지 못하고 포기할 경우가 많다고 한다. 또한 앞에 읽은 내용들이 기억이 가물거려 연결이 안 된다. 또한 책은 되도록 한 살이라도 젊었을 때 읽는 게 여러모로 좋다고 한다. 나이가 들면 감수성도 쇠퇴하고 시력도 기억력도 떨어지기 때문이다.

박 회장은 책을 읽을 시간이 없다고 말하는 직원들에게 일언 한다. 시간이 없다고 핑계 대지 말고 점심시간을 이용해서 읽어도 1년에 25권 정도는 읽을 수 있다고 독려한다. 박 회장은 아무리 바쁜 일정에도 독서 시간을 따로 정해 놓고 그 시간이면 무조건 책을 읽는다고 한다. 그에게 좋은 책이란 경쟁자가 읽지 않았으면 할 정도로 자신에게 필요한 책이다. 책을 통해 뇌를 자극하여 질문들이 마구 솟아나게 하는 책이다. 그는 책을 읽다가 새로운 개념에 대한 정의나 좋은 질문에는 밑줄을 쳐가면서 읽는다.

박 회장은 세계 최고 인류를 향한 꿈을 어디에서 찾을 것인가에 대한 답을 '독서'라고 말했다. 현재는 후배 경영인에게 회사를 맡기고 물러난 상황이지만 창립기념일 때마다 직원들에게 책에 추천사를 써서 선물로 준다. 책을 통해 공감 얻은 내용을 직원에게 강의하기도 한다. 그는 주변에 항상 책을 두고 수시로 정독하며 경제경영을 비롯한 문화예술 등을 책으로 섭렵한다. 본인이 읽고 좋았던 책은 직원들에게 추천하기도 한다. 박 회장은 책을 통해 직원들에게 영감과 정보 주는 것을 즐기는 경영인이기도 하다.

회사에 독서경영을 적용하면 직원들과의 공감도 끌어낼 수 있고 기업도 성장할 수 있음을 깨닫고 일찌감치 회사경영에 적용한 박성수 회장의 통찰이 대단하다. 지금은 회사경영을 후배 경영인에게 맡긴 상태지만 그는 여전히 활발하게 활동하고 있다. 그는 아무리 바빠도 일 년에 300권 이상 책을 읽는다고 한다. 여려 계열사의 회장 직함이라면 바쁜 몸이겠지만 이 계획을 한 번도 빠짐없이 매년 실천에 옮긴다고 한다. 피터 드러커 Peter Ferdinand Drucker의 책들을 즐겨 읽고 그의 책 《미래기업》, 《21세기 지식혁명》, 《자본주의 이후의 사회》는 읽고 회사경영에 많은 도움이 된 책들이다. 박 회장은 외환위기 전에 피터 드러커의 책을 읽었더라면 회사 위기 상황은 없었을 거라고 안타까워하면서 이후 책읽기에 더욱 매진하고 있다.

PART 3

우리가 실천하면 좋아질 모든 독서법

현대인들은 한결같이 바쁘다.
내가 나를 봐도 얼마나 바쁜지 모른다.
다만 바쁜 시간 속에서도 일부러 시간을 내서
반드시 책을 읽어야 한다는 사실이 중요하다.

01

속독(速讀)하는 방법과 장단점

책을 읽을 때 여러 방법 중에 속독이 있다. 속독은 빨리 읽어 지식을 쌓으려는 목적이 있을 때 효과적이다. 책을 많이 읽으면 읽을수록 쌓여가는 지식이 많으므로 책 읽는 속도도 읽은 양의 비례만큼 빨라진다. 무조건 속독이 유익한 것도 아니며 그렇다고 모든 책을 정독한다고 좋은 것도 아니다. 속독은 전체적인 내용을 빠르게 읽고 업무용 문서나 정보수집 면에서 적용하면 좋은 방법이다. 책의 종류와 목적에 따라서 결정하는 것이 가장 좋다. 많은 책을 읽다 보면 자연적으로 속도가 붙기 마련이다. 속도가 빨라지기 위해서는 꾸준히 책을 읽는 게 중요하다.

포인트와 요점을 빨리 파악함이 핵심이다

속독을 해야 할 때 책 내용을 전부 읽지 않고 포인트와 요점만을 간추려서 파악한다. 그러기 위해서는 목차를 활용하면 좋다. 목차를 건너뛰고 읽는 경우가 많은데 목차 안에 포인트가 있다. 책 본문 중에 굵은 글씨로 표시된 부분도 저자가 강조하고자 하는 부분이기에 핵심 글이라고 할 수 있다. 글을 쓰는 작가들은 다독多讀을 활용하는데 다독하기 위해선 속독이 우선이다. 장하준 교수도 초등학교 때 200페이지 넘는 책을 1시간 만에 빠르게 읽었다고 한다. 따로 속독을 배운 게 아니라 어려운 책을 꾸준히 읽어서 발달한 기술이라고 한다.

빨리 읽으면 무슨 능력자로 알고 있는데 속독법은 책을 많이 읽으면 누구나 터득할 수 있는 기술이다. 대신 몇천 권 이상을 읽어야 한다. 읽으면서 발달하는 기능이기 때문이다. 한 분야의 책을 백 권만 읽어도 반복되는 내용이 많아서 건너뛰고 읽게 된다. 어느 책에서든 비슷한 내용들이 중복되는 부분에 익숙해져 대충 내용이 파악된다. 문장 구조가 잘 짜여 있을수록 읽기에 유리하다. 첫 문단을 읽고 다음 문단을 예상할 수 있다면 그만큼 글의 속도가 빨라지기 때문이다.

중요한 것은 한 시간에 한 권 정도 읽으면 속독이라고 하는데 책 내용을 전부 읽는 게 아니다. 책을 넘기면서 포인트와 핵심 문장을 추려서 중요한 부분을 빠르게 파악하면 된다. 일반인이 한 줄 읽는다면 속독 자는 한 장을 한 번에 넓게 보면서 단어를 찾아 읽는다. 자주 등장하는 단어와 구조만으로 글을 미리 파악해서 읽어도 좋다. 필요한 내용을 찾을 때 도구를 찾아 사용하듯 빠르게 찾아서 사용할 수 있는 장점이 있다. 책 속의 중심 내용이나 정보를 빠르게 파악하여 읽을 수 있다.

결정적으로 책을 많이 읽고 배경지식 수준을 높이는 게 중요하다. 속독은 어느 정도 독서 내공이 있는 사람이 실행해야 가능한 독서법이다. 책을 많이 읽은 사람이 더 많이 빠르게 읽는 건 어찌 보면 당연한 결과이다. 속독은 다독하기를 원하는 사람은 반드시 익혀야 하는 독서법이다. 속독하지 못하면 다독도 못하기 때문이다. 속독으로 감명 깊었던 책을 여러 번 읽을 수 있고 시간 대비 여러 권을 많이 읽을 수 있다면 독서 하는 이로움도 극대화될 수 있다.

공통주제를 찾아 읽음으로써 속도를 높일 수 있다

책을 많이 읽으면 읽을수록 이해력과 독해력도 향상한다. 핵심 단어를 찾아 읽을수록 독서량을 증폭시킬 수 있다. 책은 읽은 만큼 속도도 비례한다.

같은 장르를 찾아 읽다 보면 이전에 읽었던 책 내용이 연결되고 어느 정도 책의 결말도 예상이 된다. 가수들 노래가 사랑이라는 주제일 때 부르는 사람에 따라 색다른 분위기가 연출되듯이 책도 쓰는 사람마다 자기 색깔을 입혀서 쓰기 때문에 겉 포장만 다르게 표현될 뿐이다. 공통주제만 찾아내면 전체를 이해하는 데 어려움이 없다.

　책의 내용을 꼼꼼히 읽는다고 모두 내 것이 되는 건 아니다. 내가 천 권을 읽었다고 지금, 현재 읽은 천 권의 내용이 다 생각나는 건 아니다. 하지만 무의식에 쌓여서 어느 때 필요한 상황에 부초처럼 떠오른다. 속독을 많이 하면 뇌가 그만큼 자극되고 머리 회전이 빨라진다. 인간의 뇌는 쓰지 않으면 나이가 젊어도 늙어버린다. 대신 외모를 가꾸듯이 뇌도 적극적으로 관리해야 한다. 속독으로 뇌를 자극하고 단련하면 삶의 질이 달라질 수 있다. 책을 넘치도록 읽고 접하면 머리 회전도 빨라진다.

　속독법을 누구나 부러워한다. 방대한 양의 책을 금세 읽을 수 있기 때문이다. 마치 자신이 독서 고수가 된 것처럼 우쭐할 거 같다. 하지만 속독은 책을 많이 읽지 않은 상태에서는 권유하지 않는다. 오히려 속 빈 강정일 수 있다. 현대인들은 입에 바쁘다는 말을 달고 산다. 미디어도 재밌고 핸드폰만 열면 재밌는 게임 종류도 많은데 책을 읽으려고 하니 얼마나 바쁘겠는가? 밥을 먹으면 자동으로 키가 크듯이 많은 양의 책을 읽다 보면 속도는 저절로 빨라진다. 언제부턴가 나도 책 한 권을 2시간 정도면 읽게 되었다. 하지만 처음 읽을 때는 5시간 정도 걸렸던 거 같다. 천 권을 돌파하고부터 속도가 매우 빨라진 느낌이다.

각자 성향에 따라 책읽기도 다른 거 같다. 나는 처음 책을 읽고자 했을 때부터 깊이 보다는 많은 양의 책을 읽고 싶었다. 도서관에 가보면 그 수많은 책을 언제 읽을 수 있을까? 생각하면서 마음이 급해짐을 느꼈다, 그래서 쉬운 책 위주로 공통주제를 찾아 꼬리 물기식으로 책을 읽었다. 이렇게 읽다 보니 깊이 있는 어려운 책들도 읽게 되고 여려 다양한 분야의 두꺼운 책들도 섭렵하게 됐다. 처음에 무조건 관심 분야나 쉬운 분야를 찾아서 공통주제의 책을 읽어나가면 100% 속도감이 일취월장 日就月將 향상된다.

속독법으로 읽을 시, 책의 형식에 따라 병행한다

속독하다 보면 놓치는 부분도 있다. 빠르게 읽고 뒤돌아보니 아무것도 걸려드는 기억이 없다면 자괴감이 몰려온다. 나는 책의 종류에 따라 속독과 정독을 병행한다. 고전이나 실용적인 책들은 집중과 몰입으로 읽는다. 반면에 자기 계발이나 소설 등은 핵심만 뽑아 읽는 건너뛰기 방식을 취한다. 철학이나 깊은 사상이 담긴 고전 등은 속독으로 읽더라도 마음 깊이 새겨야 할 대목은 집중해서 읽어야 한다. 한 권 안에 모든 내용이 다 중요한 것은 아니다. 사례와 군더더기가 붙어서 책이 만들어지므로 몰입으로 책 속의 뼈대를 빨리 뽑아 읽어야 한다.

독서의 기술을 깨우치는 길은 많은 책을 읽어 요령을 스스로 깨우치고 자기 능력에 맞게 정립하는 것이다. 정신은 가랑비 옷이 젖듯 서서히 다듬어진다. 하루하루 조금씩 독서로 영혼을 살찌우기 위해서는 집중적인 독서로 스스로 지식 인간이 되는 것이다. 독서를 할 때 시간에 쫓기듯 속독에 집착하면 안 된다. 빨리 읽어야 한다는 목적만 가지고 읽으면 수박 겉핥기가 된다. 속독에서 가장 위험한 요소이다. 속독을 제대로 활용하려면 집중과 몰입으로 한 페이지에서 한 글자라도 건져야 한다. 책을 읽는 이유가 책을 통해 도움을 얻으려고 하는 건데 무작정 속독으로 산더미만 한 높이의 책을 읽었다고 한들 남겨진 단어 하나 없다면 무의미한 독서다.

누구나 부러워하는 속독이 필요하지만, 그렇지 않은 책들도 많다. 빨리 읽어 지식을 쌓을 목적이라면 모를까 독서라는 것이 단순 지식이나 쌓는 도구가 아니기에 속독만이 최고기술이 아니다. 조건 없는 속독이 유익한 것이 아니며 모든 책을 정독한다고 효율적인 방법도 아니다. 책의 형식에 따라 분류하여 결정하는 것이 가장 좋은 방법이다. 많은 책을 읽고 스스로 자연스럽게 책 읽는 속도가 빨라질 수 있기에 꾸준한 독서만이 방법이다. 적재적소에 놓인 물건이 자리를 빛내듯 적당한 독서법을 구별하여 좋은 책을 읽으면 인생이 획기적으로 변화된다.

이왕 책을 읽는 거면 책 형식에 따라 독서법을 적용해서 읽으면 독서에 재미를 붙이게 되고 자신에게 좋은 책을 만나기도 한다. 어떤 작가가 자신하고 맞는지 좋아하는 작가가 생기기도 한다. 그 작가가 쓴 다른 작품들도 모두 찾아서 읽게 된다. 나는 유성은 작가의 《새벽을 깨우는 자가 세계를 지배한다》라는 책을 읽고 새벽에 일어나 책을 읽기 시작했고 그 작가의 모든 책을 찾아서 읽었다. 아무리 빠른 시간 안에 많은 책을 독파해도 내용이 하나도 생각나지 않고 자신에게 도움이 되지 않는다면 올바른 독서법이 아니다. 속독할 책과 그렇지 않을 책을 잘 분별하여 독서를 하면 읽는 능률이 배가 될 것이다.

02

정독(精讀)하는 방법과 장단점

　책을 처음부터 끝까지 차근차근 꼼꼼하게 자세히 읽는 것을 정독精讀이라 한다. 책 속에 담겨 있는 내용을 세세하게 상상하며 머릿속에 정돈하며 읽는다. 읽는 것 자체가 목적이 되어 버리면 책을 계속 읽어봤자 아무 소용없다. 책을 읽는 이유가 무엇인지 어떤 효과를 기대하는지 깊이 생각해 보며 책을 읽어야 한다. 현대는 5G의 속도로 세상이 돌아가기 때문에 독서도 깊이 사색하지 않으면 중요한 내용은 건너뛰기 일쑤다. 하루가 빠르게 돌아가는 시대에 차분하게 읽는 정독 독서법은 꼭 필요하다. 고전, 시집, 양서 등은 천천히 눈에 새겨 넣듯 글자를 음미하면서 읽어야 할 책들이다.

정독하면 논리력과 이해력이 상승한다

　독서 초보자일수록 책 읽기는 어렵고 시간이 오래 걸린다. 책을 읽은 경험이 많지 않을 때 읽는 분야에 대해 아는 게 없고 내용을 파악하기 어렵기에 시간이 더 오래 걸린다. 대신 독서를 많이 하면 정해진 시간 안에 읽는 권수가 늘어나고 독서 깊이도 깊어진다. 책을 읽을 때 투입되는 시간과 노력이 많을수록 논리력과 이해력이 좋아진다. 독서를 할 때 절대 시간에 쫓기듯 읽으면 안 된다. 빨리 읽어야 한다는 생각에서 벗어나야 한다. 책을 읽은 양에 집착하면 안 된다. 얼마나 많은 책을 읽었나보다는 책을 통해 내가 배운 게 무엇이며 그 배움을 실천하는 게 중요하다.

　처음부터 끝까지 알고자 하는 부분에 확실한 논리를 세워서 집중적으로 읽어나간다. 흥미를 느낀 부분에 참고 문헌까지 찾아가며 꼼꼼히 읽으므로 머릿속에 확실하게 기억할 수 있다. 이해력과 논리적인 사고력을 향상하기 위해 정독법을 권장한다. 현재 자신의 이해력이 낮다고 생각한다면 정독법으로 읽으면 도움이 많이 된다. 시간이 오래 걸리는 단점이 있지만, 이해력은 확실히 향상된다. 책을 읽었다고 100% 기억할 수 있기를 기대하는 것은 욕심이다. 작은 문구라도 머릿속에 남는다면 그 독서는 성공한 독서다.

　한 번의 정독으로 한 권에서 정보를 전부 얻으려고 하는 방식도 좋지 않다. 에빙하우스Ebbinghaus[9] 연구에 따르면 "한 권을 정독하는 데 일주일이 걸렸더라도 한 달 후에는 1%밖에 남지 않는다"라고 한다. 그러므로 읽고 다시 정독해야 그 내용을 더 많이 기억할 수 있다. 한 권을 씹어 먹듯이 세세하게 읽고 나면 두 번째는 스치듯 읽어도 처음 읽은 내용이 연결돼서 쉽게 책을 읽을 수 있어 시간이 오래 걸리지 않는다. 여러 권을 읽는 방법보다는 한 권을 정독으로 읽고 다시 그 책을 읽어나가면 학습효과도 있고 기억력도 배로 늘릴 수 있다.

책을 읽는 방법은 책 읽는 목적에 따라 선택해야 한다. 목적에 따라 독서법이 달라질 수 있다. 모든 독서에는 목적이 있어야 한다. 정독이란 그저 천천히 읽는다는 것이 아니라 집중해서 읽는 방법이다. 참조내용을 관련 서적들과 확인하거나 생각하는 독서법으로 교과서처럼 학문적인 책을 읽기에 적합한 방법이기도 하다. 다른 서적을 참고하기도 하고 인터넷으로 검색해서 뜻을 자세히 읽힐 수 있는 독서법이다. 이 독서법이야말로 가장 두뇌를 자극하고 논리력과 이해력이 월등히 좋아지는 독서법이다.

---

9   에빙하우스(Ebbinghaus) : 독일 심리학자. 그는 스스로 실험을 위해 2,300개 의미 없는 세 음절 낱말을 고안했다.

전문가적인 학습목적을 쌓는 데 적합하다

　정독은 속도는 느리지만 깊이 있는 독서가 가능하다. 천천히 읽기 때문에 어려운 내용도 잘 이해할 수 있다. 세세하게 읽기 때문에 책 내용에 의문이 생길 수 있을 경우 저자에게 질문을 할 수 있다. 질문하며 읽을 수 있기에 무조건 쓰인 내용을 받아들이는 게 아니라 비판적인 시각을 기를 수 있다. 단점은 속도가 느리므로 읽다가 삼천포로 빠질 경우도 종종 있다. 또 내용 파악하며 느리게 읽으므로 읽다가 앞 내용을 잊어버리기도 한다. 정독은 천천히 가는 사람이 빨리 간 사람들이 놓친 것을 볼 수 있다.

　한번 읽은 책을 여러 번 읽는 것도 정독의 좋은 방법이다. 여러 책을 천천히 읽는 것도 가능하지만 한 권을 여러 번 재독 하는 것도 정독법이다. 처음 읽을 때는 내용이 지루하고 이해가 안 되더라도 재독할 때 그 내용을 이해할 수도 있다. 정확한 이해와 해석이 필요할 경우 읽던 책을 몇 번이고 반복해서 읽는 것도 정독의 한 방법이다. 집중적으로 읽다 보면 어느새 전문가가 돼 있을 것이다. 최종적으로 속독이 좋은지 정독이 좋은지 두 가지를 동시에 실천해보고 자신에게 맞는 독서법을 골라 실천하면 좋다. 한번 읽고서 그 책 내용을 전부 기억하기란 쉽지 않다. 천천히 책을 곱씹는 느낌으로 정독해보자.

　가끔 속독이 좋은지 정독이 좋은지 질문을 던지기도 하지만 목적에 따라

적재적소에 따라 응용하여 읽다 보면 자신만의 맞는 독서법을 찾을 수 있다. 처음 책을 읽기 시작하는 사람은 쉬운 책으로 여려 권을 읽기를 권한다. 다양한 책을 통해 자신에게 맞는 독서법을 찾을 수 있다. 집중적으로 정독하므로 덤으로 전문가적인 지식을 쌓을 수 있다는 것도 장점이다. 고전이나 시집 같은 종류는 정독하기에 좋다. 고전은 다른 책 읽듯이 글자를 읽어 가면 진짜 핵심은 건질 수가 없다. 고전이나 시집은 한 글자 한 글자 음미하듯이 읽어야 하기에 정독법에 가장 이상적인 책 분야다.

백 권의 책을 읽는 것보다 심오한 한 권의 책을 백번 읽는 것이 더 낫다고 한다. 책은 읽은 권수보다 한 권이라도 그 속에서 배운 게 있으면 그게 더 중요하다. 읽은 수량을 자랑할 게 아니라면 무의미한 숫자일 뿐이다. 단 한 권을 읽어도 그 속에서 내가 얻는 게 분명 있어야 한다. 그렇지 않다면 그 시간은 낭비된 시간이다. 정독함으로써 전문가적인 지식을 얻을 수 있고 질문할 수 있으므로 다양한 답을 도출해 낼 수 있고 분석 또한 예리하게 할 수 있다.

집중 독서로 어휘력과 문장력이 발달한다

정독은 정확하게 집중해서 읽어야 하므로 집중 독서법이다. 낱말과 문장 구조 등을 자세히 고찰하고 저자가 어떤 의도로 이 책을 썼나를 질문하며 그 답을 스스로 찾아야 한다. 분석해보고 해석해보고 질문해보면서 읽어나간다. 정독은 학습한다는 느낌으로 책을 읽어야 한다. 전문 서적이나 학습 공부도 정독으로 가능하다. 정독은 빠르게 읽어나가면 낭패. 집중과 몰입으로 자연스럽게 깨우치고 습득한다는 표현이 더 어울린다. 세밀하게 파고들기에 어휘나 문장을 정확히 이해할 수 있다.

정독은 책을 쓴 저자의 의도를 정확하게 알아낼 수 있는 장점이 있다. 하지만 다양한 주제를 접할 수 없음은 단점이 될 수 있다. 정독은 항상 속독과 비교된다. 정독은 좋은 방법이고 속독은 나쁜 방법이라고 생각하는 사람도 있다. 책의 전체적인 흐름이나 형식을 잡기에는 속독이 좋지만 정확한 내용과 문장을 파악하기란 정독이 효과적이다. 어떤 방법이든지 상황에 따라 자신에게 맞는 독서법이면 그 방법이 옳다고 볼 수 있다.

독서법에 옛사람들의 우물 이야기 비유가 있다. 우물을 파는 사람이 세 사람이 있는데 한 사람은 석 자 정도만 파서 진흙을 발견하여 아궁이를 처리하고, 두 번째 사람은 여섯 자까지 파서 구정물이 나오면 그것으로 청소하는 거로 만족하고, 세 번째 사람은 아홉 자까지 파서 맑은 물이 나와서 마실 수 있는 식수로 사용했다는 이야기다. 독서도 이와 같다. 꾸준히 끝까지 파서 맑은 물이 나올 때까지 파야 하는데 대부분 사람이 진흙이나 구정물로 만족해 버린다. 조금만 더 깊이 파면 먹고 마실 수 있는 식수가 나오는데 거기까지 파는 사람이 적다는 것이다. 진득하게 책을 들고 정독하자. 정독은 꾸준함의 미학이다.

음식을 편식하면 건강에 좋지 않듯 독서법도 이것저것 섞어 읽어야 두루두루 자신에게 맞는 이로움을 얻을 수 있다. 정독은 확실하게 체계화하여 읽기에 글의 요약이나 서술 훈련하기도 좋다. 나는 대체로 새벽에 정독한다. 《논어》,《채근담》,《손자병법》과 같은 책들은 내가 정독하는 책 목록이다. 한 자 한 자 필사도 하면서 뜻을 이해하면서 읽어야 하기 때문이다. 책을 많이 읽어야겠다는 욕심만 버리면 정독은 여러모로 뒤따라오는 장점이 많다. 집중해서 글을 읽기에 뇌를 확장하고 어려운 문장들을 풀어 흡수하니 사용하는 어휘가 풍부하고 문장력 또한 세련되게 표현할 수 있다.

03

다독하는 방법과 장단점

현대 시대는 얼마나 빠르게 변화되는지 어제 알았던 지식이 오늘 구식이 돼 버리기도 한다. 급변하는 시대에 새로운 지식과 정보에 뒤떨어지지 않기 위해 어떻게 해야 할까? 지금은 한 우물만 파면 안 된다. 다독은 광범위하게 다양한 책을 빠르게 읽고 지식을 쌓을 수 있는 독서법으로 안성맞춤이다. 다만 천천히 세밀하게 하는 독서가 아니다 보니 깊이 있는 사고력이 다소 떨어질 수도 있다. 다독은 정밀하게 읽는 것보다는 빠르게 핵심만 훑어보는 식이다. 핵심 위주로 빠르게 읽어나가기 때문에 다양한 지식을 많이 쌓을 수 있고 내용을 이해하는 힘도 길러진다.

다양한 지식과 정보를 쌓을 수 있는 다독법

독서의 유익함을 얻기 위해서는 얼마나 많은 양의 책을 읽었느냐에 따라 다르다. 다독 독서법은 다양한 분야의 책을 많이 읽기 때문에 다양한 지식과 정보를 얻을 수 있다. 정독 독서법과는 반대되는 개념으로 눈으로 빠르게 읽어나가는 독서 방법이다. 일 년에 6만 권이 넘게 신간이 발행되는 거 보면 다독은 여러 주제들의 책을 읽어내기에 적합한 독서법이다. 다만 다양한 정보를 빨리 읽는 데는 유리하지만, 자세히 관찰할 수 있는 독서라고 말하기에는 부족하다. 여러 주제의 책을 열권 읽으면 열 명의 스승을 모셔 와서 강의를 듣는 거나 다름없다.

책 종류에 따라 독서법이 구별되겠지만 모든 책을 꼼꼼히 읽지 않아도 된다. 어느 책은 목차와 머리말만 읽어도 책을 쓴 주제를 파악할 수 있다. 많이 읽고 싶으면 빨리 읽는 게 상책이다. 많이 읽으면 그만큼 생각도 넓어지고 여유롭다. 우선 책을 많이 읽을 수 있다는 자신감을 가지고 책을 읽어야 한다. 많이 읽으므로 생각도 넓어지고 의식도 확장되므로 더 큰 사람이 될 수 있다. 인생은 스스로 삶을 이끌어 나가야 하는데 책을 읽지 않고서는 끌려가는 인생을 살 수밖에 없다. 편협한 생각에서 벗어나고 싶다면 다독해야 한다. 다독은 다양한 지식을 습득하기에 좋은 독서법이다.

책은 한 권을 읽고서 독서의 세계로 발을 옮길지언정, 변화되기에는 수많은 책을 통해서 가능하다. 책이라는 것은 읽으면 읽을수록 위대함에 가까워진다. 책을 많이 읽다 보면 책 읽는 속도가 자연적으로 빨라진다. 어느 정도 읽은 양이 쌓이면 책 한 권을 읽는데 두 시간 정도면 충분한 정도로 속도감이 빨라진다. 빠르게 읽어나가야 많은 책을 읽을 수 있다. 다독과 속독은 쌍둥이와 같다. 많이 읽으면 속도가 빨라지고 빨리 읽으면 많은 양의 책을 읽을 수 있다. 다독하면 다채로운 지식을 쌓을 수 있다.

다독은 한 가지 분야의 전문가가 아니라 다중적인 전문성을 기를 수 있다. 책을 많이 읽은 사람도 새로운 분야의 책을 처음 접하면 책 읽는 속도가 일반 사람과 다를 바 없다. 다양한 분야의 책을 다독하면, 습득역량과 독해력이 빨라지므로 더 많은 책을 읽게 된다. 이는 책을 많이 읽는 자가 더 많은 책을 읽는다는 이론이 성립된다. 다독은 다양한 사고 과정을 통해서 원하는 목표를 합리적으로 끌어낼 수 있는 장점도 있다. 다독은 다양성을 경험하기에 생각을 유연하게 해주며 정형화된 형식을 파괴한다. 다양한 분야의 글을 많이 읽어서 글의 형식에 익숙해지고 다양한 지식과 정보를 빠르게 습득할 수 있는 독서법이다.

폭넓은 지식 습득으로 다양한 분야에서 전문가가 될 수 있다

다독은 세부적인 내용 파악보다는 전체적인 내용 파악과 흐름에 집중한다. 광범위한 소재들을 통해 바탕 지식을 넓힐 수 있다. 여러 부류의 책을 부담 없이 알아가는 재미가 있다. 독서에 재미를 느낄 수 있는 독서법이다. 정독이 학습 독서라면 다독은 다양한 정보와 지식을 습득하는 독서법이다. 전체적인 흐름 파악이기에 책을 세밀하게 읽지는 못한다. 하지만 다양한 분야의 책들을 읽다 보면 박학다식한 사람으로 만들어 준다. 한나라의 독서량을 나타낼 때 정독으로 읽었는지 다독인지로 조사하지 않는다. 오직 책을 읽은 수량으로 나타낸다. 그러므로 독서량도 무시 못 한다.

독서의 질도 중요하지만, 양도 중요하다. 우리나라는 특히 독서량이 너무 낮아서 국민이 다독을 많이 해야 한다. 무작정 독서량이 많다고 해서 좋은 책 읽기라는 것은 아니다. 하지만 새가 천 마리 모이면 그 안에 봉황이 한 마리 있다는 말이 있듯이 다독해야 변화될 확률도 그만큼 커진다. 남들과 똑같은 독서는 남들과 다를 바 없다. 관련 책 분야에서 다독하는 사람은 인정받을 수 있다. 한 분야의 책을 백 권 읽으면 그 분야의 전문가로 인정해준다. 이미 수많은 책 속에서 다양한 지식을 쌓았기 때문이다.

아인슈타인Einstein이 "성공적인 삶보다 가치 있는 삶을 추구하라"라고 했던 것처럼 다독은 가치 있는 삶을 지향하게 한다. 다독을 하려면 매일 책과 가까이하게 되는데 가랑비 옷이 젖듯이 마음에 수양이 쌓인다. 독서 수준은 물론이거니와 부와 성공도 따른다. 책을 많이 읽으려면 부지런해야 하는데 새벽 시간을 이용해서 읽기도 하고 점심때 자투리 시간에도 책을 보고 있으면 눈에 돋보이게 마련이다. 언제 어디서든 공부하며 열중해 있는 모습은 그 누가 봐도 매력적인 사람으로 보인다.

책 읽는 남녀모습이 매력 있다. 직장인이라면 책을 읽으면 자기를 계발하는 사람으로 보여 승진할 가능성이 크다. 당연히 성공할 확률도 더 높다. 이렇듯 책을 많이 읽는다는 사실만으로 인생을 위대하게 살 수가 있다. 위대한 공부를 하기에 위대한 사람이 되는 것이다. 다독은 자신의 울타리, 요새, 방패가 될 수 있다. 다독하면 지적자산이 충만하므로 부와 성공은 당연히 따라온다. 다독하면 다양한 분야의 전문가가 될 수 있다.

다독은 문리가 트이므로 창조력이 넘쳐난다

책을 어느 정도 읽다 보면 머리가 트이는 지점이 있다. 어떤 사람은 일천 권을 읽으면 머리가 자동으로 트인다는 사람도 있다. 머리가 트이면 뭐든지 새로운 시도를 할 수 있다. 쌓은 지식으로 새로운 창작물이 탄생할 수 있다. 책을 쓸 수도 있고 강연하는 사람이 될 수 있고 새로운 아이디어로 사업을 차릴 수도 있다. 이렇듯 어느 양만큼의 책을 읽으면 문리가 트인다고 할 수 있다. 두껍고 어려운 책도 술술 읽히는 시기가 분명히 온다. 나는 다양한 장르의 책을 읽고 글을 쓰고 있다. 어떻게 살아야 가치 있는 삶을 살아갈 수 있는지도 스스로 터득했다. 책을 통해 뭔가 역동성이 일어난 거 같다.

다독하는 사람이 오랜만에 친구를 만나면 발산하는 에너지가 변했다고 한다. 말투나 생각 등도 예전과 다르다는 소리를 종종 듣는다. 다독은 머리끝에서 발끝까지 한 사람을 포맷시켜 버린다. 다독은 어찌 보면 독서법 중에 가장 중요한 독서법인지도 모른다. 원인이 있어야 결과가 일어나듯 다독을 해야 내 인생이 변한다. 책을 많이 읽어야 무슨 일도 일어난다. 좋은 쪽으로 변화되는 게 확실하다. 위대해지고 싶으면 책을 읽으라는 말도 있듯이 운명까지도 변화시킬 방법이 다독이라고 확신한다.

다독하면 창조적인 결과물로 나온다. 누구든지 다독하면 그것에 대한 결과물이 확실하게 나온다. 취미로 한 달에 한두 권 읽는 것으로는 절대로 빅뱅이 일어나지 않는다. 기본적으로 일천 권은 읽어야 주도적인 삶을 살아갈 수 있다. 삶을 풍요롭게 인간답게 살려면 다독이 답이다. 많은 사람이 책을 읽어야 한다고 말한다. 먼저 해야 할 일이 무조건 읽는 행동이다. 일단 읽는 습관을 만들고 나서 어떤 책을 읽을 것인지 결정해야 한다. 애당초 책을 읽지 않는데 책을 좋아할 리가 없고 창조물이 나올 일이 없다.

사람이 위대하게 되는 가장 빠른 지름길이 독서이다. 다독은 수많은 훌륭한 스승들이 나에게 일대일로 강의해주는 것이나 다름없다. 로또가 당첨되고 싶으면 복권을 사야 하는 행동을 하듯이, 위대해지고 싶다면 다독을 해야 한다. 다독성多讀性은 그 어떠한 과제들과 비교할 수 없을 정도로 뇌 자극을 활성화하기에 창조력이 향상된다. 다독은 다양한 책을 읽고 생각을 확장해 나가는 방법이다. 책에서 나온 인용문과 배경지식을 이용하여 글을 쓸 수도 있다. 다독하다 보니 나에게 필요한 책이 무엇인지 깨달아 책을 읽을 목록도 덩달아 늘어난다. 자신이 가장 많이 성장할 수 있는 비결이 다독에 있다. 미래에 대한 새로운 통찰과 새로운 창조물을 가진 인재가 되기 위해서는 다독이 답이다.

04

낭독 독서 방법과
장단점

옛날에는 소리 내어 읽는 방법이 일반적인 독서 방법이었다. 우리 조상들이 천자문을 소리 내어 읽었던 것을 보면, 낭독이 오래전부터 내려온 독서 방법임을 알 수 있다. 낭독을 하면 자기 목소리를 직접 듣고 뇌에 울림이 간다. 뇌 건강에도 좋고 치매 예방에도 좋다. 낭독은 일찌감치 효과 면에서 월등하다는 것을 입증했지만 도서관이나 여러 사람이 있는 곳에서는 민폐 독서법이기도 하다. 입으로 소리 내서 하는 만트라mantra[10]가 심신을 안정시키고 고대부터 지금까지 신비한 기능으로 전해오듯이 낭독 독서법은 가장 효율적이고 강력한 독서 방법이다. 기본 독서법이며 할 수만 있다면 장소를 가려서 낭독

---

10 만트라(mantra, 眞言) : 상대방에게 은혜·축복을 주고, 자신의 몸을 보호하고 정신을 통일하고, 또는 깨달음의 지혜를 획득하기 위해서 외우는 신비적인 위력을 가진 말. (종교학대사전)

으로 책을 읽는 것이 가장 바람직하다.

읽는 능력을 배가시키려면 낭독 독서법으로 하라

좋은 책을 오래도록 가슴속에 저장하고 싶다면 낭독하면 좋다. 낭독은 입으로 읽고 귀로 읽히게 되므로 두 번 읽는 효과가 있다. 목소리 톤도 감정을 실어 읽을 수 있어 마음 조절도 가능하다. 낭독은 특별한 독서법으로 여겨 왔지만, 낭독 독서법을 시도함으로 좋은 기능들을 습득하면 독서에 이로움이 많다. 독서법 중에 어느 방법이 학습효과에 가장 뛰어난지 조사했는데 낭독으로 읽었을 때 학생들의 성적이 훨씬 높게 나왔다고 한다. 소리 내서 읽는 행위는 다른 독서법에서 얻을 수 없는 여러 효과를 기대할 수 있다.

독서법에 관한 책을 쓰기 위해 낭독해보지 않았더라면, '이 좋은 방법을 어찌했을까?' 싶을 정도로 요즘 낭독 독서에 푹 빠져있다. 낭독으로 책을 읽어보니 집중력도 높아지고 발표 발음도 좋아짐을 느꼈다. 예전에 발음과 말을 조리 있게 하려고 스피치 학원을 일부러 다녔는데 낭독법으로 책을 읽어보니 짧은 시간 내에 발표력이 좋아짐을 느꼈다. 특히 낭독법이 집중력이 높을 수밖에 없는 이유는 자신의 목소리로 외부 소리가 차단되기 때문이다. 우리 뇌는 한 가지 일만 처리기능이 있다. 낭독은 다른 생각이 비집고 들어올

틈이 없기에 명상처럼 몰입할 수 있는 장점이 있다.

낭독은 암기력에도 좋은 방법이다. 읽는 내용도 더 이해되고 내용을 더 많이 기억할 수 있다. 속으로 읽는 것보다 낭독으로 읽게 되면 문장이 온몸 세포에 스며들게 된다. 생소한 문장이나 어휘가 온 세포에 스며들게 함으로 온몸으로 하는 강력한 독서법이다. 대신 낭독은 에너지가 많이 든다. 말을 많이 하면 기운이 딸리듯이 낭독은 신체 기관을 이용하여 글을 읽어야 하니 에너지가 몇 배로 든다. 대신 짧은 시간 획기적인 변화를 일으키는 방법이기도 하다.

독서도 스마트하게 해야 한다. 똑같은 시간으로 책을 읽어도 많은 정보를 얻고 변화되는 사람이 있는가 하면 그렇지 못한 사람도 있다. 제한된 시간 안에 독서 효과를 배로 얻으려면 독서도 기술이 필요하다. 그동안 속독으로만 읽던 독서를 소리 내어 한 글자 한 글자 읽다 보니 스스로 마음공부가 되고 연설실력도 는다. 발표모임에 가서 타인에게 조리 있게 전달하는 능력도 생겼다. 책을 눈으로만 읽으면 문장에 담긴 감정을 자세히 알 수 없다. 하지만 낭독을 하면, 감정을 더 자세하게 표현하게 되니 읽는 즐거움이 배가된다. 낭독은 보편적인 독서법은 아니지만 실천했을 때 가장 강력한 독서가 된다.

낭독 독서법은 뇌를 자극하여 활성화한다

조선시대에는 낭독법을 실감 나게 전달해 주는 낭독전문가도 있었다. 낭독법은 책을 누구나 읽을 수 없는 시대 사람들에게 낭독해줌으로써 학문발전에 큰 영향을 끼치기도 했다. 독서법에 관한 책을 읽으면서 낭독이라는 독서법도 스스로 적용해봤더니 금세 낭독의 매력에 빠졌다. 처음에는 내 목소리가 어색했지만, 시간이 지날수록 익숙해지고 자신감도 생겼다. 발성도 가다듬을 수 있는 기회가 됐다. 목소리 톤으로 현 상태의 기분까지 들여다볼 수 있으니 자신에게 더 관심을 두는 독서법이다. 뇌를 소리를 통해 쉼 없이 활성화함으로 책 내용도 더 빠르게 이해됐고 기억력도 오래갔다.

낭독은 신체 여러 부분을 이용하기에 몸을 깨우는데 좋다. 특히 뇌를 활성화하는 데 아주 효과적이다. 집중하여 외우는 것보다 자연스럽게 낭독하는 게 효과 면에서 월등히 낫다는 보고도 있다. 소리를 내서 책을 읽으면 오랫동안 기억할 수 있고 더 많은 내용을 저장할 수 있다고 한다. 많은 자극을 통해 뇌를 자극하니 머릿속이 더 활발하게 움직이게 된다. 읽는 목소리에 감정과 리듬을 넣어 읽는 것도 낭독의 묘미다. 낭독은 자신의 목소리를 자주 들으므로 자신에게 관심을 집중하여 자존감이 상승하기도 한다.

낭독은 남을 지도하는 처지에 있는 분들에게도 최상의 독서법이다. 만트라처럼 그저 소리를 내는 것만으로 엄청난 에너지가 나온다. 낭독은 책읽기에서 차원 높은 독서법이다. 일본 메이저 대학 사이토 다카시 Saito Takashi 교수는 "낭독하면 배려심이 발현되고 임기응변에 대처할 수 있는 능력이 탁월하며 언어생활도 윤택해질 수 있다"라고 주장했다. 낭독하는 순간을 한 연구팀이 고도의 촬영으로 확인한 결과 혈액이 활발해지고 뇌 신경세포의 70% 이상이 반응했다고 한다. 낭독이 뇌를 활발하게 하는 데 깊이 관계가 있다는 증거다.

책을 소리 내어 읽는 것은 내 삶에 주는 가장 값진 선물이다. 내 영혼을 사랑으로 몸을 씻듯, 책 읽는 소리는 온 세포에 사랑을 주는 행위다. 잠깐 정여울 저자의 《소리 내어 읽는 즐거움》이란 책을 낭독했더니 감수성도 살아나고 마음이 치유되는 느낌이었다. 낭독으로 시, 문화소설 등을 읽으면 나 자신에게 고급스러운 음식을 대접하는 거와 같다. 좋은 문구는 나를 위한 선물이다. 하루에 한 번씩 낭독으로 나 자신과 만남으로 뇌를 젊게 유지하자.

낭독은 자존감을 상승시킨다

그동안 묻혀있던 낭독이 많은 독서법 책에서 언급함으로 다시 붐이 일어났다. 아이들 학습법도 사실 '낭독이 가장 효과적이다'라는 조사 결과도 나왔다. 소리가 나면, 뇌가 울린다. 뇌가 자극되어 화법과 문법, 이해력 등이 많은 도움이 된다는 것이다. 전문가들은 낭독으로 반복 읽기를 같이하면 스트레스도 날아가고 효율성 또한 배가 된다고 한다. 내가 낭독으로 읽어보니 큰소리로 한번 읽는 것이 눈으로만 두세 번 읽는 것보다 훨씬 나았다. 녹음해서 내 목소리를 들었을 때 너무 어색하고 낯설었는데 계속 낭독으로 읽다 보니 내 목소리가 사랑스럽게 들렸다.

유대인들의 교육방식인 하브루타havruta[11] 방식의 낭독법과 유사하다. 고요히 읽는 것보다 떠들면서 읽는 게 훨씬 공부 잘하는 방법이다. 낭독을 실천해보기 전에는 이렇게 좋은 장점들이 많이 있는 줄 몰랐다. 정재승 교수가 한 프로에 나와서 "독서가 치매 예방에 강력한 방법이다"라고 말한 거 같이 치매와 난독증에도 효과적이다. 자기 목소리를 매일 들으므로 자신을 점검할 수 있는 독서법이기도 하다. 자기 자신에게 관심을 두고 목소리 억양만으로도 감정을 관찰할 수 있다. 목소리 톤으로 감정을 알아차림 했을 때는 복식호흡을 하고 단정한 자세로 다시 낭독함으로 나 자신을 일으켜 세운다. 자신에게 관심을 쏟으므로 자존감이 나날이 높아진다.

---

11 **하브루타(havruta)** : 학생들끼리 짝을 이루어 서로 질문을 주고받으며 논쟁하는 유대인의 전통적인 토론 교육 방법. 하브루타는 소통하며 답을 찾아가는 과정에서 다층적으로 지식을 이해하고 문제를 해결할 수 있다는 장점이 있다. 하나의 주제에 대한 찬반양론을 동시에 경험하게 되므로 이를 통해 새로운 아이디어와 해결법을 끌어낼 수도 있다. (시사상식사전)

내가 시험공부 할 때 그냥 속으로 외우는 것보다 중얼중얼 외우면서 공부했던 게 더 기억이 생생했던 거 같다. 그때는 낭독의 효과를 모르고 했지만, 분명히 소리 내어 책을 읽으면서 묵독에서 얻을 수 없는 여러 효과를 얻을 수 있었던 것은 확실하다. 단점은 속도가 너무 느리다 보니 책 한 권을 읽는데 일주일이 지나갔다. 정보나 지식을 쌓기에는 조금 부족한 독서법이다. 대신 감동적인 책일수록 낭독으로 읽으면 빛을 발한다. 많은 책 종류 중 꼭 낭독으로 읽어야 할 책들이 따로 있다. 울림이 있는 시집을 낭독으로 읽었더니 그날 쌓였던 먼지들이 씻겨나가듯 마음 씻기가 가능했다.

옛날 사람들이 천자문을 소리 내어 읽었던 것처럼 낭독으로 책을 읽어보자. 똑같은 사람이 단 한 사람도 없듯이 독서법도 읽는 사람의 성격과 상황에 맞게 방법을 적용해서 읽어야 한다. 내가 낭독이 맞는다고 해서 다른 사람도 낭독이 맞는 건 아니다. 독서법은 서로 교차되는 장점들이 많지만, 낭독 독서만은 유일한 게 자기 자신과 데이트하는 느낌이다. 또 다른 자아와 만날 수 있다는 것도 장점이다. 그래서 더욱 특별한 독서법이다. 자신이 좋아하는 독서법과 낭독법을 묶어서 하루에 빠짐없이 적용해 보자. 얼마나 오래갈지 모르지만 나는 지금 낭독 독서법에 푹 빠져 지내고 있다.

05

슬로 리딩(Slow Reading)하는 방법과 장단점

사회가 너무 빠른 속도로 돌아갈 때는 역으로 느린 속도를 지향하는 움직임이 나타난다. 한때 빠르게 읽던 속독 독서가 유행했다면 지금은 슬로 리딩이 대세다. 옛날에 변화 주기가 10년이라면 지금은 1년이라고 한다. 그 정도로 변화하는 속도가 짧아졌다는 소리다. 새로운 용어와 방식도 빠르게 생겨나고 사라지고 있다. 세상이 하루가 다르게 변화하는 시대에 독서만은 천천히 꼭꼭 씹어 먹듯이 읽어나가는 것이 슬로 리딩이다. 책을 많이 읽는 것이 중요한 게 아니라 천천히 깊게 읽어서 완벽하게 이해하는 것이 핵심이다.

슬로 리딩의 기본은 느리게 꼼꼼히 읽어내는 것이다

《데미안Demian》의 작가 헤르만 헤세Hermann Hesse는 독서의 기술에서 "독서도 다른 취미와 마찬가지로 애정을 기울여 몰두할수록 점점 더 깊어지고 오래간다."라고 했다. 각각의 고유성을 존중해야 하며 후다닥 해치우듯 읽어도 안 되며 여유를 갖고 사랑하는 사람을 만나는 것처럼 천천히 읽어야 한다고 말했다. 자극받아 책을 읽겠다고 다짐하고는 짧은 시간에 책을 많이 읽으려고 하는 사람들이 있다. 제대로 책의 묘미를 알기 위해서는 천천히 꼼꼼히 읽어내야 한다.

주위에서 종종 속독으로 다독을 하는 사람들을 보면 헤르만 헤세가 말한 독서는 후다닥 읽어나가는 것이 아니라는 말을 해주고 싶다. 이런 독서는 전혀 이로움을 얻을 수 없으며 가슴에 남지 않는 독서다. 꽃도 자세히 보아야 예쁘듯이 책도 천천히 읽어야 진가가 보인다. 마음에 울리는 문장에 밑줄을 긋고 독서 기록에 옮겨 적으며 글자 하나하나 마음에 새기듯이 느리게 읽어야 글의 의미가 보인다. 책을 음미하듯이 천천히 읽을 때 책이 우리에게 많은 이익을 준다.

느리게 읽고 독서토론을 벌이는 것도 좋다. 그래야 다른 사람들의 관점도 볼 수 있고 내가 찾지 못한 부분을 볼 수 있으며 편견에 빠지지 않는다. 차원 높은 내용이나 깊은 생각들이 요구하는 내용들은 더 조심해서 천천히 들여다 봐야 한다. 특히 인문학서는 천천히 깊게 여러 번 되씹으면서 읽어야 하는 '슬로 리딩'이다. 읽으면서 끊임없이 생각하고 비판해야 하며 저자에게 질문하며 그 답을 찾아 사실관계뿐만 아니라 그 이면까지 들여다봐야 한다.

읽는 속도가 빠르다고 책의 이해도 빠른 건 아니다. 시간이 걸려도 한 글자씩 곱씹듯이 책의 내용을 읽으면 빠른 속도로 열권을 읽은 것보다 더 진한 독서가 될 수 있다. 누룩이 발효돼야 막걸리가 되듯이 세상에는 오랜 시간이 걸려야 빛을 발하는 것들이 있다. 슬로 리딩은 아무리 시간이 오래 걸리더라도 모르는 단어나 상황이 나오면 검색이나 사전을 통해서 확실히 이해하고 다음 단계로 넘어가야 한다. 천천히 꼼꼼하게 읽으므로 우리에게 많은 도움이 되는 것들을 얻어낼 수 있는 것이 슬로 리딩이다.

정성과 시간을 들여서 읽는 깊이 있는 책읽기다

뭐든지 시간과 정성을 들이면 풍성한 열매를 선사해준다. 슬로 리딩도 이와 같다. 사소한 차이로 풍미가 달라지듯이 독서도 시간을 들여 정성껏 읽으면 풍부한 지식을 쌓을 수 있다. 아무리 분초를 다루며 속도를 내서 열심히 책을 읽어도 세상에 나와 있는 모든 책을 읽을 수는 없다. 하나를 알면 열을 알 수 있다는 속담처럼 한 권의 책을 천천히 읽어 완벽하게 소화하며 읽어 나가는 슬로 리딩이 바쁜 현대인들에게 더 맞는 독서법일 수도 있다. 한 권의 책을 깊이 있게 파고들어 철저하게 흡수하여 풍요로운 지적자산을 쌓을 수 있는 독서법이 슬로 리딩이다.

세상이 빠른 속도로 변화다 보니 반대로 느린 것의 가치가 돋보인다. 독서도 사색하고 몰입하는 방식으로 천천히 읽어야 한다는 책들도 많이 나오고 있다. 숨 가쁘게 돌아가는 현실을 잠시 잊고 즐거움과 이해를 얻는 슬로 리딩으로 책 읽는 여유를 누릴 수 있다. 느리게 읽기는 여유와 즐거움을 안겨주는 동시에 지루하고 힘든 책 읽기가 될 수도 있다. 슬로 리딩은 읽는 게 아니라 체험한다고 표현하는 게 더 어울린다. 책 속에서 거문고 소리를 은은하게 표현했다면 거문고 소리를 직접 듣고 그 표현한 글과 사실관계까지도 확인하고 넘어가는 독서법이기 때문이다.

슬로 리딩은 읽는 데 장시간이 걸리므로 느긋하게 읽지 못하는 사람은 도움이 안 된다. 책 한 권을 읽는 데 일 년이 걸릴 수도 있고, 이 년이 걸릴 수도 있는 장시간이 투입되는 단점이 있다. 너무 시간이 걸리기에 앞에 읽었던 내용을 다시 숙독해야 할 때도 있다. 대신 한 권을 슬로 리딩으로 읽었을 때 눈으로 읽은 게 아니라 온몸으로 흡수했다고 표현할 수 있다. 온전히 내 것으로 만드는 독서법이다. 우리가 책을 읽는 이유는 그 안에서 무엇인가 얻기 위해 읽는 행위다. 여러 독서법으로 그동안 도움이 안 되었다면 독서법을 개선하여 정성과 시간을 들여 천천히 읽는 슬로 리딩으로 경험해보자.

슬로 리딩은 차분하고 정적으로 읽기다. 슬로 리딩은 기존 생각들도 새로운 방식으로 변화시켜준다. 지적 풍요를 거두기 위해서는 오직 정성을 들여 슬로 리딩해야 한다. 슬로 리딩은 일반적 독서법은 아니지만, 시간과 정성을 들여 읽는 천천히 읽기가 행동과 생각하는 힘까지 바꿔준다. 느리게 읽기는 투자할수록 더 큰 열매를 얻을 수 있다. 많은 책을 빠르게 읽어나가는 것은 정보습득으로 가벼운 독서법이다. 그 반면 슬로 리딩은 온 정성을 다해 느리게 책을 읽기에 그 어떤 상황에도 흔들리지 않는 강인한 사람이 될 수 있다. 이전에 독서 경험에서 누리지 못했던 차원이 다른 깊이 있는 책읽기를 누릴 수 있다.

슬로 리딩 독서는 강렬하게 경험하는 효과가 크다

천천히 느리게 생각하며 읽으면 생각하는 뇌의 기능이 확장된다. 헤르만 헤세의 데미안과 마키아벨리의 군주론을 슬로 리딩으로 다시 읽어봤다. 슬로 리딩을 통해서 이전에 한 번 읽었던 거와는 비교가 안 될 정도로 놓친 부분들이 다시 보인다. 어려운 부분도 깊이 있게 읽다 보니, 글이 주는 교훈이 더 자세히 보인다. 슬로 리딩이 좋은 독서법임을 확실하지만, 모든 책을 슬로 리딩하기를 권하지는 않는다. 가벼운 수필이나 자기계발서는 속독이 어울리고, 역사서나 인문학서는 슬로 리딩으로 읽는 것이 좋다.

슬로 리딩 독서는 우리나라 옛날 서당식 교육과도 비슷하다. 한권의 책을 낱낱이 파헤쳐서 삶의 정석을 배우고 인간의 참된 삶을 깨우치는 옛 성인들의 책읽기와 상통한다. 책 속에서 스스로 질문하며 직접 다른 책을 통해 답을 구하는 방식이기에 책 속의 성인들 생각이나 삶을 강렬하게 체험하는 효과가 크다. 많은 책을 읽어 다양한 지식을 구축하는 것도 중요하다. 하지만 한 권의 책 속에서 여러 영역을 통합적으로 알아가는 슬로 리딩이 대세가 되어가는 중이다.

책읽기의 효용가치는 스스로 깨달아가면서 읽어나가야 한다. 중요하지 않은 곳은 빠르게 읽어나가고 깨달아야 할 부분에서는 느리게 읽고 넘기는 판단이 중요하다. 책을 깊이 천천히 읽으면 얻는 게 많다. 정성과 시간을 투자해서 읽은 어려운 책 한 권을 한 달을 걸려 읽었다고 해도 몇십 권의 가벼운 내용의 책을 날로 읽은 것과는 비교할 수 없을 정도로 이로운 점이 있다. 모르는 부분을 확실하게 내 것으로 만들고 이해했기 때문이다.

영국의 철학자 베이컨Francis Bacon은 "어떤 책은 맛을 보고 어떤 책은 삼키고 어떤 책은 씹어서 소화해야 한다."라고 말했다. 이렇듯 책은 천천히 느리게 맛을 보듯이 음미하며 읽어야 책의 정수를 맛볼 수 있다. 여건이 허락된다면 시간이 걸리더라도 하나하나 곱씹어보면서 책을 읽고 생각의 폭을 넓혀보자. 현란한 미디어로 집중력이 떨어지는 경향이 뚜렷한 지금 시대에 진짜 책을 읽는 강렬한 독서를 함으로써 조용하지만 강한 독서를 해보는 건 어떨까?

06

필사(筆寫) 독서 방법과 장단점

　　모방은 새로운 창조물이라는 말이 있다. 필사 독서법이란 말 그대로 글을 베껴 쓰는 행위를 말한다. 필사는 손으로 베껴 쓰는 것으로 문장의 의미를 깊이 있게 생각하며 옮기는 행위다. 눈으로 읽고 손으로 적으며 동시에 두 가지 기술을 사용하기에 눈으로만 읽을 때보다 선명하게 이해되는 경험이 많다. 단순히 베껴 쓰기보다 글의 구조를 파악하고 단어와 문장을 관찰하면서 베끼는 필사는 생각하는 힘이 월등히 높아진다. 눈과 손으로 이용하여 읽는 것이 눈으로만 읽는 것보다 훨씬 머릿속에 잘 들어온다. 베껴 쓰면서 읽을 때 여러 효과를 누릴 수 있는 것이 필사 독서법이다.

오래 기억할 수 있고 이해력이 높은 필사 독서법

필사는 독서 방법의 하나다. 천천히 문장을 베껴 쓸 때 의식이 집중되고 정신이 맑아진다. 문장의 뜻을 풀이하며 다른 생각들과 이어지다 보면 새로운 창작물을 발견하게 된다. 필사로 문장을 쓰다 보면 눈으로 보고 손으로 쓰는 방식이므로 오래 기억할 수밖에 없고 깊이 있는 독서를 할 수밖에 없다. 쓰다 보면 다른 잡생각이 비집고 들어올 틈이 없기에 몰입도가 높다. 또한 몰입이 높을수록 책의 내용이 뚜렷하게 각인되는 효과를 얻을 수 있다. 필사를 한다는 것은 의식적으로 몸과 마음으로 독서 하는 것이기에 오래 기억될 수 있다.

문장이 아름다운 책을 골라 하루에 몇 페이지라도 필사해보면 하루가 다르게 문장력이나 어휘가 풍부해진다. 그냥 베껴 쓴다는 가벼운 생각으로 시작했을 지라도 한 글자 한 글자 써 내려갈 때 훑어 지나가던 글들이 다시 보이고 모호했던 문장들도 다시 들어온다. 더 생각이 깊은 저자의 생각과 접속하면서 사고력도 크게 달라진다. 한정적인 생각의 폭을 크게 넓힐 수 있다는 것이 필사의 장점이다. 의도적인 필사를 하면 그에 맞는 새로운 창조물이 덤으로 따라온다. 생각이 깊어지고 이해력이 높아지고 탁월한 문장력을 가지게 되는 것이 필사의 장점이다.

감정이 다운될 때 필사하면 감정을 다스릴 수도 있다. 안 좋은 감정들이 올라올 때 무작정 논어를 펼쳐서 필사했더니 기분이 차분히 가라앉는 효과를 봤다. 필사는 감정 조절에도 많이 도움이 된다. 좋은 글자로 꾹꾹 내 마음에 각인시키는 결과로 부정의 기운을 내보내고 긍정의 기운을 채울 수 있었다. 일희일비-喜-悲하지 않고 좋은 에너지로 나 자신을 채울 수 있는 독서법이다. 한 자 한 자 베낀다는 자체만으로 온전한 나의 것이 된 느낌이었다. 필사 독서는 쓰면서 깊게 이해하고 만족도가 높다 보니 나날이 변화하고 성장하는 느낌을 받는다.

필사는 시간이 오래 걸리지만 일단 해보고 나면 독서 효과를 배로 누릴 수 있는 탁월한 독서법이다. 필사하는 것 자체로 글쓰기 연습이며 매일 읽기와 병행한다면 그 결실이 배가 된다. 필사는 손을 이용해 뇌를 깨우고 정신을 집중해 의식을 활성화시킨다. 다만 시간을 투자해야 하고 손 근육이 아플 수 있다. 컴퓨터로 타이핑 할 수도 있지만 손 글씨로 필사할 때 가장 두드러지게 효과를 봤기에 손 글씨로 필사하기를 권유한다. 단순히 눈으로 읽는 독서가 아니고 손도 같이 읽는 독서이기에 머릿속에 잘 들어오고 기억에 오래 남는다. 따라서 이해력도 높아진다.

어휘력과 문장력이 부족한 사람에게 최고의 독서법이다

　필사는 긴 시간 차분하게 엉덩이를 바닥에 붙이고 진득하게 앉아서 해야 한다. 성격이 조급한 사람은 이 방법이 맞지 않을 수 있다. 독서에 힘이 붙으면 여러 방법의 독서법으로 많은 책을 읽을 수 있는데 그 독서 힘을 기를 수 있는 게 필사다. 일단 일 년 동안 부지런히 베껴 쓰기 위주로 필사하다 보면 숙달이 되고 끈기가 늘어 독서의 힘이 붙는다. 필사는 쓰는 이로움 마저 가미돼서 꾸준히 했을 때 문장력을 기르는 방법으로 최고 독서법이기도 하다.

　예전 학교 시험공부 할 때 연습장에다 펜으로 글을 쓰면서 외웠던 기억이 있다. 그만큼 손으로 쓰는 글은 머리에도 쏙 박히고 기억력도 오래간다. 눈으로 책을 읽었을 때 하루가 지나면 80% 기억에서 날아간다고 하는데 손으로 베껴가면서 독서 했을 때 기억력이 가장 오래간다고 한다. 그러므로 필사하면서 하는 독서는 동시효과를 누릴 수 있다. 재미를 붙이고 꾸준하게 필사를 즐긴다면 어휘력과 문장력이 월등히 좋아져 글쓰기에도 도전할 수 있다.

　책을 읽고 나서 독서 후기를 기록하게 될 때 막상 정리하려면 막연할 때가 있다. 이럴 때 책 내용 중에 중요한 내용이나 핵심 문장을 베껴 쓰는 것이다. 이 방법은 부분 필사이다. 어쨌든 손으로 쓰는 것을 중단하지 말고 꾸준하게 하다 보면 놀라운 독서 효과를 얻을 수 있다. 우리 선조들이 먼저 실천하고 결과를 앞서 보여줬기에 효과 면에서는 월등한 독서 방법이다. 문필가들이 초기에 글을 잘 쓰기 위해 남의 글을 통으로 베꼈다는 이야기가 있을 정도로 필사하는 것 자체가 문장력을 키우는데 탁월한 방법이다.

글을 옮겨 적을 때 저자가 심혈을 기울여 쓴 글이기에 옮겨 적는 문장 역시 저자의 기운이 고스란히 전해진다. 훌륭한 문장을 옮겨 적을 때 저자의 필력을 그대로 복사하는 격이 돼서 필력 또한 일취월장 日就月將 으로 좋아진다. 필사 독서는 생각하고 성찰하는 독서이다. 수양하듯 한 글자 한 글자 반듯하게 필사하면 마음도 차분히 정돈되는 효과도 있다. 요즘은 글을 쓸 기회가 많으니, 문장력과 어휘력이 풍부한 사람이 돋보일 수밖에 없는 세상이다. 문자로 소통하고 메일로 서로의 의사를 전달하는 시대이다. 이럴 때 필사 독서를 꾸준히 하면 자신만의 어휘력과 문장력이 상승하여 표현방식 또한 풍부해진다.

필사는 독서를 넘어 글쓰기를 할 수 있도록 유도한다

필사 독서법을 꾸준히 하게 되면 어느 시점에서 자신의 글을 쓰고 싶다는 생각이 든다. 필사 독서는 책 쓰기에 도움이 된다. 책을 쓰는 사람치고 필사를 안 해본 사람이 없을 정도로 필사는 글 쓰는 사람들의 기본이다. 꾸준히 필사 독서를 하다 보면 자신만의 책을 쓰고 싶다는 생각을 할 때가 있다. 독서를 하면서 글을 쓰게 되면 비로소 자기만의 창조물을 만들어내는 것이다. 필사 독서법은 책 쓰기로 이어지는 구심점이 될 수 있다.

필사할 때 당시의 상황이나 떠오르는 감상 등을 같이 적어두면 나중에 글을 쓸 때 요긴한 자료가 된다. 베껴 쓰는 과정에서 글쓰기의 안목이 열리는 경험을 하게 된다. 조선시대 대표 시인 김득신은 어릴 때 바보 소리를 들었고 보통 사람보다 늦은 나이에 글을 배웠지만, 책을 일만 번 이상 읽고 베껴 쓰기를 통해 조선 최고의 시인이 됐다. 이처럼 베껴 쓰기는 글쓰기의 놀라운 능력을 끄집어내 주는 역할을 한다. 조정래 작가도 자신의 책 태백산맥을 베껴 쓰기 이벤트까지 하면서 필사의 중요성을 강조했다.

유명한 작가들도 초기에 다른 작품을 베껴 쓰기로 글쓰기 능력을 키우고 작가의 길에 들어섰다. 그만큼 필사는 필력을 향상하고 글쓰기 능력을 길러주기 좋은 방법이다. 필사는 제2의 창조물이다. 닮고 싶은 작가의 글을 베끼고 흉내 내면 자신만의 글을 재창조할 수 있다. 독서는 눈으로만 해서는 뭔가 부족하다. 쓰고 생각하고 정성을 쏟아야 한다. 필사도 손을 사용해서 베껴 쓰는 것이기에 온몸으로 하는 독서라고 말할 수 있다. 독서를 통해 글쓰기를 하면 나를 변화시키는 원동력이 된다.

필사는 글을 쓸 수 있는 기초가 된다. 필사하지 않으면 남는 게 없다. 습관적으로 필사해야 한다. 꾸준히 필사해야 하며 깊이 생각하며 글을 베껴야 한다. 손을 이용한 독서법은 뇌에 직접 자극을 주기에 잠재돼있는 능력을 깨워준다. 많이 읽고 쓰다 보면 내용 자체를 다시 한 번 생각할 수 있는 기회가 되기에 글쓰기에 확실한 효과가 있다. 자기 생각을 체계적으로 정리하여 쓸 수 있으며 이를 글로 표현할 수 있다는 것은 필사가 도움이 된다. 누구나 베껴쓰기 방식을 통해 자신만의 글쓰기를 꼭 해보자.

07

포인트 독서 방법과 장단점

지식이나 정보를 빠른 시간 안에 집중적으로 얻기 위해 핵심 부분만 뽑아 읽는 독서법이 포인트 독서법이다. 책은 첫 페이지부터 마지막 페이지까지 전부 읽지 않아도 된다. 파레토의 법칙 Pareto's law[12]처럼 중요 부분이 20퍼센트 안에 다 들어있기 때문이다. 핵심 부분만 잘 파악하면 전체의 의미를 이해하는데 아무런 문제가 없다. 짧은 시간 안에 많은 독서를 할 수 있으므로 다양한 정보나 자료를 얻을 수 있는 실용 독서법이다. 좋아하는 아이스크림을 골라 먹듯이 책 속에서 핵심 부분만 뽑아서 취할 수 있는 독서법이다.

---

[12] **파레토의 법칙(Pareto's law)** : '80 대 20 법칙' 또는 '2 대 8 법칙'이라고도 한다. 전체 결과의 80%가 전체 원인의 20%에서 일어나는 현상을 가리킨다. 예를 들어, 20%의 고객이 백화점 전체 매출의 80%에 해당하는 만큼 쇼핑하는 현상을 설명한다. (지형 공간정보체계 용어사전)

포인트 읽기로 짧은 시간 안에 다독할 수 있다

    책을 첫 페이지부터 끝 페이지까지 전부 읽으려면 시간이 오래 걸린다. 한 권의 책에서 핵심 부분을 뽑을 수 있다면 읽는 시간을 절약할 수 있다. 대다수 직장인은 너무 바빠서 책 읽을 시간이 없다고 말한다. 이런 사람들에게 포인트 독서법은 언제라도 책을 펼칠 수만 있다면 실천할 수 있는 독서법이다. 책의 맥락을 잡아서 빠르게 훑어 내려가는 것도 포인트 읽기를 통해서다. 인터넷 기사에서 전체를 대충 훑어보고 자신이 관심 있는 정보만 클릭해서 보지 않는가? 이렇듯 자신에게 필요한 부분만 읽는 독서로 하다 보면 짧은 시간에 많은 책을 읽고 수많은 정보를 접할 수 있다.

    책의 글자를 모두 읽는다고 독서가 아니다. 수백 권을 읽었다고 그 내용을 다 기억하는 것이 아니기 때문이다. 독서법도 세상의 흐름에 따라서 읽는 융통성을 발휘해야 한다. 하루에도 수많은 종류의 책이 쏟아지는 상황에 많은 정보를 습득하기 위해서는 핵심 요점을 빨리 잡아내어 읽는 것도 독서 기술이다. 많은 책을 읽어봐야 양서도 고를 수 있는 안목이 생긴다. 포인트 읽기는 핵심 부분만 읽고 미련 없이 책을 놓아도 된다.

    책 대부분은 초입 부분에 책을 쓴 목적이 적혀있는 경우가 많다. 처음부터 독자들의 관심을 끌지 않으면 독자들이 그 책을 손에 들 확률이 현저히 줄기 때문이다. 나 같은 경우도 목차와 프롤로그를 읽어보면 내 목적에 맞는 책인지 아닌지 금방 알 수 있다. 책 제목과 내용이 중복되는 부분을 찾아 읽는 것도 주요 맥락을 빨리 찾아 읽는 방법이기도 하다. 이 부분을 집중해서 읽다 보면 앞뒤 문맥도 읽어낼 수 있다. 포인트 독서법은 자신의 업무와 관련된 책이나 실용서를 읽고 요점 부분만 골라 기억하기 좋은 독서법이기도 하다.

포인트 읽기는 책을 꼼꼼히 읽지 않아야 많이 읽을 수 있다. 지금 시대는 인터넷이나 미디어를 통해 쏟아지는 수많은 정보의 홍수 속에 있다. 급변하는 사회에 맞추어 따라가려면 독서 방법 또한 그것에 맞게 변화를 주는 것도 요령이다. 책 읽을 시간이 남아도는 사람이 아닌 이상 자신에게 필요한 부분만 선취해 읽는 것도 지혜로운 방법이다. 책을 많이 읽는 고수들도 이미 사용하고 있는 독서법이다. 포인트 읽기는 시간이 부족한 직장인에게 짧은 시간에 많은 책을 읽어 다양한 정보를 습득하기 좋은 독서법이다.

목적과 필요에 맞는 핵심 부분을 찾아낼 수 있어야 한다

책을 읽으면서 그동안 핵심 주제를 빠르게 파악하는 기술을 습득해왔다면 포인트 독서법이 매우 유리하다. 읽을 때 핵심 주제를 찾아내고 그 핵심 주제 위주로 독서를 하면 한 권에서 빠른 결론을 도출해낼 수 있다. 포인트 읽기는 말 그대로 필요한 부분만 뽑아서 읽기에 제목을 보고 힌트를 얻을 수도 있다. 목차를 보고 핵심 부분을 찾아 내용을 확인할 수도 있다. 책에서 주장하고 있는 포인트를 찾아내어 목적과 필요에 맞는 독서를 하면 된다.

목차는 문단 내용을 키워드를 한 문장으로 뽑아놓은 것이다. 따라서 목차를 가볍게 훑어보는 것도 전체 내용을 파악하는데 요긴하다. 목차 부분에서 목적에 필요한 핵심 단어가 있다면 그 부분을 찾아 집중적으로 읽으면 된다. 프롤로그와 에필로그도 책을 쓴 동기와 내용을 이해하는 데 도움 된다. 좀 더 깊이 있는 포인트를 찾아내려면 전체를 빠르게 스캔하듯이 훑어보고 문단의 핵심 단어를 먼저 찾아보는 것도 좋다.

끊임없이 호기심을 발동하면서 책을 읽으면 핵심을 수월하게 찾을 수 있다. 핵심을 찾는 것을 보물을 찾는 심정으로 찾아서 읽어야 한다. 정성을 들인 만큼 책은 많은 것을 되돌려 준다. 포인트 독서법이라고 해서 가볍게 여겨서는 안 된다. 책 읽는 사람의 태도에 따라 수확은 다를 수밖에 없다. 시간 대비 다양한 책들을 읽고 목적에 맞는 중요 부분만 흡수하므로 바쁜 현대인들에게 가장 어울리는 독서 방법일 수도 있다. 다만 가지치기를 다 하고 중심 부분만 골라 읽기에 폭넓은 독서법으로써는 조금 아쉬운 부분이 있다.

　　포인트 독서는 우선 목적의식이 분명해야 자신의 목적에 필요한 부분을 빨리 찾아낼 수 있다. 많은 책을 효율적으로 읽기 위해서는 핵심과 결론 부분을 찾아 읽으면 된다. 이 책에서 얻고자 하는 것이 무엇인지를 질문하고 질문에 맞는 답을 빠르게 찾아내서 습득하면 된다. 한 권을 읽었다면 핵심 문장으로 표현할 수 있어야 제대로 읽은 것이다. 한 권을 전부 읽지 않았더라도 그 책의 핵심을 뽑았다면 충분히 그 책을 읽은 거나 다름없다. 자신에게 필요한 핵심 부분을 찾아 실생활에 적용한다면 실용 면이나 지식 면에서 독서력을 월등히 향상시킬 수 있다.

기초(배경)지식을 많이 쌓으려면 포인트를 읽어라

　　기초지식을 쌓기 위해서는 폭넓은 장르의 책을 많이 읽어야 한다. 자기 관련분야가 아니라도 다양한 분야의 책을 통해 폭넓은 지식과 식견을 쌓아두면 여의찮은 상황이 발생해도 당황하지 않고 적절한 행동으로 진행할 수 있는 능력이 생긴다. 또한 상대방과 대화할 때도 풍부한 기초지식으로 인해 이해하고 소통할 수 있는 능력도 탁월하다. 하나밖에 모르는 사람보다 열 가지 정보를 아는 사람이 새로운 아이디어를 내놓을 확률이 높다. 포인트 읽기로 많은 기초지식을 쌓은 자라면 이런 게 모두 가능하다.

포인트 독서에서 잊지 말아야 할 조합은 특정 분야의 관련된 지식이라 해도 판단기준을 정하지 않고 모든 것을 그대로 가져오면 안 된다. 곁가지에 신경 쓰지 않고 실속 있는 내용만 뽑아 읽고 다음으로 넘어가는 것이라서 비판 없이 받아들이는 오류도 있다. 핵심 부분이라 할지라도 관련 서적들을 여러 권 읽어보고 기준을 세워서 버릴 건 버리고 취할건 취할 수 있어야 한다. 핵심 부분을 진중하게 읽었다면 나머지 부분들은 가볍게 훑어보면 좋다.

포인트 책읽기는 시간이 부족해서 실용적인 부분만 골라 읽거나 추려서 참고하는데 요긴하다. 독서방식은 저마다 이로운 점이 있으므로 읽는 사람의 목표나 정황 등을 고려하여 선택해서 실천하면 좋다. 누구에게 다 맞는 독서법이 있을 리 없기 때문이다. 그때그때 필요조건에 맞게 적용할 수 있는 독서법이면 그게 맞는 독서법이다. 포인트 읽기는 독서의 양이 늘어날수록 기초 지식도 증가해 읽는 속도가 빨라지고 다양한 정보나 지식이 축적되어 응용도 가능해진다.

전체 결과의 80%는 전체 원인의 20%에서 나온다고 하는 파레토의 법칙이 있다. 이 법칙이 책에서도 적용된다. 책 한 권에서 중요 부분 20%만 읽고도 한 권을 읽었다고 말할 수 있는 것이 포인트 읽기다. 따라서 포인트 읽기는 시간 대비 많은 기초지식을 쌓을 수 있는 독서법이기도 하다. "책을 읽는 것은 자신의 미래를 만드는 것이다."라고 랠프 월도 에머슨Ralph Waldo Emerson이 말했다. 스스로 단단한 미래를 만들기 위해서는 포인트 읽기로 기초지식을 많이 쌓아라.

08

꼬리 물기 독서법과
장단점

　주변에 책은 읽고 싶은데 어떤 책을 읽어야 할지 가늠이 안 된다고 하는 사람들이 있다. 이런 사람들은 먼저 자신이 좋아하는 분야의 책을 읽고 그 주제와 관련된 책들을 찾아서 읽어나가면 쉽게 독서의 세계로 진입할 수 있다. 이렇게 하나의 주제로 관련 있는 책을 연속해서 넓게 읽어나가는 방식이 꼬리 물기 독서법이다.

　꼬리에 꼬리를 물고 책을 읽다 보면 읽어야 할 독서목록이 늘어나고 전망과 목표가 생긴다. 자신이 좋아하는 관심 분야를 읽기에 책 읽는 즐거움은 물론 폭넓은 독서를 통해 좋아하는 분야를 찾아 공부할 수 있다는 것이 이 독서법의 특징이다. 하나의 주제에 맞는 책을 연속해서 찾아 읽거나 자신이 관심 있는 분야를 넓게 읽는 꼬리 물기 독서는 독서 습관을 들이는 데 유익하다.

관심 분야를 찾아 연속적으로 읽는 것이 핵심이다

　다양한 책이 하루에도 수백 권씩 쏟아지기에 책을 골라서 읽는 것도 매우 힘든 일이다. 어떤 책을 봐야 할지 도대체 감이 안 와서 고민거리가 된다. 책이 좋다고 이야기하는 사람들은 많지만 무슨 책을 선택해야 할 것인지는 그 누구도 자세히 알려주지는 않는다. 스스로 찾아야 한다. 이럴 때 관심 분야의 주제를 찾고 그 한 권을 읽어서 파생적으로 넓혀가듯이 읽어나가면 독서에 관심이 붙는다. 꼬리 물기 독서는 미래학 성공학 인문학 등을 주제로 놓고 그에 관련된 파생된 책들을 찾아 읽는 것이 핵심이다.

　미래가 불안하고 실체 없는 두려움이 몰려올 때 손에서 놓았던 책을 다시 들었다. 불안한 마음을 잠재우기 위해 마음의 힘에 관한 책들을 읽었다. 책을 읽을 때는 마음을 이용하여 내가 원하는 상황으로 급 변화시킬 것만 같았다. 마음을 마음대로 조정할 수 없는 이유가 드러나지 않은 무의식이 삶에 지대한 영향을 끼침을 알고 무의식에 관한 심리 책을 찾아 읽었다. 무의식에 관한 책을 읽다 보니 내면 아이가 등장해서 호오포노포노 Ho'oponopono[13] 시리즈를

13　**호오포노포노(Ho'oponopono)** : 고대 하와이인들의 용서와 화해를 위한 문제 해결법

모두 읽었다. 나는 이런 식으로 관심 분야를 단계별로 폭넓게 읽어나가는 것으로 일명 꼬리 물기 독서를 했다.

어떤 미래가 와도 독서로 삶을 주도적으로 이끈다면 두려움이란 노크할 수 없다. 한때는 두려움 때문에 불면증도 있었지만, 책을 온전히 읽고 나서부터는 그런 증상이 사라졌다. 지금은 독서가 내 즐거움의 원천이다. 한 권의 책을 읽으면 그 안에 언급된 모든 책을 독서리스트에 적어놓고 계속 연결성으로 독서를 이어갔다. 그러다 보니 나만의 책을 쓰고 싶다는 생각이 들어 이렇게 글을 쓰고 있다. 이렇듯 꼬리 물기 독서법은 숨어있는 자신의 꿈까지도 꺼내어준다. 한 권의 책에서 또 다른 책으로 계속 연속적으로 이어지는 독서를 할 수 있어 꾸준한 독서가 가능하다.

꼬리 물기는 일단 책을 펼쳐서 읽기 시작하면 책이 책을 부른다. 한 권을 읽고 나면 지적 부자가 된 것처럼 정신적 풍요가 가득 찬다. 이것이 책을 읽는 묘미다. 자연스럽게 독서로 확장함으로 자아의 의식이 높아진다. 독서를 많이 하면 현실에서의 인간관계도 매끄러워진다. 여유로운 포용력을 갖추기 위해 연속적으로 책을 읽어야 한다. 꼬리 물기 독서는 인문이나 과학 등 자연스럽게 파고드는 독서가 바탕이다. 관련 서적들이 고구마 줄기처럼 딸려 나오므로 자동으로 독서 습관으로 자리 잡기가 가능하다.

한정 짓지 않는 꼬리 물기로 관심 분야의 영역을 넓힌다

꼬리 물기 독서는 관심 부분에 대해 깊이를 더하거나 영역을 넓힐 수 있다. 누구나 자신이 좋아하는 분야가 있다. 과학이 좋을 수도 있고 문학이 좋을 수도 있다. 이럴 때 도서관이나 인터넷 검색하면 관련 서적들이 나열되어 나온다. 이런 책들을 쭉 읽어나자. 또한 읽는 책 속에서 다른 인용 책들을 인용하는 글들이 많이 나온다. 그러면 그 관련 책들을 찾아 발자국 따라가듯이 읽어 가면 된다. 한 분야를 폭넓게 알 수 있고 연결성으로 새로운 분야로 진입하기도 쉽다. 한 주제씩 읽어나가면 나중에 영토가 확장되듯이 전문가 못지않은 지적자산이 풍부히 쌓인다.

자신을 성장시키기 위한 도구로 책 만 한 것이 없다는 것을 많은 사람이 알고 있다. 하지만 실제로 독서를 하는 사람은 의외로 적다. 책 좀 읽는다는 나조차도 잠깐 인터넷 정보에 빠지다 보면 다시 책을 손에 잡기 어려워진다. 독서가 자기 성장을 통해 직장생활에 도움을 주는데도 불구하고 많은 직장인들이 독서를 하지 않는다. 책을 안 읽는 이유가 여러 가지겠지만, 인터넷 정보로 인해 적극적인 지적활동인 독서가 어려워졌다. 많은 선각자나 성공 인들이 독서의 중요성을 누누이 강조했다. 성장하기 위해선 독서가 필요하다. 하루에도 독서법에 관한 책만도 수십 권씩 출간되는 걸 보면 독서가 그만큼 중요하다는 증거다.

자신이 좋아하는 주제를 뽑아 일단 그 분야에 일단 발을 담그자. 주제별 꼬리 물기 독서는 새로운 진로를 찾기에 유용하다. 나는 분야를 한정을 짓지 않고 여러 다양한 책들을 읽었지만, 책 읽기 초입에 마음공부에 관심이 많았다. 변화무쌍한 인생의 삶 속에서 초연하게 사는 방법이 무엇일까? 궁금해서 마음 관련 책들을 모조리 꼬리 물기 식으로 읽었다. 관련된 강의나 프로그램을 비용을 지급하면서까지 섭렵하고 경청했다. 지금은 한 번씩 마음가짐이 난리를 칠 때도 읽었던 마음 관련 책들로 인해 나를 평온하게 잠재울 수 있다.

자기 계발에 늦은 때라곤 없다. 인생 살아갈 나이가 길어져서 지금은 언제든지 자신을 성장시키기 위해 자기 계발해야 한다. 지금 내가 하는 일은 건설 공무 부분 이지만 그동안 마음 관련 책을 읽어 축적해놓은 지식으로 훗날 마음 관련 상담사가 될지 어찌 알겠는가? 이렇듯 관심 분야를 꼬리 물기로 읽어나가 경험치를 쌓아가다 보면 또 다른 제2의 직업을 가질 수 있다. 주제별 꼬리 물기 독서법은 끝까지 읽다 보면 자신의 꿈을 발견할 수 있고 직장인이라면 나처럼 새로운 영역에 발을 들여놓을 수 있다. 꼬리에 꼬리를 무는 궁금증 유발로 독서를 즐거움으로 할 수 있다.

연속성으로 읽어나가다 보면 가고자 하는 목적지가 보인다

꼬리 물기 독서는 자기 꿈을 찾아가기 쉬운 독서법이다. 꼬리에 꼬리를 무는 독서를 하다 보면 우리가 가고자 하는 길이 보인다. 요즘 사람들은 자기가 좋아하는 분야와 진정으로 하고 싶은 일이 무엇인지를 잘 말하지 못한다. 자신이 좋아하는 일을 찾지 않고 현실에 맞추서 돈만 벌려고 일을 하는 사람들이 많다. 진정으로 자신이 무엇을 좋아하고 꿈이 무엇인지 찾고자 한다면 꼬리 물기 독서를 해야 한다. 꼬리 물기 독서로 마음에 공명이 일어나면 한 줄기 빛이 마음에서 비출 것이다. 좋아하는 꿈을 찾았을 때 온전히 그쪽으로 에너지를 쏟을 수 있다. 일찍 꿈을 찾을수록 좋아하는 일에 몰입하니, 에너지 낭비가 없다. 꼬리 물기 독서법은 청소년이나 직장인에게 새로운 진로를 찾기에 큰 도움이 된다.

지금 직장에 얽매인 몸이라 할지라도 책을 읽는 독서인이라면 정신만은 자유로운 인생을 살 수 있다. 독서를 통한 정보력으로 생각이 갖춰있기 때문이다. 독서 습관이 자리 잡기 전에는 좋아하는 분야에 먼저 물꼬를 터야 한다. 좋아하는 분야의 독서를 시작으로 계속 꼬리에 꼬리를 무는 식으로 독서가 이어지기 때문이다. 조선시대 지성인 이득신李得臣에 대해서 읽었더니 그 책 속에 박지원朴趾源이 등장했고 박지원이 쓴《열하일기》를 읽게 된다. 그 시대에 무엇을 먹고살았을까? 그 시대에 문학은 어땠을까? 궁금해져서《조선왕조 500년》을 읽게 되는 격이다. 이렇듯 일단 궁금증을 가지고 책을 손에 들고 읽으면 고구마 줄기 나오듯이 호기심에 책을 읽을 수밖에 없다.

성공한 사람은 모두 독서가라는 말이 있다. 이렇듯 성공의 원천은 독서임이 분명하다. 그렇다면 독서를 통해 얻은 깨달음이 담겨있는 책을 통해 자신에게 적용해서 더욱 효과적으로 성과를 낼 수 있다. 평소에 꼬리 물기로 책을 많이 읽어놓으면 삶의 고비마다 해결책이나 힘의 원천이 된다. 현재를 살아가는 직장인들은 변화에 대비해야 한다. 업무 관련 책들을 더 깊게 알기 위한 독서를 하던지 미래에 관심 있는 분야의 책을 통해 새로운 꿈을 꿀 수도 있다. 목표나 꿈을 찾으려는 방편으로 꼬리 물기 독서법이 유용하다. 직장인도 업무에 관한 책들을 꼬리 물기식 독서를 하므로 자신의 몸값을 높일 수 있다.

점차 독서에 즐거움을 맛보고 관련된 지식을 더 파고들다 보면 전문가적인 지식을 쌓을 수 있다. 책읽기는 스스로 찾아서 읽어야 한다. 추천하는 쪽에서 좋은 책이라고 추천해주었지만, 당사자에게는 전혀 도움 되지 않은 경우가 흔하다. 자신에게 맞는 책은 주제를 정하고 그에 관련된 책들을 꼬리 물리 독서법으로 하다 보면 누구나 독서의 즐거움에 빠질 수 있다. 꼬리 물기는 관심 분야를 넓히고 영역을 넓혀가는 독서법이다. 세상은 새로운 지식을 쌓지 않으면 구시대인이 될 정도로 새로운 지식이 쏟아지고 있다. 인문학 심리학 미래학 등 주제별로 연결된 책들을 찾아 읽어보면 굴비 엮이듯이 자연적으로 꼬리 물기 독서가 된다. 꼬리 물기 독서를 활용하면 마침내 자신이 무엇을 하며 살아야 할지 길이 보인다.

09
기록독서법과
장단점

　책을 읽고 느낀 점이나 정보 등을 기록하고 정리하는 방법을 기록독서법이라고 한다. 시간과 정성을 요구하지만 오래 기억할 수 있고 글쓰기를 하게 되는 동기가 된다. 책을 읽는 것도 중요하지만 읽은 후에 책에 대한 느낀 점이나 감상문을 기록해야 진짜 책을 읽었다고 할 수 있다. 독서노트로 기록해 놓으면 때때로 펼쳐 읽기만 해도 다시 한 권을 읽은 것처럼 시간도 절약할 수 있다. 책 내용에 집중하고 정리하는 과정을 통해 생각하는 힘이 세지고 글쓰기도 할 수 있다. 기록 독서는 읽은 것을 내 것으로 만들어 새로운 창작물을 내놓을 수 있는 독서 방법이다.

읽은 책의 정보나 느낀 점을 기록으로 남겨야 내 것이 된다

한 권의 책을 읽고 나서 기록하지 않으면 온전한 독서를 했다고 볼 수 없다. 나는 기록 노트에 읽은 책 제목과 읽은 날짜 저자를 기록하고 책을 읽고 난 후 간략하게 중심 내용을 적고 내가 느낀 점을 적는다. 키워드 중심 단어를 뽑아서 단어로 전개되는 내용이나 느낌을 기록하기도 한다. 기록하다 보면 기억 공간이 넓어지고 생각을 창의적으로 사용할 수 있는 용량이 늘어난다. 종이 위에 쓰면 기적이 일어난다고 하듯이 기록해야 생각을 모을 수 있고 읽은 내용을 내 것으로 전환할 수 있다.

사람의 기억력에는 한계가 있다. 책을 읽고 기록 독서를 하지 않으면 공들인 시간만큼 얻는 게 부실하다. 한 권의 책을 읽고 나서 여운이 남을 때 기록 독서를 하지 않으면 실속 없는 독서나 마찬가지다. 당장 변화가 눈에 띄지 않아도 기록 독서는 나의 이력서가 될 수도 있다. 기록하지 않은 독서는 남들 앞에 내 집에 금송아지가 있다고 떠드는 격이다. 기록 독서는 자신만의 독서 능력을 확인하는 기록물이 될 수 있다. 기록 독서는 손으로 움직이기에 더 기억할 수 있고 사고력과 문장력도 일취월장 日就月將 할 수 있다.

기록 독서를 할 때 어떻게 기록할지 막막하다면 읽은 내용 중에 감동이 되는 문맥이나 주요 사건들을 그대로 옮겨 적어도 된다. 줄거리 부분을 요약해서 기록하기도 하고 자신만의 느낌을 작성해도 된다. 훗날 다시 펼쳐 읽었을 때 책 내용을 연결해 줄 수 있는 핵심 단어만 적어도 된다. 다양한 방법으로 쓰지만 일단 단 한 줄이라도 기록해야 읽은 결과물을 얻을 수 있다. 요즘은 마인드맵을 이용하여 그림으로 기록 독서를 할 수도 있다. 다른 사람들이 쓴 기록들도 읽어보고 새롭게 내 형식으로 가미해서 써보면 좋다.

책을 읽고 난 후 책 내용을 다시 정리하는 방법으로 기록독서법이 가장 좋다. 등장인물이나 중심 사건들을 다시 곱씹으므로 배가 되는 효과를 기대할 수 있다. 또한 책에 대한 정보와 책에서 인상 깊었던 부분을 기록으로 남길 수 있는 독서법이다. 페이지를 적고 그 페이지 안에 핵심 단어를 적어도 되고 책 내용을 간결하게 기재해도 된다. 자신만의 독서록을 만든다면 독후감을 쓰는 것 이상의 효과를 볼 수 있다. 기록하고 나면 시간이 흘러도 책에 대해 어느 정도 기억이 날 정도로 책이 내 것이 된다.

기록 독서는 자기만의 자료집이 된다

기록 독서 방법 중에 다양한 방법이 있지만 자신에 맞게 적용해서 실천하면 된다. 간단하게 책 제목하고 목차만 기록해도 나중에 읽어보면 책 내용들이 희미하게 딸려 나온다. 지속해서 기록해놓으면 훌륭한 자신만의 독서 자료가 된다. 어떤 책을 어떤 생각으로 읽었는지 기록해 논 글을 시간이 흘러서 다시 펼쳐 보았을 때 그때의 감성이나 생각의 변화를 알 수 있다. 읽고 그냥 지나쳤으면 그 기억도 사라졌겠지만, 기록 독서는 그 시간을 추억으로 되돌려준다.

기록 독서는 손으로 움직여서 써야 하므로 사고력이 증폭되고 실천력이 강화되는 장점이 크다. 나중에 책 쓰기 자료로 사용하기 위해서는 책 내용을 기록할 때 한 자라도 틀리면 안 된다. 원문 그대로 기록해야 한다. 그래야 다음에 인용할 때 본인의 생각과 구분할 수 있기 때문이다. 기록하기 위해 작가가 무엇을 이야기하고자 하는 건지 스스로 질문을 해보고 자신에게 어떤 의미로 다가오는지 사색하면 책 내용이 덤으로 따라온다. 기록 독서는 다음에 언제든지 꺼내 봤을 때 다시 재독再讀 하는 효과가 있다.

다산 정약용 또한 책을 읽으면서 그때그때 떠오른 생각을 놓치지 않고 기록했다. 방대한 양의 책을 저술했던 인물이다. 한 권의 책을 읽고 중요한 문장 하나라도 기록해야 얻는 독서라고 말했다. 이런 기록들이 차곡차곡 쌓이면 놀라울 정도로 글 쓰는 실력도 늘어난다. 손을 움직여 기록하는 동안 내용을 다시 체화시키므로 내용도 더 확실히 이해할 수 있다. 동시에 두 가지 효과를 얻을 수 있는 독서법이다. 기록 노트가 늘어날수록 성취감 또한 나날이 높아진다. 형식에 얽매이지 말고 읽는 사람 관점에서 꽂히는 문장을 기록해보자.

기록 독서는 책을 쓰는 것 못지않게 중요한 행위이다. 기록 독서는 읽은 후에 책에 대한 품평을 적기 위해 책 내용에 집중하므로 책을 더욱 친밀하게 여길 수 있다. 독서 기록하다 보면 문장력이 월등해져 글쓰기도 만만해진다. 기록 독서는 내 삶을 바꿀 수 있는 기회가 되기도 한다. 자료로 인해 나중에 나만의 책을 쓸 수 있는 기회가 되기도 한다. 자신만의 생각과 느낌을 잘 정리해 놓으면 다음에 자신을 발전시키는 책 쓰기 자료로 사용할 수 있는 게 기록독서법의 장점이다.

새로운 창작물을 만들 수 있다

책을 읽고 기록하면서 손으로 옮길 때 효과 면에서 차이가 크게 난다. 손으로 쓰는 방법은 뇌까지 자극한다는 글을 필사 독서법에서 이미 설명했다. 기록하면서 책을 읽는 것은 뇌의 영역에 지적자산이 차곡차곡 쌓이는 느낌을 받는다. 책을 읽는 것으로 끝내지 않고 기록 독서를 하려면 내용을 다시 상기하고 어떤 것을 기록해야 할지 되돌아보게 한다. 기록 독서의 가치는 내 것으로 만들어 새로운 창작물을 만들 수 있다는 것이다.

　책을 읽고 그냥 지나치면 기억이 날아가지만 기록하면 자신만의 독서 자료가 된다. 책을 읽고 난 후 느낌을 적는 것도 중요하지만 읽는 도중에 깨달음이나 자기만의 생각이 올라오면 바로 기록해야 한다. 나중에 기록하려고 하면 그때의 기억이나 감정이 반감된다. 무슨 책을 무슨 생각으로 읽었는지 그때그때 기록하려면 시간이 오래 걸리고 정성을 들여야 하는 단점이 있다. 기록 습관은 멀리 보면 책 쓰기에 쉬운 자료집이 된다. 기록 독서는 원문도 옮겨 쓰기도 하지만 자기 생각을 정리해서 잘 써놓으면 새로운 자기만의 창작물이 탄생한다.

　기록을 평소에 꼼꼼히 해야 책의 내용을 활용하여 언제든지 내 것으로 만들 수 있는 기초지식으로 삼을 수 있다. 우리가 아는 위대한 천재들도 독서 기록을 게을리하지 않았다. 누구나 다양하게 독서 기록을 표시할 수 있다. 책에 별표나 부호를 표시할 수 있고 빈 여백에 느낀 점을 적을 수도 있다. 독서 노트에 번호를 매기면서 한 권씩 쌓아가는 묘미는 기록하는 자의 기쁨이다. 기록하는 습관을 들이면 멋진 결과물이 탄생한다. 타인의 지식을 나의 지식으로 가져오는 결과로 새로운 길을 제공하기도 한다.

시간이 걸리더라도 기록 독서는 꾸준히 해나가야 하는 독서법이다. 떠오르는 생각들을 날려버리지 말고 기록하는 습관을 들이면 새로운 창작물로 멋진 인생을 살수도 있다. 독서 기록해야 책을 온전히 읽은 것이다. 소중한 문장을 손으로 직접 기록하므로 핵심 문장이 머리에 각인되는 효과를 누린다. 따라서 기억에 오래 남고 정리하는 과정에서 두 번 읽는 효과가 따른다. 기록 독서는 저자의 견해와 나의 견해를 비교 분석하여 새롭게 나만의 창작물을 만들 수 있는 독서법이다. 기록하지 않으면 진짜 독서가 아니라는 말도 있듯 진정한 독서인이라면 기록 독서 습관을 들이자.

10

병렬식 독서법과 장단점

병렬식 독서법이란 같은 주제 혹은 다른 분야의 책을 여러 권을 선별하여 동시에 읽는 것을 말한다. 한 권을 끝까지 읽는 것이 아니라 여러 권을 놓고 옮겨 다니며 동시에 읽는 독서법이다. 병렬식 독서법은 책을 조금 더 수월하게 보면서 여러 분야를 더 깊게 알 수 있는 일석이조一石二鳥의 독서법이다. 여러 종류의 책을 짧은 시간 안에 섭렵하므로 다양한 지식을 빠르게 쌓을 수 있다. 경쟁력 있는 사람으로 자신을 변화시키고 싶은 사람은 병렬식 독서를 해보자.

서로 다른 장르의 여러 권을 동시에 읽는 독서법이다

　병렬식 독서는 한 권에 매달리지 않고 동시에 여러 권을 병행하면서 읽는 독서법이다. 문학과 비문학 경영학 예술 등을 전혀 공통점이 없는 책들을 펼쳐놓고 동시에 읽는다. 이렇게 공통점이 없는 책을 함께 읽는 것이 뇌의 자극을 더 활성화한다. 병렬식 독서는 처음부터 끝까지 꼼꼼히 읽는 독서법이 아니다. 읽으면서 가벼운 내용을 쉽게 지나쳐도 무방하다. 곳곳에 책을 배치해 두고 시간 날 때마다 책을 읽으면 된다. 여러 종류의 책을 짧은 시간 안에 섭렵하므로 다양한 지식을 빠르게 쌓을 수 있는 독서법이다.

　나는 거실과 침실, 화장실, 식탁 등에 여러 권의 책을 놓아두고 어느 때든 책을 눈에 띄게 만들어 자연스럽게 책을 읽으려고 노력한다. 또한 출퇴근 가방 속에도 늘 몇 권의 책을 넣고 다닌다. 이렇게 동시다발로 책을 읽으면 누구도 넘볼 수 없는 경쟁력 있는 사람이 된다. 병렬식 독서는 다양한 책을 골고루 읽을 수 있고 지식과 정보를 빠르게 쌓을 수 있어 남과 차별화된 삶을 살 수 있음이 장점이다. 또한 서로 다른 장르의 책을 동시에 섭렵하다 보니 서로 어긋나는 부분으로 머리 회전력이 더 활성화되는 효과가 크다.

　병렬식 독서는 최대한 다른 주제의 책을 읽는 방식으로 유익하다. 여러 다른 주제의 책을 읽으므로 생각지 못했던 색다른 아이디어들을 도출할 수 있다. 병렬식 독서의 아이디어가 샘솟는 이유는 서로 연결고리가 없는 어긋나는 독서를 하므로 뇌를 엄청나게 자극하기 때문이다. 여러 장르의 책을 읽는 효과로 다양한 부위의 뇌를 비약적으로 활성화할 수 있는 독서법이다. 병렬식 독서는 선택한 책을 자신에게 필요한 부분만 선별해서 읽으므로 시간을 절약할 수 있다.

한 권의 책에는 한 가지 주제에 대한 지식이 축적해 있다. 주제들을 다루고 있는 책을 세 권에서 네 권 정도를 읽으면 서로 보완이 돼서 거의 완벽한 지식을 얻는다. 나는 평소 병렬식 독서법으로 지식과 정보를 쌓아가고 있다. 병렬식 독서로 삶에 필요한 다양한 정보를 많이 얻을 수 있다. 여러 권의 책을 병렬식으로 읽으면 늘 일정한 수준으로 열정과 집중력을 유지할 수 있는 장점이 있다. 다양한 장르의 여러 권을 동시에 읽으므로 누구와 대화해도 풍부한 표현력으로 주목받을 수 있다.

빠르고 넓게 읽는 병렬식 독서법

지금과 같이 매일 새로운 정보가 쏟아지고 있는 상황에서 정보를 선별하여 더 나은 정보로 재구성하기 위해서는 병렬식 독서법이 필요하다. 상황을 그대로 받아들이지 않고 합리적인 방법으로 통찰력을 기르는 방법이기 때문이다. 여러 권을 동시에 읽으면 집중력이 떨어질 거라는 생각을 할 수 있다. 하지만 오히려 병행해서 읽으므로 각각 읽는 책의 취지를 파악해야 하므로 집중력이 더 높아진다. 남과 차별화된 삶을 살기 위해서는 책 또한 남과 다르게 읽어야 한다. 병렬식 독서법은 평범함에서 벗어나는 특별한 사람으로 만들어준다.

병렬식 독서법은 어떻게 노력하고 훈련하느냐에 따라 자기 머리를 생산적으로 활용할 수 있다. 폭넓은 장르의 책을 동시에 읽어나가면서 서로 다른 정보와 지식을 분석하여 통합하다 보면 머리 회전이 빠를 수밖에 없다. 남의 것을 그대로 가져오는 것은 창조가 아니다. 가져와서 창조적인 과정을 통해 자기만의 창조물을 만들어야 한다. 빠르고 넓게 병렬식 독서법으로 책을 읽으면 사고가 정리되고 생산적인 사람으로 발전한다. 이런 사람과 가까이하고 싶은 생각이 들 정도로 주위 사람도 더불어 성장한다.

책을 많이 읽으면 균형감각을 가진 사람이 된다. 상대방과 이야기해보면 그 사람이 책을 읽는 사람인지 아닌지 금방 알 수 있다. 일상적인 대화에서도 상대방의 사고방식이나 교양 등이 드러나기 때문이다. 특히 경영자들이 병렬식 독서법으로 책을 읽으면 유연한 사고나 냉철한 판단력도 기를 수 있다. 폭넓은 독서로 필요한 아이디어가 쉽게 떠오르기 때문이다. 병렬식 독서법으로 다양한 책을 섭렵하면 누구를 만나든지 당당할 수 있다. 이런 사람은 주위에 사람들이 자연스럽게 많이 늘어난다. 책을 많이 읽는 사람은 어디서나 돋보이기 때문이다.

풍요로운 인생을 살려면 폭넓은 지식을 쌓아야 한다. 나는 항상 남들과 다른 삶을 살고 싶다는 욕망이 있었다. 끊임없이 나를 자극하고 독서로 나를 채웠다. 독서를 많이 하는 것만으로 남들과 차별화 시킬 수 있다. 책을 읽는다고 누구나 하루아침에 변화무쌍한 일이 벌어지진 않지만 분명한 목표를 세우고 꾸준히 읽어나가면 언젠가는 남들과 다른 멋진 삶을 살 것이다. 병렬식 독서는 폭넓은 분야를 빠르게 읽기에 한층 꿈을 앞당겨 줄 것이다.

지식의 폭을 넓히는 독서이다

병렬식 독서법은 책을 많이 읽는 사람들이 많이 사용하는 독서법이다. 병렬식 독서법으로 능동적으로 자기 삶을 개척해 나가는 사람으로 성장할 수 있다. 다만 소설을 병렬식으로 읽기에는 연결이 안 돼서 다소 아쉬운 부분이 있다. 아무리 바쁜 세상이라 해도 자신의 가치를 높이기 위해 책을 읽어야 한다. 독서가 인생을 얼마나 풍요롭게 하는지 누구보다 잘 알기 때문이다. 여러 권을 동시에 읽기에 병렬식 독서는 지식의 깊이보다는 폭을 넓히는 독서라고 할 수 있다.

병렬식 독서법으로 책을 읽으면 서로 다른 정보를 조합해 나갈 수 있는 독서법으로 경쟁력 있는 사람이 될 수 있다. 지식과 정보를 쌓고 남과 차별화된 전략으로 삶을 살고 싶은 사람에게 어울리는 독서법이다. 지금 한 권을 읽고 있다고 해서 다른 책을 읽으면 안 된다는 편견을 버려야 하는 것이 병렬식 독서다. 다른 장르의 책들을 적극적으로 넘나들며 읽는 독서로 삶을 빠르게 변화시킬 수 있는 독서 방법이다. 정보화 시대에 다양한 지식과 정보 습득으로 지식의 폭을 넓힐 수 있는 독서법이다.

너무 바빠서 도저히 시간을 내서 책을 읽을 수 없다는 사람에게 병렬식 독서가 적합하다. 여러 권을 배분해서 읽어나갈 수 있기 때문이다. 병렬식 독서법으로 처음 책을 읽을 때 너무 어려운 책을 고르면 안 된다. 갑자기 어려운 책을 읽으려면 읽다가 포기하기 쉽다. 처음에는 가벼운 책부터 시작해서 읽는 것에 익숙해지면 서서히 단계를 올려서 자신이 읽고 싶은 분야의 책을 읽으면 된다. 병렬식 독서는 매일 각기 다른 분야의 책을 골고루 읽음으로써 지식의 폭을 넓히는 독서이다.

　병렬식 독서는 다양한 장르의 책을 한꺼번에 읽기에 정보를 판단하고 재구성하는 힘을 키우는 독서법이다. 다양한 책을 넓게 읽어야 뇌 전체에 자극을 주고 기능을 향상할 수 있다. 예측하기 어려운 상황에도 지혜롭게 대처할 수 있는 능력도 길러진다. 한마디로 병렬식 독서를 익히고 실천하면 다양한 지식과 정보를 조합해 획기적인 아이디어를 창출해낼 수 있다. 병렬식 독서는 아이디어를 발전시키고 지식의 폭을 넓힐 수 있는 가장 좋은 독서 방법이다.

11

질문독서법의
장단점

　미래사회는 질문하는 힘이 가장 중요하다. 질문을 어떻게 하느냐에 따라 그에 따른 답도 달라지기 때문이다. 책을 읽기 전에 기본적으로 질문을 하고 읽게 되면 프리즘이 그 답을 비추고 있는 것처럼 효율적으로 독서를 할 수 있다. 질문독서법은 분석력과 건설적으로 비판적 사고력 등을 짧은 기간 안에 기를 수 있는 탁월한 독서법이다. 단순히 눈으로만 읽는 독서가 아닌 질문과 답을 통해서 내 안에 잠자고 있는 잠재 능력을 깨워줄 새로운 독서법이다.

질문하면서 읽는 독서로 스스로 답을 찾는다

　위대한 사람들은 위대한 질문을 통해 많은 사람을 배움의 길로 이끌었다.

그만큼 질문의 힘은 막강하다. 유능한 질문에는 상대방의 유능한 경험과 지혜를 끌어내는 힘이 있으며 잠재 능력을 깨워주는 역할을 한다. 유대인의 교육 방법의 하나인 하브루타Havruta 교육은 끊임없이 질문하여 생각하게 하는 교육법이다. 책을 읽으면서 내 삶에 어떻게 적용할까를 매번 질문하며 스스로 생각하여 답을 찾아야 한다. 질문독서법은 읽은 내용에 대하여 의문을 품고 스스로 질문하여 답을 찾는 독서 방법이다.

다산茶山은 "독서 기록의 핵심은 끊임없이 의심하는 것이다"라고 했다. 의심은 주의를 기울이고 집중해서 책을 읽을 때 생기는 법이다. 다산은 "아무런 비판 없이 읽는 것은 죽은 독서다"라고 했다. 아무런 질문 없이 맹목적으로 읽는 것은 식견을 넓히는데 아무런 보탬이 안 된다. 질문독서법은 독서의 기본적인 요소이며 새로운 답을 찾을 수 있는 최고의 방법이다. 질문을 해야 답을 구할 수 있다. 질문독서법은 철저하게 자신과 대화하며 내 안의 또 다른 나에게 질문하며 답을 구하는 방법이다.

질문독서법은 독서를 하면서 나라면 어떻게 했을까? 질문하고 의심하면서 스스로 궁금증을 풀어간다. 의문을 가진다는 것은 나의 글이 되었다는 것이다. 머릿속에만 의문을 담아놓으면 안 된다. 잊어버리기 전에 바로 메모지에 질문을 메모해두어야 나중에 답을 구할 수 있다. 지속해서 책을 읽으면서 자신만의 질문법을 던져보면 그 순간 머리로는 생각을 모아서 그 답에 대한 퍼즐을 맞추기 위해 움직이므로 사고력이 향상될 수밖에 없다.

책을 읽을 때 질문하면서 읽어야 오류를 범하지 않는다. 질문이 없으면 답도 없듯이 질문은 새로운 답을 얻기 위한 최상의 방법이다. 책을 읽으면서 질문을 하지 않으면 저자의 논리에 그대로 따라가는 격이 된다. 질문이 생겼다면 그만큼 생각이 커졌다는 증거다. 이해가 안 되거나 저자에게 의문이 생긴 것은 그냥 지나치지 말고 메모하고 저자에게 질문을 던져 답을 구하는 방식을 택해야 한다. 새로운 글들을 읽으면서 질문을 함으로 그것에 대한 방법을 구할 수 있는 법이 질문독서법이다.

질문에 따라 답도 다르다

책을 읽을 때 질문하지 않으면 생각하지 않고 있기에 아무것도 얻을 수가 없다. 효과적인 질문을 통하여 저자가 책으로 전달하고자 하는 의도를 찾고 자기 것으로 만들어야 진정으로 책을 읽었다고 할 수 있다. 수많은 질문독서는 수많은 생각 속에서 답을 구하기에 사고력과 문장력이 좋아질 수밖에 없다. 흩어져 있는 생각들을 모아서 다양한 질문에 답하다 보면 어느새 생각의 폭이 넓어져 사고력이 폭발한다. 독서를 할 때는 적극적으로 질문과 대화를 통해 입체적인 책읽기가 가능하다. 질문독서법으로 인해 어떤 훌륭한 질문을 하느냐에 따라 훌륭한 답을 구할 수 있다.

책에서 어떤 정보를 얻을 수 있을까? 저자의 생각과 내 생각이 무엇이 다른가? 등등 빈 여백이나 양쪽 여백을 이용하여 메모해두면 잊어버리지 않고 날아가는 생각들을 붙잡아 놓을 수 있다. 질문독서법은 처음 책을 펼치면서부터 질문을 하고 들어간다. 제목이나 목차를 보고 내가 궁금한 점은 무엇인가? 질문을 찾아가면서 읽어나가면 목적이 뚜렷해서 원하는 목적을 달성할 수 있다. 저자가 전달하려는 의도를 빨리 찾고 그것을 실행했을 때 자신의 지식으로 완성된다.

생각을 정리해서 답을 해야 하기에 시간이 걸리고 독서를 깊이 있게 하기 위한 사람들에게 적합하다. 질문독서법은 유대인의 하브루타 독서법과도 유사하다. 서로 질문과 답을 찾기 위한 대화와 토론으로 배우고 성장한다. 질문하면서 읽는 독서는 한 권을 읽어도 몇십 권의 책을 읽은 효과를 누릴 수 있다. 생각하면서 책을 읽는 게 중요하다. 시간을 보내기 위해 책을 읽는다는 생각보다 스스로 질문을 하고 답을 찾는 과정에서 질문독서법의 참모습이 나타난다.

질문은 곧바로 생각하게 되고 생각은 책의 요점을 파악하는 데 도움이 된다. 책 속에서 전하는 중요 주제를 스스로 질문하고 답을 적어보자. 읽으면서 핵심 주제를 찾는 것도 좋은 방법이다. 이렇게 단계별로 나가다 보면 저자가 전하고자 하는 의도를 발견할 수 있다. 질문독서법은 질문을 하기 위해서는 몰입해서 독서를 할 수밖에 없다. 생각을 정리하고 질문에 대한 답을 구하기 위해서는 자동으로 집중 독서로 이어진다. 집중 독서는 질문의 수준을 높여준다.

질문독서법으로 자기만의 독서 힘을 키울 수 있다

책을 읽을 때는 관찰하듯 집중해서 읽어야 한다. 깊은 사고와 분석이 요구되기에 질문독서법은 집중해서 한 글자 한 글자 읽어야 한다. 목차를 훑어보고 이 책에서 드러내고자 하는 핵심은 무엇인지 가늠해보고 저자가 주장하는 것과 내 생각이 무엇이 다른지 분석해보고 숙고의 과정을 통해 내 삶에 적용해야 한다. 책을 읽다 보면 자신도 모르는 사이 잠재의식으로 흡수돼 자기 생각이 되는 경우가 있다. 어떤 책이든 읽음과 동시에 무의식에 차곡차곡 쌓인다.

집중해서 하는 독서일수록 저자의 지혜가 내 지혜로 쌓인다. 이렇게 쌓인 지식이 논리와 주장이 상충하고 충돌하면서 새로운 질문들이 만들어진다. 이를 해결하기 위해 또 다른 책을 찾아 읽게 되고 이런 과정을 통해 새로운 지식 세계가 만들어지기도 한다. 의문을 가지고 읽을수록 그것에 대한 답을 찾기 위해 여러 관련 책들을 읽게 되므로 지적자산이 차곡차곡 쌓일 수밖에 없다. 질문독서법은 질문에 대한 답을 구하기 위해 연속적으로 독서 하는 습관을 갖게 해준다.

미래사회에는 가장 질문을 잘하는 사람이 가장 똑똑한 사람이라고 한다. 유대인들은 책을 읽을 때 그대로 받아들이지 않고 질문을 통해 자기 생각을 만들어내고 지혜를 얻는다. 유대인의 교육방식과도 유사한 질문독서법은 머리를 깨어나게 하고 하나의 답을 구하지 않고 여러 개의 답을 도출해 낼 수 있는 독서법이다. 의심하면서 읽는 질문독서법으로 여러 답을 통해 개인적인 체험을 할 기회를 많이 가질 수 있는 독서법이다.

책을 읽고 배웠다면 당연히 질문이 있어야 한다. 그래야만 내 지식으로 옮겨왔다는 증거다. 독서를 해서 변화되고 더욱 성장하는데 독서의 의의가 있다. 질문독서법은 여타의 독서법과는 달리 읽고 질문하고 스스로 답을 구하는 과정에서 자기만의 논점이 생긴다. 질문독서법은 다양한 질문으로 다양한 답을 구할 수 있고 하나의 정답인 것으로 우리를 강요하는 것을 뿌리치고 자신이 가지고 있는 힘을 키운다는 장점이 있다.

12

몰입독서법과 장단점

주위를 의식하지 않고 생각과 목표가 하나로 합일되는 정신 상태를 몰입이라고 한다. 이런 상태로 집중해서 책을 읽는 것을 몰입독서법이라고 한다. 책을 읽는 시간 내내 어떻게 시간이 흘렀는지 모를 정도로 정신적인 모든 역량을 독서에 쏟아 붇는다. 몰입의 최고의 상태를 경험할 수 있다. 몰입 독서를 하다 보면 딴생각하지 않고 저절로 책의 세계에 빠진다. 몰입 독서는 내면의 힘을 끌어낼 수 있는 최고의 독서법이다.

인생은 몰입 독서 한 만큼 성장한다

몰입독서법을 제대로 활용하면 자기 내면의 힘을 최고로 발휘할 수 있다.

몰입해서 책을 읽으면 속도감이나 이해력에서 능력이 배가된다. 몰입 독서를 하다 보면 완전히 책의 세상에 빠져들어 독서로 놀라운 변화를 일으킬 수 있다. 몰입 독서를 습관으로 만들기 위해서는 다양한 종류의 책을 통해 좋아하는 분야를 읽는 게 좋다. 책을 읽을 때는 주위에 무슨 일이 일어나던지 신경을 쓰지 말고 책에 온전히 집중해서 읽는 습관을 들여야 한다. 몰입 독서는 몰입해서 읽은 만큼 성장한다.

몰입 독서는 특별한 사람이나 책을 좋아하는 사람들이나 하는 거로 생각할 수 있다. 평범한 사람일수록 더욱 몰입 독서를 해야 한다. 몰입 독서를 통해 평범한 사람에서 비범한 인생으로 탈바꿈해야 한다. 몰입 독서로 새로운 꿈을 꾸고 이룰 수 있다. 몰입 독서를 통해 그저 살아가지는 대로 사는 게 아니라 삶을 주도적으로 살 수 있다. 몰입 독서를 하는 것은 비범해지는 것은 물론 자신만의 강력한 무기가 될 수도 있다. 몰입 독서로 새롭게 꿈을 설계해 보자.

주변에 책을 읽어도 변화되지 않는 것은 대체로 취미 독서를 하기 때문이다. 취미 독서는 졸리면 바로 자고 무슨 일이 생기면 독서 하는 것도 잊어버린다. 하지만 몰입 독서는 무슨 일이 생겨도 오로지 책에 몰입하는 시간을 잊지 않는다. 몰입 독서는 간절한 그 무엇이 있어야 한다. 삶의 위기는 오히려 몰입 독서를 하게끔 만드는 계기가 된다. 몰입 독서로 삶을 변화시키고 어려운 상황을 돌파하겠다는 마음으로 몰입 독서 해야 한다.

몰입 독서는 독서의 힘을 길러준다. 따라서 읽기 어렵거나 이해되지 못했던 책에 대해서도 새로운 안목과 시야가 생기면서 충분히 읽을 수 있는 욕구가 생긴다. 몰입 독서로 책 한 권을 읽고 나면 읽기 전 모습이 아니다. 몰입 독서 후 더욱 멋지게 성장할 자신의 모습을 그려보자. 몰입 독서를 하겠다고 마음먹었다면 시간을 정해놓고 무슨 일이 있어도 그 시간에 몰입 독서 상태로 진입해야 한다. 몰입 독서를 실천한다면 놀라운 잠재 능력을 끄집어낼 수 있다.

하루 30분 이상 시간을 정해서 몰입 독서 해야 한다

평범한 생활에서 특별한 무기가 없다면 직장생활은 더욱 무의미하고 지루하다. 이런 평범한 직장인일수록 몰입 독서를 통해 비범함으로 올라서야 한다. 몰입 독서를 하다보면 사소한 일에 신경 쓰이지 않고 마음이 한결 평온해진다. 몰입 독서는 일희일비—喜—悲하지 않는 감정 상태를 유지하게 한다. 다만 이런 상태를 경험하기 위해서는 하루에 시간을 정해놓고 무슨 일이 있어도 몰입상태로 들어가야 한다. 자신이 가장 실천하기 좋은 시간에 최소 30분 이상을 몰입 독서 해야 한다.

하루에 몰입 독서 30분이 위대하게 만드는 구심점 역할을 한다고 생각하고 의식을 치르듯이 집중해서 해야 한다. 몰입 독서는 무슨 일이 있어도 하루도 빠짐없이 실천하는 것이 원칙이다. 밥을 먹지 못할지언정 몰입 독서는 해야겠다는 각오로 실천해야 한다. 짧다면 짧은 몰입 30분이 주도적인 삶을 살 수 있는 원동력이 되며 비범한 삶을 살 수 있게 해주는 요인이 된다. 하늘이 두 쪽이 나도 몰입 독서를 실천한다면 그 하루하루가 모여서 큰 변화를 일으킨다.

단 한 번으로는 역사가 일어나지 않는다. 작은 행동들이 모여서 폭발이 일어나는 것이다. 따라서 하루 30분을 우습게 여기면 안 된다. 낙숫물이 바위 뚫듯이 매일 매일 하는 행동들이 모여서 큰 변화를 가져온다. 이렇게 하루에 30분을 투자하면 일주일에 4권 정도는 가볍게 책을 읽을 수 있다. 나는 새벽 시간대에 30분 정도 몰입 독서를 한다. 출근하기 전에 몰입 독서는 하루를 기분 좋게 열어준다. 몰입 독서는 삶을 바꾸고 진정한 삶의 주인이 되는 비결이다.

몰입 독서를 할 수만 있으면 장시간 할수록 좋겠지만 현대인들은 누구나 바쁘다고 아우성친다. 그렇기에 무조건 시간을 정해놓고 몰입 독서를 실천해야 한다. 하루 30분 정도만 몰입상태에 책을 읽어도 삶은 눈에 띄게 변화한다. 우리 몸은 배움을 멈춰 버리면 온 세포가 죽음을 재촉하는 요소가 있다고 한다. 하루 30분을 몰입 독서에 투자해서 정신건강이 좋아진다. 지금 당장 실천해보자. 30분 몰입 독서로 나만의 무기를 만들어보자.

몰입 세계는 정신이 하나로 집중된 상태다

몰입 독서를 한다는 것은 나만의 세계로 들어간다는 의미다. 대중교통을 이용하다가 정거장을 지나쳐버린 경험이 있다. 몰입 독서하고 난 후 기분은 그 무엇에 비할 바 없는 뿌듯함이다. 내려야 할 역을 몇 정거장 지나쳤어도 기분이 안 나쁜 이유가 몰입 독서 후 밀려오는 성취감 때문이다. 몰입 독서로 내려야 할 역을 지나칠 정도의 상태라면 성장 가능성이 있는 사람이다.

조선시대에는 책읽기를 좋아하는 선비들이 종종 몰입하여 책을 읽은 일화가 있다. 비가 와서 마당에 널어놓은 보리쌀이 다 떠내려갔다는 이야기도 있을 정도로 몰입 독서는 천둥이 치고 비바람이 불어도 알아차리지 못할 정도로 집중한 상태이다. 위대한 사람들이 한결같이 공통으로 했던 독서법이 몰입독서법이다. 몰입상태에서는 불이 나고 심지어 난리가 나도 의식하지 못한 상태다. 내가 몰입상태를 경험한 것은 몽실 언니를 읽고 길을 가다가 너무 몰입한 나머지 전봇대에 부딪힌 일이 기억난다. 밖에서의 몰입 독서는 위험하기도 하니 반드시 도서관이나 건물 안에서 몰입 독서 하기 바란다.

몰입한 나머지 위험한 일도 발생할 수 있겠지만 독서 고수라면 누구나 한 번쯤은 이런 몰입상태를 경험하고픈 생각일 것이다. 이런 상태로 독서를 한다면 세상에서 이루지 못한 일이 무엇일까 봐 스스로 질문해본다. 세상 난리가 일어나도 독서에 몰입할 수 있다는 것은 몰입경지가 일반인들하고는 비교도 안 될 정도의 의식 상태이다. 몰입 독서를 하게 되면 책 세계에 빠져들어 자신을 잊어버리게 된다. 몰입되면 정신이 하나로 집중상태이기 때문에 시간의 흐름을 의식하지 못하고 고도의 집중력을 발휘하여 놀라운 속도와 이해력이 생긴다.

몰입 독서는 자기 능력을 최고로 꺼낼 수 있는 독서 방법이다. 몰입 독서를 실천하는 사람은 분명 어제와 다른 오늘을 살게 될 것이다. 현실에 안주하지 않고 변화하며 도전하고 발전할 것이다. 몰입 독서는 굳은 의지로 변화하고자 결심하고 실현한다면 새로운 삶을 선물해줄 것이다. 몰입 독서를 매일매일 단 30분이라도 실천한다면 뭐든 두려움 없는 마음가짐을 소유할 수 있다. 새로운 인생을 준비할 사람이라면 몰입독서법으로 제2의 삶을 계획해 보자.

13

묵독독서법과 장단점

　묵독은 혼자 조용히 눈으로만 읽으며 내면을 바라보고 확장할 수 있는 독서법이다. 전혀 소리 내지 않고 속으로 읽는 독서 방법이다. 한마디로 입을 다물고 눈으로만 흐르듯이 읽는다. 묵독은 주변이 소란스러워도 책을 읽고자 마음만 내면 얼마든지 읽을 수 있다. 도서관이나 여러 사람이 있는 곳에서도 읽을 수 있는 독서법이다. 주변에 민폐를 끼치지 않고 읽을 수 있어 일반적으로 많은 사람이 선호하는 독서법이다. 눈으로 글자를 따라가듯이 빠르게 읽을 수 있어 가장 보편적으로 통용되는 독서법이기도 하다.

장소에 구애받지 않고 읽으려면 묵독默讀이 답이다

오래전에 독서는 낭독으로 소리를 내서 읽는 것이 일반적인 독서였다. 지금은 책을 읽는 것은 당연히 소리 내 읽지 않는 것으로 여겼는데 중세 전에는 묵독하면 오히려 음흉한 사람 취급했다고 한다. 조선시대만 해도 천자문을 소리 높여 외우던 시대였다. 지금은 집에서나 소리 내 읽을지 몰라도 묵독을 선호하는 편이다. 묵독은 책만 손에 쥐어져 있다면 장소를 구분하지 않고 얼마든지 독서 희열에 심취할 수 있다. 오히려 묵독으로 많은 양의 책을 빠르게 읽기에 적합한 독서 방법이다.

묵독의 좋은 점은 주변에 손해를 끼치지 않고 사람이 많은 출퇴근길에서도 책을 읽을 수 있다는 것이다. 빠르게 눈으로 훑어 읽을 수 있고 장소 구애를 전혀 받지 않는다. 화장실에서 묵독으로 읽는 묘미는 잠깐이라도 확실하게 몰입되는 느낌이 크다. 다만 눈으로 빠르게 읽기 때문에 기억에 오래 남지 않고 습관적으로 스치듯 읽어나가는 단점이 있다. 하지만 단점보다는 장점이 훨씬 많은 독서법으로 일반 독서인들이 가장 선호하는 독서법이기도 하다.

묵독은 생각하면서 눈으로 읽기 때문에 생각을 깊이 할 수 있다. 묵독은 생각을 자유롭게 할 수 있으니 비판적인 독서가 가능하다. 독서는 생각하는 힘을 키우는 방법의 하나다. 지금 사람들은 몇몇 읽는 사람을 제외하고는 출퇴근 시 스마트폰을 들여다보기 일쑤다. 종이책을 들고 읽는 모습을 보면 천연기념물을 보는 것처럼 신기하게 쳐다보는 사람들도 있다. 그 정도로 지금 손에 책을 들고 읽는 사람들이 사라졌다는 증거다. 하지만 남들과 다른 1%가 그 사람의 성공의 비밀 무기가 될 수도 있는 세상이기에 남들의 눈을 의식하지 말고 종이책을 들고 묵묵히 묵독하자.

대부분 사람이 신문이나 책을 읽을 때 묵독으로 읽는다. 속독하기 위해서는 무조건 묵독해야 한다. 다양한 종류의 책을 눈으로 빠르게 흐름으로 읽을 수 있기 때문이다. 묵독은 책을 펼쳐 들고 읽어도 생각은 다른 곳으로 빠져서 눈으로만 읽는 잘못에 빠질 수 있다. 어쩔 수 없이 불편한 자리에 나갈 때는 책 한 권을 들고 나가서 책에 눈을 꽂고 읽는 척하면서 귀로는 상황 파악하는 모습으로 묵독 만 한 것도 없었다. 이처럼 묵독독서법은 여러모로 상황에 따라 이용하기 좋은 독서법이다.

묵독默讀은 상상력에 날개를 단다

묵독은 책을 읽으면서 머릿속에서 상상의 나래를 마음껏 펼칠 수 있다. 독서라고 생각하면 흔히 조용하고 한적한 곳에서 홀로 책을 펼쳐 눈으로 읽는 것을 말한다. 오히려 낭독하면 시선을 불러들이고 진중한 독서로 보지 않는 경향도 있다. 그 정도로 모든 사람이 묵독을 일반적으로 사용하는 독서법이다. 이런 보편적인 독서법이 기원전에는 묵독으로 책을 읽는 사람을 음흉하다고까지 했다고 한다. 눈으로는 책을 읽으면서 생각으로는 마음껏 글의 상황을 상상하며 읽는 독서법이 묵독이다.

묵독 독서로 소설이나 학술서적 같은 책은 반드시 묵독해야 한다. 깊이 있는 책을 읽어야 할 때는 묵독이 효과적이다. 소리를 내지 않는 독서라고 해서 모든 것이 묵독인 것은 아니다. 눈으로만 읽는 것 같아도 사실은 무의식적 속으로 발음할 때가 많기 때문이다. 우리가 어릴 때는 음독을 했지만 오랜 시간 독서를 하면 자연스럽게 묵독으로 읽게 된다. 책을 읽는 방법으로 이해력이나 속도 면에서 묵독이 적합하다. 다양한 많은 책을 많이 읽어야 하거나 학습적인 면에서도 묵독독서법이 효과가 크다.

성공한 사람들의 공통점은 머리가 좋아서도 아니요, 우수한 성적도 아니다. 그들의 공통점은 다량의 독서다. 누구나 성공하기를 원하고 특별한 존재이기를 소망한다. 사람들이 붐비는 출퇴근길에도 책을 들고 읽어야 하는 이유다. 남들이 모두 스마트폰을 들여다보고 있어도 책을 들고 읽어야 한다. 책을 읽는 모습들이 많아질 때 우리에게 희망이 보인다. 책을 읽지 않고 살아가는 사람은 온전한 삶을 살 수 없다고까지 책에서 말했다. 묵독으로 책을 많이 읽으면 상상력이 풍부하여 나중에 소설을 쓸 수도 있다.

책을 읽지 않고 성공한 자는 모래 위에 지은 성과 같다. 세상을 이끄는 1%가 되고 싶거든 묵독으로 책을 읽는 힘을 기르자. 책을 읽는 모습은 그 어떤 모습보다도 멋진 모습이다. 지적탐구 욕망으로 열심히 책을 읽는 모습은 넘보지 못할 성역이다. 언제 어디서나 손에 책을 들고 조용히 묵독하는 모습은 누가 봐도 힘이 느껴지는 모습이다. 주변 상황이나 환경조건 없이 읽을 수 있는 독서법인 묵독으로 하루하루 책 읽는 묘미에 빠져 상상의 나래를 펼쳐보자. 상상하면 이루어진다는 말도 있지 않은가?

묵독은 많은 양의 독서를 할 때 효과적이다

소리 내서 읽는 음독은 집중이 되지만 눈으로만 읽는 묵독은 순간에 잡념도 들고 내용을 놓치는 수도 있다. 묵독은 눈으로만 읽다 보니 빠르게 읽을 수 있어 하루에 마음만 먹으면 두세 권도 읽을 수 있다. 책을 읽고자 마음만 먹으면 그저 책을 펼치고 글자를 따라가기만 하면 된다. 묵독독서법도 가볍게 읽는 독서법이 있는가 하면 깊이 있게 읽는 학습 독서법도 있기에 상황에 따라 묵독독서법을 선별해서 읽어야 한다.

묵독의 장점이 빠르게 읽는 방법으로 여러 권을 빨리 읽어서 좋은 책을 선별하여 반복해서 읽는 방법도 추천한다. 독서법은 다양하지만 100% 완벽한 독서법은 없다. 그러므로 좋은 점을 선취해서 자신의 독서 방법에 적용해 보는 것도 좋을 것 같다. 독서는 언제 어디서나 할 수 있는 것으로 인식해야 한다면 묵독이 답이다. 점심시간이나 대중교통 이용 시, 이 짧은 시간에 하는 묵독 독서가 높은 몰입감을 발휘한다. 어디서나 실천할 수 있기에 많은 책을 읽을 수 있음이 묵독의 좋은 점이다.

현대인들은 한결같이 바쁘다. 내가 나를 봐도 얼마나 바쁜지 모른다. 스마트폰을 보지 않더라도 시간이 빛의 속도로 내달리는 느낌이다. 모르는 것을 검색해서 알고자 할 때 스마트폰은 우리에게 없어서는 안 될 필요한 도구임이 틀림없다. 다만 바쁜 시간 속에서도 일부러 시간을 내서 반드시 책을 읽어야 한다는 사실이 중요하다.

묵독은 시끄러운 시장통에서도 읽을 수 있는 독서법이다. 읽고자 마음만 낸다면 얼마든지 독서 희열에 취할 수 있는 독서법이 묵독독서법이다. 묵언

수행처럼 묵독독서법을 이용하여 책 읽는 맛에 한 번 빠져보자. 묵독으로 자투리 시간을 활용하면 시간이 지나고 나면 읽었던 책들이 놀랄 만큼 많이 쌓일 것이다. 묵독을 잘 이용하여 독서의 이로움을 누리고 인생이 변화되는 경험을 할 수도 있다. 언제 어디서든 묵독독서법에 취해 책 읽는 즐거움에 심취해보자. 묵독은 눈으로 빠르게 읽으므로 많은 양의 독서를 할 수 있는 독서법이다.

PART 4
—
독서의 고수가 되는 법

책은 학자나 지식인만 읽는 게 아니다.
아무 상관이 없을지라도 책을 읽어야 한다.
인생에 변화를 일으키기 위한 임계치를 넘어서기 위해
꾸준하게 책을 읽자.

01

정리,
내가 읽을 책의 목록을 작성한다

책을 꾸준히 잘 읽기 위해서 독서목록을 작성하고 읽으면 읽는 능률이 배가 된다. 자신이 읽은 책을 목록으로 작성할 수도 있고 앞으로 읽어야 할 책을 목록으로 작성하여 계획성 있는 독서를 할 수도 있다. 닥치는 대로 읽는 것보다는 목적에 관련한 책을 독서목록으로 작성해 놓고 읽으면 나중에 자신만의 독서 성향을 알 수 있다. 무작정 손에 잡히는 대로 읽는 것보다 독서목록을 만들어 산을 정복하듯 하나씩 정복해가는 방법도 읽는 희열이 크다.

독서목록을 작성하여 읽으면 꾸준한 독서가 가능하다

독서목록을 작성하고 책을 읽으면 그냥 읽을 때 보다 훨씬 깊이 있는 독서를 할 수 있다. 책을 꾸준히 읽을 수 있고 읽는 권수도 눈에 보이게 늘어난다. 독서목록은 자신이 읽을 책의 권수를 알 수 있고 어떤 성향의 책을 좋아하는지도 한눈에 볼 수 있다. 그냥 계획성 없이 읽는 독서보다 독서목록을 작성하여 계획성 있는 독서로 한층 더 독서 습관을 들이기가 쉽다. 자신이 좋아하는 종류의 책을 열 권내지 스무 권씩 기록해서 한 권씩 읽는 묘미는 높은 산을 한 고지씩 넘은 것처럼 희열이 느껴진다.

독서목록은 책을 꾸준히 읽을 수 있는 원동력이 되기도 한다. 일단 독서목록을 기록해놓으면 읽지 않으면 뭔가 해야 할 일을 마무리하지 않은 것처럼 기분이 개운치가 않다. 어쩔 수 없이라도 숙제처럼 한 권씩 읽어나가다 보면 나중에는 읽는 습관이 저절로 자리 잡게 된다. 독서목록을 만들어 놓고 책을 읽는 경우 흐름이 끊기지 않고 자연스럽게 계속해서 읽게 되는 경우가 많다. 처음에는 읽고 싶은 주제를 검색해서 목록을 작성하는 게 좋다. 꾸준한 독서 습관을 들이기 위해서 독서목록을 작성하는 것이 꼭 필요하다.

독서목록 기록은 감동이 있는 책은 재독再讀 하거나 다른 사람에게 추천할 책을 고르기도 쉽다. 세상에 가장 놀랍고 훌륭한 것이 책이라는 말도 있듯이 많은 책을 읽기 위해서 여러 방법을 적용해봐야 한다. 효과적으로 읽기 위해서는 어떤 독서법이 좋은지 어떻게 하면 더 능률적으로 책을 읽어야 하는지 숙고할 필요가 있다. 일단 자신이 좋아하는 분야 열 권 정도를 선별해서 목록을 만들어보자. 독서목록은 책을 읽게끔 자극을 주는 역할을 한다. 자극이 반복되면서 삶에도 변화가 일어난다.

독서목록을 작성하고 꾸준히 읽은 후 변화된 자기 모습을 그려보면 흐뭇한 미소가 나올 것이다. 독서목록을 작성하면 시간이 걸려 많이 못 읽을 것 같지만 실상 그렇지 않다. 독서목록을 통해 독서의 맛을 들여다보면 독서를 더 재밌게 할 수 있기 때문이다. 독서목록은 자신만의 독서 흔적을 남기는 거나 다름없다. 읽어야 할 책도 목록으로 만들어서 읽으면 좋지만 읽은 책도 기록해놓으면 나중에 펼쳐봐도 자신의 지적 산성을 쌓아 놓은 것처럼 기분 좋음을 느낄 수 있다.

독서목록을 정리하고 읽으면 집중 독서가 가능하다

목록을 만드는 것만으로 이미 새로운 사람으로 거듭난 것처럼 책 읽을 기대에 가슴이 부흥한다. 또한 기록은 일상에 작은 취미도 될 수 있다. 독서목록은 독서 습관을 자리 잡는 기본이 되는 행동이다. 독서목록을 정리해 놓으면 꼭 해야만 할 것 같은 심리요인이 작용한다. 그래서 책 좀 읽는다는 사람들은 독서목록을 꼭 기록하는 것을 습관화한다. 나도 처음에는 닥치는 대로 읽었지만, 독서의 감흥이 일고부터 자동으로 내가 읽고 싶은 책들을 쭉 기록해놓고 한 권씩 읽어나가는 버릇이 생겼다.

목록을 정리해 놓지 않으면 우리의 기억력은 쉽게 먼지처럼 날아가 버린다. 기억력이 탁월하지 않다면 독서목록을 작성하고 쉬지 말고 책을 읽자. 앞으로의 인생을 어떻게 살까 고민하기 전에 읽어야 할 독서목록을 정해놓고 치열하게 책을 읽자. 관심 분야의 독서를 10권 뽑아서 읽다 보면 내용이 비슷하거나 겹치는 부분이 상당히 많다. 중복되는 부분은 건너뛰고 새로운 부분만 읽어도 머릿속에 이미 바탕 그림이 그려지기에 이해가 빠르고 쉽게 읽힌다.

독서 초입은 흥미로움을 유발하는 책을 선택해서 한 권 한 권 정복하는 기분을 맛보면 독서의 희열을 느낄 수 있다. 좋아하는 작가의 책을 전부 목록으로 만들어서 읽어나가도 좋은 방법이다. 이렇게 읽다 보면 시간 가는 줄 모르게 책의 묘미에 빠질 수 있다. 자신의 부족함에 절망하지 말고 그 시간에 읽을 책을 독서목록으로 정리해 놓고 읽어보자. 무언가 해냈을 때 자존감이 높이 상승한다. 독서목록을 만들어 놓은 책은 무슨 일이 있어도 독파하는 집중력을 발휘해 보자.

현실에 불평불만 하기 전에 지금 당장 독서목록을 만들어 놓고 자기 삶을 더 좋은 방향으로 이끌어 나가기 위해서라도 책을 읽어야 한다. 독서목록을 기록하지 않으면 날아가는 것이 기억이다. 독서목록은 읽어야 할 책과 읽은 책을 잊지 않게 해주는 교두보 역할을 한다. 중요한 것은 목표를 정한 리스트를 꼭 읽어내는 것이 중요하다. 시간을 집중해서 읽음으로써 정신을 한곳으로 몰입하면 읽는 능률도 오르지만, 독서가 습관이 되는 장점도 자동으로 따라온다. 독서목록을 작성하여 계획적으로 읽으면 집중과 몰입상태에서 독서 능률이 배가 된다.

나침반 역할을 하는 독서목록

무슨 일이든 만만하다고 생각되면 쉽게 도전하게 된다. 독서목록을 작성하는 것을 하찮은 것으로 생각할 수도 있겠지만 이 작은 행동이 독서로 눈부신 삶을 살 수 있는 기회가 될 수도 있다. 독서를 해야 하는 이유는 우리가 수없이 읽고 들었다. 독서를 해야 인간답게 살 수 있지만 읽지 않는 사람도 태반이다. 선택은 각자 스스로 해야 한다. 그냥 되는 대로 쉬운 삶을 살 것인가? 책을 읽고 나침판 삼아 훌륭한 삶을 살 것인가? 스스로 결정해야 한다. 독서목록을 작성하여 시작하는 독서가 자신의 삶을 스스로 개척하는 작은 기회가 될 수도 있다.

자신이 하는 행위에 스스로 가치를 발견하지 못하면 그것을 통해 원하는 목표를 달성할 가능성도 작아진다. 책 읽기도 이와 같다. 읽는 이유가 확실하고 머릿속에 늘 각인하고 알아차림 해야 독서가 일상이 되고 창조력으로 꽃피울 수 있다. 책읽기가 쉬운 것도 아니지만 그렇다고 어려운 것만도 아니다. 어느 정도 권수를 채워서 읽다 보면 독서물이 자동으로 올라와서 독서가 즐거움이 된다. 책을 들여다볼 때가 세상 가장 행복한 시간이 되기도 한다. 그런 날을 대비해서 독서목록을 작성하여 꾸준한 책읽기를 실천해야 한다.

세세하게 정리된 독서목록은 자신의 독서지도가 된다. 어떤 종류의 책을 읽었는지 그 당시에 어떤 문제가 있어서 관련된 책을 읽은 건지 독서 기록 목록만 보고도 그 당시 상황을 재현하기도 한다. 독서목록은 자신의 지적 자산 목록이나 다름없다. 목록을 보고 독서 성향을 반추해 보는 것도 가능하다. 단순한 행위 같지만, 독서 습관을 들이기에 가장 초입 단계에 기본적으로 해야 할 리스트다. 같은 형태로 목록을 작성하면 한눈에 들어오는 자료집이 되기도 한다.

자신이 어떤 책을 읽었는지 매달 아니면 분기별로 목록 작성을 만들어보자. 나중에 목표량에 얼마나 도달했는지 확인할 때 상당히 쌓인 독서로 인해 독서에 가속도가 붙기도 한다. 읽은 권수에 번호를 붙이기도 하고 자신이 표시하고픈 구성으로 꾸며보는 것도 좋다. 독서목록은 책을 어떻게 읽어야 하는지 나침반 역할을 확실하게 해주는 기본적인 실천이다. 반드시 독서목록을 정리해 놓고 독서를 함으로써 책이 주는 즐거움에 빠져보자.

02

재독(再讀),
울림이 있는 책은 다시 읽는다

느낌이 좋은 사람은 자주 보고 싶은 게 인지상정人之常情이다. 책 또한 읽었을 때 울림이 있는 책은 반드시 다시 읽을 것을 권한다. 재독은 이미 읽었던 책을 다시 읽는 것으로 반복 독서라고도 한다. 반복 독서는 처음에 읽었을 때 보이지 않던 부분까지 다시 뽑아서 건질 수 있다. 재독은 한 가지만 보는 게 아니라 다양한 관점으로 생각하고 바라볼 수 있다. 어떤 사람도 같은 책을 두 번 읽었다고 말할 수 없다는 말처럼 반복 독서는 모든 상황이 처음 읽을 때와 달라졌으므로 똑같은 책이라도 다시 읽는 느낌은 전혀 다른 책을 읽은 거와 같다. 읽었을 때 울림이 있기에 다시 읽는 것만으로 새로운 미래를 꿈꿀 수 있다. 새로운 미래를 갈망한다면 재독을 통해서 독서 영향력을 느껴보기를 권한다.

재독(반복 독서)을 통해 독서 힘이 세진다

책을 읽다 보면 내용이 쉽게 이해되는 책도 있지만 그렇지 않은 책도 있다. 이럴 때 반복 독서를 활용하면 좋다. 책을 읽고 내용을 독해하는 과정을 재독으로 활용하면 이해력이 높아진다. 처음 책을 읽을 때는 상당히 중요 부분을 놓치게 된다. 하지만 다시 읽을 때마다 놓친 부분을 발견하고 새로운 내용들이 눈에 들어온다. 반복해 읽으면서 내용 또한 더 많이 습득하게 되므로 독서 힘이 길러진다. 반복 독서는 읽은 후 머릿속에 남는 정보의 양도 더 많이 남는다. 또한 반복적인 독서로 인해 무의식에 깊이 각인되는 효과도 따른다. 독서로 인해 독서 영향력을 느끼고 싶다면 반복 독서를 해야 한다.

공자도 책이 너덜너덜해지기까지 한 권의 책을 수없이 읽었다는 말이 있다. 내면의 힘을 키우기 위해서 재독은 중요한 요소 중 한 방법이다. 우리가 평상시에 여러 가지 잘하는 것보다 한 가지 특출한 재능으로 달인이라고 불리듯이 재독도 이런 경우와 같다. 울림이 있는 책을 여러 번 읽으므로 비용도 절감하며 쉽게 이해하고 짧은 시간에 독파할 수 있다. 반복 독서로 책 속에 담겨있는 모든 지식과 지혜를 빼놓지 않고 내 것으로 만들 수 있는 쉬운 방법이다. 건성으로 흘러 읽으면 중요한 부분을 많이 놓친다. 반복 독서는 놓친 부분을 다시 얻을 수 있는 좋은 기회다.

재독을 해야 하는 이유 중에는 기억력과도 관계가 있다. 우리는 책을 한 번만 읽고는 목차도 기억이 가물거릴 정도로 도대체 내용 파악이 어렵다. 처음에 책을 읽고 내용이 자세히 안 떠올라서 자괴감이 들었었다. 하지만 독서 관련한 책을 읽었을 때 다른 사람들도 천재가 아닌 이상 읽은 후 하루 지나면 거의 70%가 기억이 날아가 버린다고 한다. 누구나 망각의 기억을 피해 갈 수 없으니 자괴감 가질 필요 없다. 다만 재독을 통해서 다시 머리에 각인시키는 역할을 수없이 반복해서 의식에 충분히 배어들어야 한다. 그래야 독서의 참된 의미를 발견하고 힘을 찾을 수 있다.

미래에셋 박현주 회장은 앨빈 토플러Alvin Toffler의 《제3의 물결》을 열 번 넘게 정독하고 미래 사업구상을 했다고 한다. 작은 물방울 하나가 반복해서 떨어지면 바위조차도 작은 흔적이 남는다고 하듯이 반복만큼 막강한 힘도 드물다. 온 세포 하나하나에 완벽히 흡수해버리겠다는 의도가 반복의 의미다. 자기 것이 돼 버리면 책의 내용인지 원래 자기 생각인지 구분이 애매할 정도로 자기 지식으로 흡수해서 자기 것이 돼버린다. 주자학의 이황李滉도 "글이라는 것은 수없이 반복해서 읽어야 자기 것이 된다"라고 강조했다. 울림 있는 책은 무한반복 재독 하여 독서의 힘을 기르자.

재독은 내 안에 잠자는 거인을 깨우는 일이다

우리가 한번 읽었던 책을 다시 펼쳐보는 이유는 처음 읽었을 때 감동을 다시 되살려 기억하게 한다. 그 책을 읽을 당시 추억이 재소환되기도 한다. 그만큼 울림이 있는 책은 반드시 재독이 뒤따라야 한다는 것이다. 세종대왕도 백독백습百讀百習 하셨던 분이다. 그 시대에는 책이 많이 없어서 그럴 수도 있겠지만 재독은 바위에 글을 새기는 것과 같이 내면에 가랑비 젖듯이 스며들어 잠들어 있는 자신의 진정한 힘을 깨우기도 한다.

나는 20대에 에바-마리아 추어호르스트Eva-Maria Zurhorst[14]의 "너 자신을 사랑하면 그 누구와 결혼하든 상관없다."라는 책을 지금까지 예닐곱 번 정도 읽은 것 같다. 놀라운 것은 읽을 때마다 처음 읽는 책처럼 신선하게 읽힌다는 것이다. 음식이라면 재탕과 비슷해서 읽기 전에 선입견이 들기 십상인데 오히려 중점 내용을 다시 읽어 들여 감정을 적절히 조절할 힘을 누릴 수 있었다. 재독은 책을 읽는 사람이라면 빠질 수 없는 실천 목록이다. 재독을 통하

---

14 에바-마리아 추어호르스트(Eva-Maria Zurhorst) : 독일에서 최고의 명성을 누리고 있는 부부 문제 전문가이자 인기 도서 작가

여 내가 무엇을 좋아하며 어떤 재능이 숨겨져 있는지 찾아보자.

직장인이나 스트레스가 많은 사람일수록 좋은 책을 많이 읽어야 한다. 감동이 있는 책은 스트레스나 부정적인 감정을 상쇄시킬 수 있는 기운이 담겨 있기 때문이다. 재독은 자기 내면을 들여다볼 수 있는 좋은 기회가 된다. 울림이 있는 책은 누구나 소장하고 싶고 언젠가는 다시 손에 들고 펼쳐보게 된다. 울림이 있는 책은 여러 번 읽어도 싫증이 나지 않고 읽을 때마다 새로운 느낌과 새로운 마음가짐을 선사한다. 재독으로 무한 반복할 때 언젠가는 내 안에 잠자는 거인이 깨어난다.

감동적인 책은 도서관에서 빌려서 읽었더라도 그 제목을 메모했다가 서점에 가면 꼭 사서 소장한다. 그래야 내 마음가짐이 요동칠 때 언제든지 다시 꺼내 읽을 수 있기 때문이다. 재독은 어쩌면 울림이 있는 책을 읽는 것이기에 기대심리로 읽으면 좋다. 자신에게 좋은 영향을 끼칠 것이라고 의도하고 읽으면 책도 그 기대에 맞게 좋은 것들을 선사한다. 울림이 있는 책을 다시 읽으므로 전심을 다 하여 읽어야 한다. 재독은 무한반복을 통해 거듭나므로 새로운 삶의 주인공으로 살 수 있다.

좋은 책은 무한반복 하라

　좋은 생각은 하면 할수록 얼굴도 피어나고 밝은 에너지가 들어온다. 좋은 책은 좋은 에너지를 주기에 좋은 생각을 하게 된다. 우리가 몸은 살이 찔세라 먹는 것 조절하고 관리하면서 생각을 관리한다는 사람은 보기 드물다. 마음가짐도 신경 써서 관리해야 부정 기운이 침투하지 못한다. 좋은 책을 무한반복으로 읽으면 마음의 잡초를 뽑고 꽃밭으로 가꾸는 거와 다름없다. 좋은 생각으로 좋은 책을 무한 반복해서 읽어보자. 마음이 밝아지면 외면은 자동으로 환한 미소가 번진다.

　좋은 책은 무한 반복하여 좋은 에너지를 온몸에 흡수하겠다는 의도로 읽자. 무한반복으로 재독 할 때 보이지 않는 방패로 내 몸을 무장한 거와 다름없다. 반복해서 읽다 보면 어느 순간 책 속의 지혜가 내 지식으로 쌓여 웬만하여 잊어버리지도 않는다. 남의 지식을 내 지식화 시켰기 때문이다. 반복은 힘을 느끼게 해준다. 매일같이 반복 독서로 인해 밥 먹듯이 읽어야 한다. 재독은 똑같은 책을 읽는 것 같지만 분명히 다른 것이 튀어나온다. 재독은 속도가 빨라지고 생각의 전환이 일어난다.

　책을 읽는 것은 인생의 피난처를 만드는 것과 같다고 했다. 재독의 습관은 모든 불행으로부터 스스로 지킬 산성을 쌓는 거와 다름없다. 스스로 자신을 지키기 위해 튼튼한 성벽을 쌓는 과정이다. 재독은 온갖 불안과 영양가 없는 잡다한 생각들로부터 우리를 보호해 준다. 계속해서 좋은 책으로 성을 쌓듯이 재독의 힘은 자신을 보호하고 즐거움을 느끼고 살아갈 힘을 준다. 울림이 있는 좋은 책으로 무한반복 독서 하여 외부로부터 오는 부정의 기운을 차단할 수 있다.

　무한 반복할수록 분별력과 상상력도 더불어 더해진다. 무한반복은 주위 사람까지도 좋은 영향을 끼친다. 가장 강력한 게 반복의 힘이다. 그것도 좋은 책을 무한반복 한다면 세상에서 빛과 같은 영향력 있는 사람으로 우뚝 설 수 있다. 무한반복을 통해 남들이 보지 못한 새로운 세계를 보고 경험하지 못한 경험을 재독을 통해서 이루어진다. 반복 독서로 인해 세상이 분명 달라져 보일 것이다. 그것은 이미 나 자신이 먼저 새롭게 변화되었기 때문이다.

03

환경조성, 자기만의 서재를 만들어라

진정한 독서인이 되고 싶다면 아무리 장소가 협소해도 자신만의 서재를 마련해야 한다. 자신의 서재를 갖고 있으면 자동으로 책을 가까이하게 된다. 책을 치열하게 읽을 생각이라면 책을 읽을 수 있는 환경조성이 먼저 조성돼야 한다. 서재가 있으면 서재에서 뿜어 나오는 기운으로 책을 읽지 않을 수 없다. 웅장하지 않아도 서재라고 이름 붙이고 책을 꽂아두면 어엿한 나만의 서재가 완성된다. 처음에는 미약한 권수로 시작하지만, 나중에는 창대_{昌大}하게 읽은 책들로 채워질 것이다.

서재를 만드는 순간부터 독서 열정이 솟아오른다

얼마 전 요가 하시는 분 집을 방문한 적이 있었다. 집이 협소했지만, 한쪽 구석 모퉁이에 종이상자로 틀을 만들어 그곳에 책들이 가득 쌓여 있었다. 책장 자체를 들여놓지 못할 정도로 협소한 상태라 이분으로서는 한쪽 구석에 차곡차곡 쌓아놓는 것으로 서재를 대신한 것 같다. 그 집에 책이 가득 쌓여 있는 모습만으로 집이 달라 보였다. 이처럼 마음만 먹으면 환경에 맞게 나만의 책을 보관할 방법이 여러 가지 있다. 책을 쌓아놓을 수 있는 장소가 있다면 그것 자체로 서재로 볼 수 있다. 일단 서재가 있다는 것은 독서를 하겠다는 무언의 형식이다.

초대받은 집 방문 때 나는 집 구경하면서 그 집에 책장은 있나 없나를 가장 먼저 살핀다. 이것도 관심병인지 몰라도 방문한 집에 서재에 책이 가득 꽂혀있으면 내 마음이 먼저 흐뭇하다. 서재가 있다는 이유만으로 동질감을 느끼고 그 집 사람들의 인상이 반은 먹고 들어가는 것 같다. 유명 인사들의 독서 습관은 누가 독서를 하라고 해서 한계가 아니라 어렸을 때 부모님의 서재가 있는 사람들이 더 잘 길러졌다. 그러고 보면 어렸을 때 자녀들에게 책을 읽게 하려면 먼저 서재를 만들어야 독서가 시작되는 듯하다.

독서는 주위 환경이 중요하다. 환경에 따라 책을 읽고 싶도록 유도하기 때문이다. 텔레비전이 눈앞에 있으면 그 유혹을 뿌리치지 못하고 리모컨을 켜듯이 눈에 보이는 가까이 책이 있으면 책을 읽을 확률이 높다. 나 자신도 아직 두 마음이 싸운다. 텔레비전을 볼까 독서를 할까 마음속에서 갈등할 때 서재에 눈을 돌려 책을 한번 훑어보면 바로 꺼내서 책을 읽는 경우가 많다. 이렇듯 내 주위 모든 환경을 책을 읽기 좋은 상태로 만들어야 한다. 책이 책을 부르도록 독서 환경을 만들어야 한다. 크기에 상관없이 책장을 만들고 그 안에 좋아하는 책을 꽂아두는 것부터 시작하자.

나는 거실 삼면을 모두 책장으로 사용한다. 앞을 봐도 좌우를 봐도 모두 책이 보이게끔 했다. 아직도 한 번씩 삼천포로 빠지는 유혹에 넘어가기도 하지만 집에 온통 책들로 싸여있기에 독서를 하지 않고는 안 되는 분위기다. 어쩌면 서재를 만들어 놓는 자체가 이미 반은 독서인이 됐다고 볼 수 있다. 그 정도로 자신만의 서재를 갖는 일은 중요한 일이다. 책을 볼 때마다 제목만 한 번씩 훑어봐도 내가 읽어야 할 책들이 내 시선을 사로잡을 때가 많다. 책이 가득 꽂힌 서재만 바라봐도 책을 읽고 싶다는 독서 열정이 마구마구 솟아난다.

서재가 있다면 당신은 이미 독서인이다

서재는 꼭 구색을 갖추지 않아도 작은 단층이라도 만들어 놓으면 책이 채워지기 마련이다. 서재를 채우고 싶은 욕망 때문에라도 책을 읽기도 한다. 책을 많이 읽는 사람이든 적게 읽는 사람이든 서재를 만들어 놓고 읽어야 한다. 집에 서재가 없다는 것은 그만큼 책에 관심이 없다는 증거이다. 책을 꽂아만 두어도 이미 읽은 거와 같다는 말도 있듯이 서재에 꽂힌 책만 봐도 이미 독서열이 붙은 거와 다름없다. 책과의 인연은 서재로부터 시작한다.

서재라는 어감 때문에 거창하게 들릴 수도 있다. 하지만 일본 최고의 지식인 다치바나 다카시도 처음에는 사과 상자를 만들어 자신만의 서재를 만들어 사용했다고 한다. 소박하지만 일단 서재라고 명칭하고 모양을 갖춰놔야 책들로 한 권 한 권 채워가는 기쁨을 누릴 수 있다. 서재 공간을 채워가는 책들을 보면 자신의 지적자산이 쌓여가는 것과 같아서 바라보는 것만으로도 흐뭇한 미소가 번진다. 화원을 가꾸듯이 서재도 내가 가장 좋아하는 책들을 중앙에 꽂아 잘 보이게끔 한다.

또한 재독 해야 할 책들도 구분해서 나중에 한눈에 들어와 읽을 수 있게 정리해 놓으면 좋다. 성공한 사람들이 어린 시절에 부모님이 서재를 갖춰놓아 책을 자연스럽게 친해졌다고 하듯이 자녀들을 위해서라도 서재만큼은 반드시 갖추기를 권한다. 어쩌면 책 읽으라고 잔소리하지 않아도 책이 꽂혀있는 책장만 보고도 자동으로 독서를 하는 모습이 보일 것이다. 누가 와서 집을 방문하더라도 서재를 보고 지적 자산가로 인정하여 부러움의 대상이 될 것이다. 책장을 들여놔야 독서가 시작된다고 해도 무방하다. 그 공간을 하나씩 채워가고픈 욕망이 들기 때문이다.

우리 집은 거실이 온통 책장으로 장식되어 있기에 집에 있을 때는 항상 서재에 있는 느낌이다. 나에게는 서재가 놀이터도 되고 휴식 공간도 된다. 한참 전에 읽은 책들은 먼지가 앉은 책들도 있지만 한 번씩 책도 목욕시켜주면 책장이 반짝반짝 빛이 난다. 책 표지를 보고 저 책은 내가 어떤 상황이었을 때 읽었던 책이던가? 질문도 하면서 책의 과거를 되짚어보기도 한다. 처음에는 서재 없이 작은 상자에 쌓아놓고 보관했다가 다시 필요한 책을 찾으려면 산더미처럼 쌓인 책들을 헤집고 찾는 것도 번거로워서 마련한 서재가 어느덧 공간마다 가득 책이 꽂혀있다. 서재만 바라보고 있어도 나는 이미 열렬한 독서인이다.

읽고 싶은 책을 사서 무조건 서재에 채우자

서재를 꾸미고 한 권씩 읽고 꽂아둔 책의 양이 꽤 된다. 읽은 책들을 꽂아두지만 앞으로 읽고 싶은 책을 먼저 사놓기도 한다. 서점에서 눈에 보일 때 사놓지 않으면 절판이 되기도 해서 무조건 책을 사다가 쟁여 놓는 방식이다. 일주일에 두세 번씩 회사 근처 서점에 갈 때마다 책을 서너 권씩 사서 온다. 무조건 책을 사서 서재에 꽂아 놓으면 독서를 시도 때도 없이 하게 된다. 마음에 꽂히는 책이 있다면 일단 구매해서 서재에 꽂아두면 언젠가는 읽게 된다.

뇌과학자 정재승 교수는 자신의 서재를 표현할 때 서재의 책들이 주인이고 자신은 그곳에 얹혀사는 사람이라고 표현했다. 책을 좋아하는 사람은 서재 공간이 책들로 한 칸씩 채워지는 행복감은 이루 말할 수 없다. 책은 나의 가장 친한 친구요, 스승이기도 해서 마음이 힘들 때는 그저 서재에 기대만 있어도 위로해주는 느낌을 받는다. 채워지지 않은 서재는 마치 완성되지 않은 집을 만들고 있는 거와 같다. 나를 위해 만든 공간이기에 좋은 책으로 무조건 책장을 채워준다. 책장도 구색이 갖춰지면 나만의 멋진 서재가 될 것이다. 책을 좋아하는 사람은 서재에 앉아만 있어도 행복하다.

나는 서재를 책이 거하는 아파트라고 이름하고 싶다. 책은 삶을 주도적으로 살 수 있도록 이끌어주기에 책이 놓여있는 공간을 관심을 두고 배치하는 것도 책에 대한 배려이다. 책이 거하는 곳을 관심을 두고 꾸며준다면 책도 우리에게 더 좋은 것을 선사할 것이다. 서재는 독서 할 수 있고 사색할 수 있는 공간과도 같다. 집에다 도서관을 구현하겠다고 생각하고 서재를 반드시 갖춰서 책을 채워나가 보자. 서재는 마음껏 꿈꿀 수 있는 공간이다. 서재를 바라볼 때마다 책을 부지런히 읽어야겠다는 각오가 새롭게 정립된다.

몇 해 전에 〈책, 책, 책을 읽읍시다〉라는 프로그램이 방영된 적이 있다. 나는 분명히 그때처럼 또다시 온 국민이 책 읽기 붐이 일어나는 독서 열풍이 일어나리라 확신한다. 책은 읽어도 되고 안 읽어도 되는 사항이 아니다. 살아가는 사람이라면 단연코 책을 읽어야 한다. 이 세상이 책으로 돌아간다고 했기 때문이다. 독서 열풍과 더불어 서재 만들기 캠페인을 일으키고 싶다. 집집이 거실에 소파 대신 서재가 갖춰지기를 소망해본다. 나는 거실에 소파를 없애고 나만의 서재를 꾸며놓은 게 지금까지 내가 한 일 중에 가장 잘한 일이라고 생각한다. 서재를 만들어 놓고 독서 하기 좋은 환경이 만들어지니 나의 책읽기가 몇 년 안에 급성장한 거 같다. 서재는 나를 말해주는 이력서와도 같다. 나를 나타낼 수 있는 좋은 책들로 서재에 가득히 책들이 해보자.

04

습관,
주말마다 책 쇼핑하여서 책을 산다

　주위에서 나에게 왜 책을 읽느냐고 물어보면 나는 나이 들수록 성숙한 사람이 되고 싶어서라고 말한다. 나이가 든다고 마음의 인격도 저절로 갖춰지는 게 아니다. 나이만 먹었지, 내면이 어린아이와 같은 유치한 어른들이 너무 많다. 그런 모습을 보면서 나는 책을 통해 공부해서 나이 듦과 비례해 인격도 성숙한 사람이 되고 싶은 게 작은 바람이다. 따라서 일주일에 두세 번씩 습관처럼 회사 근처 서점에 들러 책 쇼핑한다. 책을 사 올 때도 있지만 매장을 들러보고 책 기운만 받고 나올 때도 더러 있다. 서점은 나에게 잠깐 방문해서 지혜와 쉼을 얻을 수 있는 최적의 장소이다.

습관처럼 서점을 방문하여 책과 친밀해지자

　주위에 서점이 가까이 있는 것도 환경의 복인 듯싶다. 회사 근처에 서점이 있어서 일주일에 서너 번씩 퇴근길에 서점을 방문한다. 꼭 사야 할 책이 있어서 가기보다 매장을 한 번씩 들러보다가 눈에 꽂혀서 몇 권씩 사 들고 나올 때가 많다. 느슨했던 마음이 들다가도 서점에 가면 정신이 번쩍 든다. 서점을 갈 때마다 수많은 책을 보고 마음이 조급해지기도 해서 독서 열이 오르기도 한다. 사람은 환경의 지배를 받는다. 뷰티업종에 근무하면 외모에서 풍기는 멋도 아름답듯이 서점에 자주 들를수록 머리끝에서 발끝까지 책이 풍기는 기운에 흠뻑 젖어오기에 서점만 자주 방문해도 지적인 분위기가 묻어난다.

　서점을 자주 방문하면 사방이 온통 책으로 둘러싸여 있어서 책과 친해질 수 있다. 사람도 자주 만나면 정이 붙듯이 책도 마찬가지다. 자주 볼수록 관심이 생기고 책과 접촉할수록 책을 읽을 가능성이 크다. 자유로운 분위기에서 남녀노소를 불문하고 자유롭게 책을 펼쳐 읽고 있는 모습은 내가 닮고 싶은 모습들이다. 서점은 외부 다른 환경하고는 뭔가 다른 분위기가 나온다. 자유로운 듯하면서도 절제가 있는 분위기다. 아마 책을 좋아하는 사람들이 풍기는 그들만의 품위가 아닌가 싶다. 서점을 습관처럼 자주 들락거릴수록 책의 묘미에 빠질 수 있다.

책 쇼핑은 중독이 되어도 좋은 습관이다. 서점을 내 집 드나들듯이 들락거려야 하는 이유는 자주 방문할수록 책을 구매할 확률도 높기 때문이다. 백화점에 가서 이것저것 눈요기를 하다 보면 필요하지 않은 물건도 사서 나올 때가 많다. 책 쇼핑도 이와 같다. 책을 읽는 독서인이 되고 싶거든 서점을 내 집 드나들 듯이 해야 한다. 당장은 책을 사서 나오지 않더라도 수많은 책을 보고 책을 읽어야겠다는 자극을 받기 때문이다. 사람들이 펼쳐 들고 보는 책에도 관심이 가고 새로 나온 책이 어떤 것들이 나왔는지 궁금해지기도 한다. 관심 있게 구경하다 보면 은연중에 독서 기운이 들어와서 열렬한 독서인으로 거듭날 확률이 높다.

서점을 둘러보다가 호기심이 가는 책이 있으면 바로 구매해서 읽어야 독서로 이어진다. 살까 말까 갈망渴望 중 미뤄지면 충만했던 의욕도 바람처럼 사라져버린다. 사람의 마음은 항상 두 마음이 재잘거린다. 처음 먹었던 마음으로 바로 구매로 이어져서 독서를 시작해야 책을 즐겁게 읽을 수 있다. 서점에 자주 방문한다고 비용이 드는 것도 아니니 무조건 서점을 자주 방문하는 것이 우선이다. 자주 책과 관련된 환경과 접촉할수록 책과 인연이 될 확률이 높다. 책을 사지 않더라도 친구 만나러 가듯 서점을 자주 방문해보자.

만남과 약속을 서점에서 하자

회사 근처 서점에서 책을 사기도 하지만 인터넷으로 책 쇼핑하기도 한다. 인터넷으로 메인 광고에 뜬 책을 클릭해서 들어가 보기도 하고 구매하고 싶은 책을 장바구니에 넣어 두었다가 살 때도 있다. 하지만 서점하고는 비교가 안 된다. 서점은 일부러 나서는 불편함이 있지만 서점만의 분위기라는 게 있으므로 진정한 독서인이라면 인터넷도 이용하지만, 일부러 서점을 반드시 방문한다. 나 같은 경우는 모든 만남을 서점에서 한다. 그 이후 다른 장소로 이동한다.

서점에서 만나면 시계를 들여다볼 필요가 없다. 그냥 내가 좋아하는 책을 고르고 읽다 보면 어느새 약속 시간이 다가오기 때문이다. 이런 시간이 틈새 시간으로 책을 읽기 좋은 시간이다. 오래 머문다고 뭐라고 하는 사람도 없고 다른 비용이 드는 것도 아니다. 만나자고 한 친구가 늦는다고 한들 짜증도 안 나고 오히려 그동안 책을 더 볼 수 있어 감사할 따름이다. 이렇듯 서점은 마음을 온유하게 만들어주는 마법 같은 장소이다. 평소에 책을 읽지 않은 사람이라도 서점방문은 책과 가까워지기 좋은 기회가 될 수 있다.

데이트나 미팅 등을 서점에서 잡게 되면 책의 분위기에 압도되어 언젠가는 책을 읽게 되는 계기가 될 수도 있다. 나는 만남이 있을 때 약속 시간 보다 한 시간 먼저 나가서 서점을 먼저 둘러본다. 상대방으로부터는 시간관념이 정확하다고 보일 수 있고 지적인 모습도 풍길 수 있어 여러모로 서점 미팅은 이로운 점이 많다. 별다른 이유 없이 서점을 방문해도 흐뭇한 풍경들이 보인다. 가족끼리 와서 책을 고르는 모습은 정말 부러운 눈으로 바라보게 된다. 연인들도 책을 들고 교제하는 모습은 사진을 찍고 싶을 정도로 아름다운 모습이다.

서점에서의 만남은 책도 보고 책을 통해 세상 돌아가는 동향도 살필 수 있고 다양한 장점을 누릴 수 있다. 서점이 주는 편안한 분위기 때문인지 그곳에 와있는 사람들 또한 인상도 편안해서 서점만이 내뿜는 오묘한 에너지가 형성된 듯하다. 따라서 책을 사지 않더라도 일주일에 한 번 정도는 시장을 보듯 서점에 가서 책 쇼핑하기를 권한다. 미팅이나 비즈니스 관계의 만남도 가지게 되면 뜻밖에 좋은 인상을 주게 되고 좋은 아이디어를 건 질 수도 있다. 책이 주는 이미지 때문에 고상하고 지적 분위기를 전달할 수 있어 서점 만남 자체로 상대방에게 좋은 이미지를 줄 수 있다.

서점에서 지친 몸을 충전하자

요즘은 많은 사람이 인터넷으로 책을 산다. 책 정보도 미리 들여다볼 수 있고 클릭만 하면 편안하게 자신이 있는 곳에 배송해 주기 때문에 인터넷 구매를 많이 선호한다. 하지만 책의 내용이나 속지 느낌을 직접 살펴볼 수 없다는 것은 단점이다. 온라인으로 주요 요점 등을 보고 구매했지만, 막상 받아보면 생각했던 거와 주제가 달라서 실망하는 때도 소소하게 발생한다. 옷도 온라인으로 보면 색상도 예쁘고 재질도 좋아 보여서 샀는데 받아보면 너무 다른 상품이어서 실망할 때가 많듯이 말이다. 옷 쇼핑하러 백화점 나들이하듯 서점에 책 쇼핑 나들이를 가자. 지친 몸도 책이 주는 에너지에 충만해질 수 있다.

균형을 맞춰 서점과 온라인을 적절히 보완해서 사용하는 것도 좋다. 서점에 먼저 가서 책을 둘러보고 본 책을 온라인으로 저렴하게 구한다거나 상호보완적인 적절한 방법을 요령 있게 사용하면 좋다. 요즘은 전자책이 나와서 전자책을 선호하는 독자들도 있다. 나는 아직 종이책을 고수하고 있고 앞으로도 계속 종이책을 들여다볼 생각이다. 요즘 방송에서 종종 수천 권 수만 권을 소장한 유명인들이 등장해서 자신만의 독서법을 알려주고 있다. 그들이 종이책을 수천 권 수만 권씩 소유한 것을 외부인들은 지적자산임을 인정하고 부러워한다. 전자책을 소장했다고 들은 적도 읽어본 적도 없다.

나는 서점을 신성한 곳이라고 표현하기를 주저하지 않는다. 세상을 움직이는 책이 거하는 장소이기 때문이다. 일단 책을 많이 읽었어도 대중들은 집안 서재에 책이 몇 권이나 꽂혀있는지를 궁금해한다. 이처럼 세상이 달라져도 종이책을 넘어설 수는 없다. 세상이 발전할수록 우리의 감성은 아날로그적 시절을 그리워하기 때문이다. 서점은 다른 곳에서 느낄 수 없는 특별한 느낌이 있다. 장중한 책들이 놓여있는 서점은 전자책이 대신할 수 없는 감각의 무게가 다르다. 주위 사람들의 조용히 책 넘기는 소리조차도 소음이 아니라 이로움을 주는 백색소음이다.

직장인들은 일주일 동안 지친 몸을 주말에 몸을 충전할 수 있는 기회이다. 충전할 수 있는 장소로 습관처럼 서점을 가서 지적 휴식으로 에너지를 충전하기를 권한다. 외부로 나들이를 나가도 교통체증으로 인해 돌아올 때는 더 스트레스를 동반해서 돌아오는 경우가 태반이다. 서점 나들이는 책이 주는 치유와 정신의 안정감을 느낄 수 있다. 나서는 불편함만 감수하면 서점 나들이는 뭔가 조그만 일을 해낸 것 같은 성취감도 안겨준다. 집 근처나 회사 근처에 서점을 찾아 주말마다 책 쇼핑을 가보자. 서점의 분위기에 취해 언젠가는 당신도 열렬한 독서인 반열에 오를 것이다.

05

도서관,
집 근처 도서관을 내 집처럼 드나든다

　지금은 어느 지역이든지 자치구에서 운영하는 도서관이 동네마다 잘 정비돼 있다. 나는 처음에 자료를 찾기 위해 도서관에 출입한 후 신세계를 봤다. 주말이면 매번 도서관으로 출근한다. 오래된 고전을 비롯하여 온갖 종류를 망라하여 십진 분류로 정리된 도서관을 한 주도 빠지지 않고 내 집 드나들듯 하고 있다. 어쩌다 방문하지 못하는 날은 자괴감이 올라올 정도로 주말 도서관 출입이 이제는 일상이 되었다. 만약에 직장을 그만둔다면 나는 하루도 빠짐없이 도서관으로 아침 일찍 출근하여 퇴근 시간까지 독서에 몰입하고 싶은 마음이 간절하다.

보물창고와 같은 도서관을 마음껏 이용하자

도서관을 방문할 때마다 진귀한 보물들을 찾는 마음으로 발걸음을 향한다. 언젠가는 도서관에 꽂혀있는 책들을 다 읽고 싶다는 소망으로, 주말마다 부지런히 도서관 출입을 지향한다. 책을 읽으면 읽을수록 지식이 더욱 목마르다. 하루도 거르지 않고 책을 읽는데도 도서관에 가면 나 자신이 작아지는 느낌이다. 저 수많은 책을 빨리 읽고 싶다. 직장인들은 주말만 도서관을 잘 이용해도 책을 꾸준히 읽을 수 있다. 일주일 동안 직장 일에 집중하다 독서몰입감이 떨어질 만하면 주말 도서관에 가서 충만한 독서 기운을 받아오면 또다시 독서로 일주일을 버틸 수 있다.

도서관 장서마다 빼곡하게 쌓인 책들을 보면 도저히 책을 읽지 않고는 못 배길 정도로 책이 뿜어내는 기운에 압도당한다. 서너 번만 출입해도 책과 인연이 될 확률이 높다. 도서관을 나오고 나면 치솟던 독서 열정이 느슨하게 풀어지지만, 다음 주말 또다시 도서관에 가서 독서에너지를 충만하게 채운다. 따라서 도서관을 드나든다는 것은 치열하게 책을 읽겠다는 증표다. 도서관을 어떻게 이용하느냐에 따라 보물창고와도 같은 장소에서 얼마든지 나에게 필요한 정보들을 건질 수 있다. 부지런하게 열심히 많은 책과 대면하면 진귀한 보물과 같은 지식과 정보를 내 것으로 만들 수 있다.

나는 도서관 첫 방문 때 느꼈던 느낌은 가슴이 뭔가 가득 차오르는 느낌을 받았다. 그 많은 책과 시설을 비용 하나 들지 않고 이용할 수 있다니 놀랍고, 감사했다. 시중 서점에서 절판되었던 책들도 도서관에 가면 볼 수 있다. 오래된 고전이나 문학작품은 손때가 묻어있고 속지도 누런색이어서 책을 통해 세월을 느낄 수 있었다. 내가 어렸을 때 인기 도서였던 책들도 언제든지 찾아서 읽을 수 있다. 도서관 창가에 앉아 햇살을 받으면서 책에 몰입하는 시간은 가장 행복한 시간이다. 또한 언제든지 내가 찾고자 하는 자료들이 검색만 하면 알라딘의 요술램프의 마법사 지니처럼 줄지어 쏟아져 나온다.

요즘 도서관은 책뿐만 아니라 다양한 프로그램으로 운영된다. 고즈넉한 분위기에 다양한 책들과 필요에 따라 자료정보열람실, 컴퓨터 작업실, 음료 카페, 독서실도 같이 운영되고 있다. 소강당도 있어서 특별한 날 인문학 강의도 하기도 한다. 요즘은 도서관이 문화 공간으로도 손색이 없을 정도로 구색이 잘 정비되어 있다. 산책이나 나들이 개념으로 가벼운 마음으로 방문해서 책과 인연이 될 수도 있다. 민간 또는 지방자치에서 운영하는 도서관이 지식과 문화를 즐길 수 있도록 깔끔하게 잘 정돈되어 있다. 언제든지 내 집 드나들 듯 당당하게 출입해서 책 속에서 수많은 보석을 알아볼 수 있는 눈을 기르자.

도서관은 세상을 이끌어가는 정보가 쌓여 있다

도서관에 가는 것만으로도 얻을 수 있는 것이 상당히 많다. 책을 읽는 것은 기본이고 개인만의 공간에서 영화도 볼 수 있다. 다큐멘터리 같은 영화는 영화로도 즐기면서 자료나 정보를 얻을 수 있는 매체다. 특정 분야의 전문지식을 집중적으로 쌓으려면 도서관을 이용하면 몇 배의 이익이 있다. 요즘은 책값도 만만치 않아서 도서관은 여러모로 이용하기에 좋다. 세상을 이끌어가는 책들이 거하는 곳이 도서관이다. 누구나 방문하여 각자 필요한 도움을 요청하면 언제든지 도서관의 책이 길을 인도해준다.

도서관은 그 누구도 비교하지 않고 얼마든지 마음껏 보물들을 캐내어 가기를 바라는 듯 웅장하게 서 있지만 실상 이용하는 자는 소수의 사람들에 불과하다. 도서관은 서점과 같이 새로 나온 책들도 많다. 오히려 서점에서는 절판되었던 책들이 도서관에는 비치된 예도 있다. 책장 사이를 돌아보며 책 제목만 살펴보는 것만으로도 즐거운 지식 놀이가 된다. 도서관은 일종의 지식 창고와도 같다. 마음만 내면 얼마든지 그 지식을 내 것으로 옮길 수 있다. 원인을 심어야 결과가 나오듯이 도서관을 내 집처럼 드나들며 책을 읽어야 지식을 내 것으로 만들 수 있다.

예전에는 일부 부류만 알고 있던 고급 정보들도 요즘은 검색만 하면 쏟아져 나온다. 다만 정확성 있는 정보를 알기 위해서는 관련된 책을 통해 확인하는 게 더 정확하다. 수고로움을 감수하고 도서관을 방문하면 수많은 고급 정보나 자료들을 내가 원하는 만큼 건질 수 있다. 일부 특정인만 누리고자 할 때는 간절히 원했다가 막상 개방하면 그 열매를 따가는 자가 드물다. 도서관에 모든 정보가 다 있다고 해도 과언이 아니다. 자신만 부지런하면 얼마든지 도서관 책을 이용하여 삶을 더 좋게 바꿀 수 있다.

과거에는 읽을 만한 책이 그렇게 많지 않았다. 내가 초등학교 때만 해도 학교에 도서관이 없었다. 어쩌다 언니 오빠가 가지고 온 책들을 수없이 반복해서 읽었던 기억이 있다. 그때는 간절히 지혜를 목마르게 구하다가 지금은 누구나 누릴 수 있도록 지자체마다 도서관을 개방했지만, 실상은 이용하는 자가 극히 드물다. 특정한 목적이 있어 드나드는 사람은 있어도 다수 사람이 바쁘고 시간이 없다는 이유로 도서관을 외면한다. 요즘은 독서 자리를 세상 밖 재미있는 것들로 채워버리니 도서관에 갈 시간이 더 부족할 수밖에 없다. 도서관은 인심 좋은 사람처럼 보물을 찾아가려는 자에게 마음껏 퍼부어준다.

도서관에서 변화를 읽을 수 있는 안목을 키운다

도서관을 내 집처럼 드나드는 사람은 책을 사랑하는 사람이다. 자신을 좋아하는 사람에게 더 잘해주고 싶은 게 인지상정이다. 책 또한 자주 펼쳐보고 읽는 자에게 인생을 위대하게 만들어 준다. 도서관에는 수많은 책이 있다. 한 분야의 전문가가 되고 싶다면 도서관에 가서 관련된 자료를 검색해서 한꺼번에 쌓아놓고 읽자. 나는 독서법에 관련하여 자료검색을 해서 나온 모든 책을 읽고 이렇게 독서법에 관한 책을 쓰고 있다. 최근에는 메타버스Metaverse를 검색해서 나온 책들을 메모해놨다가 밑줄을 치면서 읽을 생각에 일반 서점에 가서 구매해서 읽고 있다. 이렇듯 새로운 용어가 나오면 관련된 책을 찾아 읽어 변화에 빠르게 대응할 수 있다.

요즘은 짧은 주기로 새로운 용어들이 쏟아져 나온다. 조금만 방심하면 세상 빠른 변화에 따라갈 수가 없다. 사람과 만나서 변화에 대응하려면 서로 시간도 맞춰야 하고 장소도 상대방에 따라 선택해야 하는 귀찮니즘이 따른다. 하지만 도서관은 언제든지 나에게 필요한 부분의 책을 찾아 읽으면 삶의 방향을 제시해준다. 저자와 나와의 단독 만남으로 대화하듯 읽어나가며 해답을 구할 수 있다. 도서관에 쌓인 책 속의 훌륭한 성인들이 나의 스승이 되어서 지혜의 숲으로 인도해준다. 도서관은 세상 돌아가는 이치를 빠르게 경험할 수 있는 곳이다.

도서관이라는 장소는 집중력을 발휘하여 책을 읽을 수 있는 분위기가 조성돼있다. 책과 인연이 되지 않는 초보자도 주위 책 읽는 사람들을 통해서 자극받아 자연스럽게 책과 가까워질 수 있다. 도서관을 이용하면 다양한 자료를 수집하기는 물론 세상 돌아가는 안목이 키워진다. 변화무쌍한 세상에서 먼저 변화를 감지하고 움직이는 자가 선점한다. 도서관의 끝없이 펼쳐지는 지식과 정보를 어떻게 이용하느냐에 따라 이 시대가 필요로 하는 현명한 인재로 거듭날 확률이 높다. 지혜와 통찰을 얻게 해주는 곳이 바로 도서관이다.

지금은 제도권 밖에서도 얼마든지 원하는 지식을 쌓을 수 있다. 그 대안으로 도서관을 잘 이용하는 것이다. 도서관을 어떻게 이용하느냐에 따라 자신이 지식창고가 될 수 있다. 앞서간 성인들이 모두 도서관에서 살다시피 하며 책을 통째로 읽은 일화도 많이 있다. 주말마다 도서관을 방문해서 도서관에 있는 책을 전부 독파하겠다는 각오를 다져보자. 이런 각오만으로도 책을 읽는 속도가 현저히 빨라진다. 세상을 움직이는 자들이 모두 도서관에서 책을 통해 지혜를 훔쳤다고 했다. 도서관 출입은 세상을 지혜롭게 살아갈 수 있는 안목을 키워준다. 살아가기가 힘들수록 도서관에 가서 책이 주는 에너지에 흠뻑 젖어보자.

06

용기,
난독(難讀)을 두려워하지 말아야 한다

책 읽는 수준을 높이기 위해서 어려운 책을 읽으면 집중력과 이해력이 향상된다고 한다. 처음에는 흥미도 없고 머리가 아프지만, 이 순간을 감내하고 꾸준하게 읽다 보면 독해하는 힘이 서서히 길러진다. 쉬운 책이 읽기 편하다고 계속 쉬운 책만 선호해서는 절대 책 읽는 힘이 길러지지 않는다. 어려운 책은 전문적인 사람이 쓴 책이라서 어려워 보이지만 읽고 난 후 얻는 효과는 몇 배 이상이다. 사람들은 자신이 늘 봐왔던 것은 이질감이 없다. 어렵다는 것은 자신이 모르는 새로운 분야라는 것이다. 어려운 책을 읽기를 주저하지 말고 모르는 지식을 공부할 수 있는 기회로 삼아야 한다. 어려운 책을 독파하는 것은 내 지식을 새롭게 쌓는 방법이다.

난독은 독서력을 끌어올릴 수 있는 단계이다

우리가 전혀 몰랐던 정보의 분야를 받아들이려면 지금까지 읽던 유형이 아닌 생소한 장르도 들여다봐야 한다. 인간은 웬만하면 변화를 지향하지 않으려고 한다. 책읽기도 읽던 유형대로 읽으면 그 분야에 바탕 지식이 쌓여 있으므로 읽기가 편하다. 한 장르의 책읽기만 고수해서는 혁신은 일어나지 않는다. 그것은 그냥 취미일 뿐이다. 혁신의 실마리는 내가 전혀 몰랐던 분야의 정보를 받아들이는 것이다. 난독은 처음에는 이해가 잘 안되지만 새로운 정보를 얻을 수 있는 시초가 된다. 자신에게 어려운 책을 읽는 것은 독서력을 끌어올릴 수 있는 기회이다.

어려운 책을 읽으면 처음에는 내용이 이해가 안 돼서 고심한다. 하지만 시간이 지날수록 독서의 단계를 더 높은 차원으로 올린다. 나중에는 웬만한 어려운 책도 어렵지 않게 읽힌다. 요즘 사람들은 독해력이 낮아서 쉬운 책만 선호하는 경향도 많다. 책 읽는 것으로 스트레스를 받고 싶지 않기 때문이다. 내용이 조금만 난해해도 책을 읽다가 포기해버리는 경향이 있다. 하지만 모든 독서법 책에서 언급했듯이 무슨 내용인지 몰라도 그냥 읽어나가다 보면 나중에 연결고리가 형성돼 자동으로 이해가 된다.

너무 쉽고 가벼운 책은 취미로 읽기에는 맞을지 몰라도 독서력은 발달하지 못한다. 쉬운 책만 고수하는 것은 어린이에서 어른으로 성장하지 못하는 거와 같다. 어렵고 난해한 책이 독서력이 향상될 수 있는 절호의 기회이다. 어렵고 난해한 책이 언젠가는 술술 읽히게 되면 내 독서력이 그만큼 높아졌다는 뜻이다. 오히려 어려운 책을 한 권 독파했을 때 독서 희열이 더 크다. 일부러 기존에 읽던 장르를 벗어나서 어려운 책을 대면해보는 것은 창의적인 발상이 깨어나는 시작점이 될 수도 있다.

난독은 하고 나면 생각하고 분석하는 힘이 한층 커져 있다. 사람들은 지금까지 읽던 유형이 아니면 스트레스를 받는다. 한 장르만 깊게 파고들다 보면 생각 또한 편협한 사람이 되고 만다. 새로운 지식을 많이 습득할수록 사고가 유연한 사람이 된다. 난독은 새로운 기회를 접하고 새로운 정보를 얻을 수 있는 기회이다. 장하준이 중학교 시절 칼 세이건의 코스모스를 열 번 넘게 정독했다던 말은 유명하다. 내용이 어렵지만, 그냥 무작정 읽었더니 나중에 이해가 됐다고 하듯이 난독은 오히려 자신을 새롭게 할 수 있는 절호의 기회이다.

난독은 새로운 지식을 얻을 수 있는 기회이다

자신의 수준에 맞는 책만 읽는 것은 초보적인 독서단계이다. 이 단계를 벗어나야 독서력이 비약적으로 성장한다. 자신에게 어려운 책을 읽는 것은 새로운 분야의 지식을 얻을 수 있는 기회이다. 책의 내용은 서로 문장이 밀접하게 연결되어 있다. 이해하지 못하고 읽어도 문맥을 통해 자연스럽게 내용이 이해되는 이치이다. 어려운 책은 그만큼 사고하는 추측을 통해 책 읽는 능력이 탁월해질 수 있다. 책을 읽다 보면 누구나 넘어서야 하는 독서단계이다.

난독은 처음부터 한 장 한 장 공들여 읽지 않아도 된다. 난해한 부분은 그냥 건너뛰고 읽어나가도 된다. 나 같은 경우에는 내용이 이해되지 않더라도 그냥 읽어나간다. 오히려 나 자신의 책 읽는 수준을 높일 수 있는 기회라 생각하고 읽었더니 어려운 책도 즐기면서 읽게 되는 단계까지 왔다. 호기심이 있는 부분만 자세히 읽는 식이다. 여러 방법을 적용해서 끝까지 읽어내는 저력이 언어능력을 한층 올려준다. 난독은 한 단계 올라갈수록 독서 수준을 높이고 넓은 정보를 접할 수 있어 효과적인 독서 방법이다.

칼 세이건의 코스모스를 열 번 정독하면 머리가 트인다는 어느 글을 읽고 시도했는데 너무 어렵고 난해했다. 솔직히 내용이 머리에 들어오지도 않고 재미도 없었다. 열 번은 못 읽고 한 번 읽었는데 기억에 남는 부분도 없는데 뭔가 내가 어려운 책을 읽어낸 성취감이 있었다. 그 이후로 어려운 책을 읽는 두려움이 사라졌다. '이해하지 못해도 나는 읽는다'라고 생각하고 책읽기에 몰두한다. 난독은 분명히 독서의 신세계를 볼 수 있는 방법이다. 뇌를 자극하여 독서 수준을 끌어올릴 수 있는 독서법이다.

난독은 익숙해질 때까지 반복해서 읽거나 꾸준하게 읽어나가면 독서 수준을 한 단계 올라설 수 있는 독서법이다. 독해력 때문에 책을 읽지 못하는 상황이 돼버린다면 안타까운 상황이다. 삶을 심화할 수 있는 최고의 길임에도 불구하고 책읽기가 어렵다는 이유로 중단한다면 장래는 어둡기 마련이다. 아무나 악기를 연주하지 못하듯이 책읽기도 훈련을 통해 가능한 기술이다. 어려운 책을 읽기를 주저하지 말아야 할 이유이다. 오히려 어려운 책읽기를 즐겨 해보면 놀랄 만큼 독서 힘이 붙는다. 용기를 내서 자신의 수준보다 높은 수준의 책을 읽어보자.

어려운 책 읽기를 겁먹지 말자

난독은 집중력 훈련에 도움이 많이 된다. 쉬운 책은 슬렁슬렁 읽어나가도 이해가 되지만 어려운 책은 단어를 곱씹듯이 읽기에 집중력이 필요하다. 난독에 익숙하지 않은 사람은 집중력이 느슨해서 책읽기가 어렵다고 느낀다. 요즘 사람들은 특히나 소박하고 쉬운 걸 선호한다. 그래서 책도 간단한 줄거리로 요약한 책이 인기다. 부드러운 이유식만 먹으면 딱딱한 요리를 먹을 수 없다. 책도 쉬운 책만 고수했다가는 지식 성장이 되지 않는다. 독서 수준을 비약시키려면 수준이 높은 책을 읽어야 한다. 수준이 높은 책은 어렵고 깊이가 있다.

어려운 책을 더 읽어야 하는 이유는 어려운 책일수록 자신에게 깊이 있는 책이 될 수 있다. 원래 깊이 있는 책은 술술 읽히지 않는다. 사고하며 천천히 읽어야 한다. 내용이 이해되지 않는다고 해도 읽는 것만으로 독서행위라고 말할 수 있다. 어려운 책을 겁내지 말고, 깊은 세계로 들어가서 느껴야 한다. 용기를 내서 어려운 책을 도전해야 하는 이유다. 책 읽는 모든 것이 독서 아닌 것이 없다. 처음이 어렵지 일단 일주일에 한 권씩 시도해보면 금세 독해력이 올라가는 걸 느낄 수 있다.

초급 단계를 뛰어넘고 처음부터 어려운 책을 읽는 사람도 있다. 물론 처음에는 도대체 무슨 말인지 도통 이해도 안 되겠지만 끝까지 읽고 나면 난독에 대해 자신감이 붙는다. 자신감이 붙으면 계속 어려운 책에 도전하게 된다.

쉬운 책 열 권을 읽는 거보다 어려운 책 한 권을 반복해서 읽는 게 일취월장 성장한다. 이후에 어떠한 책을 읽어도 이미 독서 수준이 격상되었기 때문에 난독도 즐겁게 읽을 수 있다. 결과적으로 난독은 자기 삶에 긍정적인 요소를 일으킬 수 있다. 난독의 문턱을 넘어서면 독서의 힘이 점진적으로 향상된다.

몇 년 전에 방송에서 난독의 시대라는 프로를 방영했었다. 우리나라 사람들이 심각할 정도로 글을 읽고 글의 내용을 파악하지 못한다고 한다. 언어능력이 부족하니 질문해도 못 알아듣고 동문서답을 한다는 것이다. 어려운 책을 반복해서 읽다 보면 전체 문맥을 이해하게 되는 능력이 탁월해진다. 난독은 독서 체험에 상당히 중요한 부분이다. 난독은 독서 뇌 부분이 하나 더 열리는 격이다. 따라서 새로운 지식이 원활하게 들어오는 계기가 된다. 난독은 많이 읽을수록 독서 힘이 붙어서 더 많은 성공을 끌어온다는 사실을 명심하고 어려운 책 읽는 것을 겁내지 말고 도전하자.

07

연인,
항상 가방에 책을 넣어 다니며 읽는다

　독서는 특별한 시간을 정해서도 하지만 독서력을 키우기 위해서는 일상이 독서가 돼야 한다. 직장인인 나는 출퇴근 시간을 이용하여 꽤 많은 독서를 하고 있다. 내가 무겁게 가방에 책을 넣고 다니는 이유는 언제 어디서든 독서를 하겠다는 의지가 내포되어 있다. 책 읽는 방법에 대해서 정답은 없다. 다만 어떤 상황이든지 반드시 책을 읽겠다는 의지가 필요하다. 배움과 성장이 멈췄을 때 꿈과 희망도 사라져버린다. 따라서 책을 늘 자기 몸에 지님으로써 책이 주는 영향력으로 기운이 나게 해야 한다. 책을 항상 연인처럼 동행해야 하는 이유다.

연인처럼 항상 책과 함께 가라

　책을 들고 다니는 사람은 특별한 사람으로 보인다. 책을 통해서 미래를 준비하는 모습으로 앞으로 더 발전할 사람으로 보이기 때문이다. 나는 직장인이기에 출·퇴근 시간을 독서 시간으로 이용하고 있다. 출근 시간이 한 시간 조금 넘는 시간인데 어느 땐 출근 시간만으로 책 한 권을 읽을 때도 있다. 출근 시간에 한 권 퇴근 시간에 한 권을 읽을 요량으로 두 권씩을 꼭 가방에 넣고 다닌다. 출퇴근 시간에 책을 못 읽는다면 아침 새벽 시간이나 저녁 잠자기 전 시간을 이용해서 읽어야 한다. 하루에 책을 꼭 읽어야 하는 것이 나와의 약속이기 때문이다.

　옛날부터 책 읽는 모습은 얼마나 성스러운 모습이었나? 하물며 미술작품에도 책 읽는 모습이 명작으로 그려져 있다. 이 좋은 모습을 왜 외면하는지 모르겠다. SNS상에서 먹는 모습도 당당히 자랑하는데 책 읽는 모습은 비교할 수 없을 정도로 고귀한 모습이기에 자부심을 느끼고 자랑해도 된다. 진정으로 책을 사랑해서 읽는 모습도 아름답지만, 일부러 흉내 내는 모습이라도 책을 들고 읽는 모습은 아름답다. 연인들이 서점에서 책을 읽는 모습은 더 사랑스럽다. 책을 연인처럼 사랑스럽게 늘 가까이 놓고 펼쳐봐야 한다.

　책을 읽고 나서부터 생각 없이 보내던 시간을 철저하게 관리하게 됐다.

우리가 평소 생각 없이 놓치고 있는 짧은 시간을 이용해서 뭐라도 하면 일 년이 지나면 스스로 느낄 정도로 변화가 일어난다고 한다. 짧은 시간이라도 생기면 그 시간에 나는 여지없이 책을 들고 읽기에 몰입한다. 출퇴근 시 열심히 책 읽는 내 모습으로 인해 주변 사람들도 물들어서 모두 책을 읽기를 소망해본다. 차를 기다리느라 길게 늘어선 줄에서 유독 종이책을 손에 들고 읽는 내 모습을 조만간 누군가가 취재해 가지 않을까 하는 재밌는 상상을 해본다.

중국의 문인 구양수歐陽脩는 "책 읽기 가장 좋은 장소로 침상, 말안장, 화장실이다"라고 했다. 책을 읽고자 마음만 내면 장소는 문제 될 게 없다는 뜻이다. 출퇴근 시 전철 안이야말로 책 읽기 좋은 장소이다. 집 앞에서 타면 잠실 종점에서 내리기 때문에 따로 신경 쓸 일 없이 한 시간 내내 독서에 몰입할 수 있다. 이 시간에 만약 책을 읽지 않았다면 그냥 버려지는 시간이다. 돈으로 환산할 수 없는 황금 같은 시간이 그냥 버려진다고 생각하니 아찔하다. 연인으로 표현한다면 매번 보고 싶고 가까이 있고 싶은 게 사람 마음이다. 이처럼 책도 연인처럼 대해야 한다.

책을 펴서 읽는 곳이 서재이다

경영의 대가Guru 게리 해멀Gary Hamel은 "내가 무엇을 가졌는가보다 무엇을 추구했는가에 따라 인생이 달라진다"라고 했다. 책을 읽는 일도 무엇을 계속 추구하는 일이다. 그렇다면 미래에는 책을 읽는 자가 독보적인 존재일 수밖에 없다. 나는 나의 책을 쓰면서 소망이 생겼다. 다시 아날로그로 돌아가서 종이책 읽는 열풍이 다시 일어나기를 기대한다. 책을 읽다 보니 세상에 가장 중요한 일이 독서인데 사람들이 너무 책을 안 읽다 보니 미디어에서도 독서의 중요성을 외면하고 있어 안타깝다. 먹는 방송은 여지없이 나와도 독서에 관한 프로를 보지 못했다.

하루 세끼 밥을 먹어야 살 수 있듯이 정신적인 영양을 공급받기 위해서 책을 늘 가까이 두고 읽어야 한다. 어떤 일에 종사하든지 항상 책을 소지하고 책을 읽으면 남다르게 보인다. 건널목 건널 때, 파란불 대기시간에도 책을 읽기 좋은 틈새 시간이다. 나는 언제 어디서든 조그만 짬이라도 나면 책을 읽겠다는 의도를 세우고 시도 때도 없이 가방에서 책을 꺼내 읽곤 한다. 남에게 피해를 주는 것도 아니라서 남의 눈치 전혀 보지 않고 당당하게 손에 책을 들고 읽는다. 이렇게 버려지는 시간을 택해 책을 읽었더니 일 년에 백 권 넘게 읽게 된다.

성공 독서의 시작은 무조건 한 권의 책을 읽는 것에서 시작된다. 그 한 권을 읽으므로 연속으로 읽게 되는 것으로 성공 독서의 중요한 요인이 된다. 읽지 않고서는 그 어떤 좋은 책도 무용지물이다. 일단 읽는 것으로 시작해야 한다. 뭐든지 시작하고 서서히 부족한 것을 보완해가면 된다. 시작이 반이라는 말이 있듯 책을 연인처럼 늘 가까이 두고 펼쳐봐야 한다. 책을 펼쳐보는 그것만으로 책을 읽을 가능성이 커진다. 무조건 책과 함께해야 한다. 책과의 동행만으로 독서의 시작이라고 할 수 있다. 단 5분이라도 손에 펼쳐 들고 읽는 것이 중요하다.

사랑하는 사이라면서 일 년에 한두 번 만난다면 그것은 진실로 사랑하는 사이가 아니다. 사랑하는 연인이라면 매일 보고 싶고 또 보고 싶을 것이다. 책을 이렇게 연인처럼 생각해야 한다. 어쩌면 연인은 나중에 끝이 안 좋을 수도 있지만, 독서는 절대 배신하지 않는다. 책을 연인을 대하는 것처럼 늘 가까이 두고 읽으면 깜짝 놀랄 정도로 새로운 삶이 펼쳐진다. 시간과 장소는 중요하지 않다. 어디서든 손에 책을 펼쳐 들고 읽으면 그곳이 나의 서재이다.

놓치는 시간을 이용하라, 시간은 스스로 만드는 것

책 읽는 마음이 간절해도 옆에 책이 없으면 무용지물이다. 언제 어디서든 읽기 위해서는 늘 책이 내 가까이 있어야 한다. 아무리 바빠도 틈새 시간을 이용해 카카오톡을 확인하지 않던가? 그 정성을 독서에 쏟아야 한다. 그리고 보면 책을 읽고 안 읽고는 시간에 관계치 않고 마음에 달렸다. 스마트폰을 들여다보는 것도 심혈을 기울여 보는데 인생을 새로 시작할 수 있도록 변화시킬 수 있는 독서는 가장 우선순위로 해야 하는 목록이다. 나도 모르게 버려지는 시간을 챙겨서 책읽기에 적용해 보면 좋다.

나는 식당에서 음식을 주문해 놓고 나올 때까지 책을 펼쳐 읽는다. 시간이 여유 있어서 읽는 것보다 일상에서 이런 틈새 시간을 이용해 읽는 묘미가 쏠쏠하다. 시간이 짜스트just[15] 하면 몰입이 더한층 깊어진다. 매번 느꼈던 느낌이니 확실하다. 작은 차이가 커다란 결과를 가져온다는 말이 있다. 둑에 작은 구멍이 났다고 무시했다가는 아무리 높은 재방도 무너진다. 스치듯 버려지는 시간을 절대로 하찮게 생각하면 안 된다. 틈새 시간을 독서로 사용하면 책 읽는 권수도 늘어나고 독서 습관도 자리 잡게 된다. 성공자들은 한결같이 시간 관리를 철저히 했다. 시간은 없는 게 아니라 스스로 만드는 것이다.

한 권보다는 몇 권의 책을 늘 대기 상태로 가지고 다녀야 한다. 장소에 따라 바꿔서 읽을 수 있기 때문이다. 그리고 집중이 잘될 때는 한두 시간이면 읽을 수 있어서 꼭 여유롭게 가방에 넣고 다닌다. 어깨가 아파도 그렇게라도

---

15 **짜스트** : Just인데 넘치지도 모자라지도 않게 딱 맞는다는 뜻

책을 읽을 수 있음이 다행이다. 한 가지 주제의 책만 읽는 것보다 다른 주제의 책을 바꿔가면서 읽음도 두뇌 회전을 빠르게 한다. 두 권의 책을 가지고 다닌다는 것은 내 곁에 두 명의 친구나 연인이 동행하는 것과 같다. 외출 중에도 언제 어느 때 변수가 생겨 책 읽을 시간이 주어질지 모르니 반드시 책 한두 권을 가지고 다녀야 한다.

독서는 특별한 사람이 특별하게 하는 게 아니다. 그저 언제 어느 때고 책과 함께하겠다는 마음이 독서 습관이 몸에 배게 하고 자연스럽게 습관화가 된다. 현대인들은 특히나 일부러 독서 시간을 만들지 않으면 삼천포로 빠지기 쉽상이다. 어디서든 독서를 하겠다는 의도가 가장 독서를 잘할 수 있는 마음가짐이다. 그 마음으로 독서 시간을 만들 수도 있고 아니면 그냥 흘려보내 버리는 시간일 수도 있다. 종이책을 들고 읽는 사람이 드문 시대에 책 읽는 모습이 더욱 값져 보인다. 커피숍에 들어가 가볍게 커피 마시듯이 독서도 생활 속에서 자연스럽게 이뤄지면 그 작은 시간이 모여 독서력을 기를 수 있다.

08

변화,
내 인생이 변화되는 임계치에 이르러야 한다

책을 어느 정도 읽다 보면 스스로 물리적인 변화를 느낄 수 있다. 어떤 상황이 연출됐을 때 대응하는 자세나 마음가짐이 확연히 달라진다. 또한 새로운 창조물을 발생시킨다. 이런 변화가 일어나는 경계를 임계치라고 말한다. 독서인들은 특히 책을 읽으므로 다양한 변화를 볼 수 있다. 성공자들이나 정상에 있는 사람들에게서 한결같이 독서가 주 관심사로 들어있는 경우가 이를 뒷받침해준다. 살아가는데 책을 산책처럼 가볍게 동반할 수도 있고 책을 도구 삼아 의식을 높일 수도 있다. 이럴 때 반드시 임계치 수량을 돌파하여 의식변화를 통해 새롭게 태어나야 한다. 독서 임계치에 도달하면 인생 새로고침을 할 수 있다.

일정량을 돌파해야 변화가 찾아온다

책을 읽고 변화를 일으키고 싶다면 일정량의 책을 지속해서 읽어야 한다. 많이 읽으면 읽을수록 지혜가 뇌에 쌓여 신경들 간에 조화가 이루어진다. 자기 앞에 문제가 발생해도 당황하지 않고 차분하게 핵심을 볼 수 있는 자세가 된다. 한 권의 책에는 한 사람의 경험이 담겨있다. 백 권 읽은 사람과 천 권 읽은 사람이 다를 수밖에 없는 이유다. 천 권이상 책을 읽었다면 수천 명의 지혜와 인격을 내 것으로 흡수한 거와 같다. 따라서 자기 마음의 주인이 되려면 자기 한계를 넘어설 수 있는 임계치를 읽어야 한다.

이전의 나와 다른 사람이 되고 싶거든 독서의 임계치에 도달해야 한다. 임계치에 도달하면 자신의 삶을 도약할 수 있는 기회가 된다. 자신의 미래를 상상하려면 지금, 현재 자신이 무엇을 하고 있는지를 보면 알 수 있다. 여전히 스마트폰이나 들여다보고 텔레비전을 보고 있다면 미래의 모습도 지금과 별반 다르지 않을 것이다. 너무 소름 끼치지 않는가? 미래의 모습은 지금보다 나을 거라는 소망이 있기에 살아가는데 지금 모습과 다르지 않다면 말이다. 하지만 책을 읽으면 상황은 달라진다. 의식과 사고가 달라지기에 현재 상황과 같은 풍경이 펼쳐지지 않는다.

평소에 책을 읽지 않는 사람은 시간적 공간적으로 자기만의 세상에 감금 당한 상태다. 늘 만나는 사람들과 눈에 익은 장소가 편안함을 주지만 변화를 주지 못한다. 그 사람의 변화를 끌어내기 위해서는 에너지가 필요하다. 크게 되려면 크게 된 사람들 틈에 끼어 그들에게서 배울 수 있는데 현실적으로 그게 가능하지 않다. 좋은 성공 기운과 에너지를 성공자들에게 얻어야 하는데 일반 사람들이 정상에 있는 사람과 만남이 쉬운 일이 아니다. 하지만 책을 읽으면 책 속에서 에너지를 얻을 수 있고 간접경험을 할 수 있다. 우리가 성공하지 못함은 주변에 성공한 자가 없어서라는 말도 이와 같다.

책 속에서 훌륭한 위인들과 성공자들을 만나면 달라진다. 새로운 삶을 살기 위해서라도 임계치를 넘어설 수 있는 독서를 해야만 한다. 어떤 상황이 변화하기 위해서는 모두 임계치라는 경계가 있다. 물질세계에서는 원인을 심어야 결과가 나온다. 땅에 씨앗을 심으면 땅 위로 새싹이 올라올 수 있는 변화를 기다려야 한다. 물과 햇빛을 받아 일정량의 시간이 흐르면 새싹은 땅 위로 올라온다. 이처럼 임계치는 새싹이 올라오기까지 기다림의 시간이다. 아무리 급해도 물은 100도가 돼야 끓는다. 책읽기도 이와 같다. 책을 통해 내 인생 구성 방식을 바꾸고 싶다면 반드시 임계치를 넘어야 한다.

임계점을 넘으면 새로운 의식이 펼쳐진다

　책을 읽지 않고 정상에 오른다는 것은 여간 어려운 일이다. 어떤 분야라도 책을 읽지 않고는 정상에 오르더라도 조롱의 대상이 된다. 사람들은 자기보다 뭐든지 앞선 사람을 따르지, 고만고만한 사람을 인도자로 따르지 않는다. 책을 읽지 않고 최고가 되려는 사람은 최소한의 노력도 하지 않고 거저 얻으려고 하는 사람이다. 책을 통해 임계치를 넘어 의식변화까지 일어나야 주도적인 삶을 살 수 있다. 남들에게 끌려가는 삶을 사는 게 아니라 내가 스스로 결정하고 내 삶을 결정할 수 있는 선택권을 가진다. 책을 꾸준히 읽어 임계지점을 넘어야 변화가 눈에 보인다.

　책을 읽기 전 모습은 비루하고 별 볼 일 없는 그런저런 인생을 살지만 책을 통해 새로운 가치를 발견하고 긍정적인 삶을 살 수 있다. 성공한 사람들의 책을 읽어보면 어렸을 때부터 도서관을 들락거리고 책을 가까이하던 사람들이었다. 책을 읽었기에 의식이 변화되고 도전하는 것도 책을 통해 용기를 얻어 두려움 없이 밀고 나갔다고 한다. 이렇듯 사람에게 얻지 못하는 용기와 희망을 얻는 것은 책을 통해 가능하다. 엄청 괴롭고 어려운 상황에서는 사람을 만나도 에너지가 다운되어 역효과가 나올 수 있다. 오히려 책을 통해 간접 조언받아 다시 괴로움을 딛고 일어서야 한다.

사람에게 조언을 구하기 위해서는 모든 내막을 다 털어놔야 하는데 이런 것을 불편해하는 사람들이 많다. 아무리 조언을 구한다고 해도 자신의 치부를 드러내는 일을 좋아할 사람은 많지 않다. 또한 코로나 이후로 더욱 사람과의 만남이 비대면일 확률이 높다. 책은 누구나 들여다보고 지혜를 구하도록 돕는다. 스스로 책을 통해서 해답을 구할 수 있다. 내가 힘을 얻어 내 인생을 주도하려면 일정량의 독서를 반드시 해야 한다. 어려운 일이 닥쳤을 때 내가 읽었던 수천 권의 책 속의 지인들이 조언과 지혜를 선사할 것이다. 책을 읽는 사람의 의식이 변화되지 않는다면 그 독서는 살아있는 독서가 아니다.

무엇을 이루는 사람들은 그, 이룸을 위해 일정량의 시간과 노력이 투하된다. 말콤 글래드웰의 책 《아웃라이어outlier》에서는 1만 시간의 법칙을 강조하고 있다. 무엇을 이루기 위해 투입되는 시간이다. 1만 시간은 하루 3시간씩 잡아 10년이라는 세월이 걸린다. 그런데 독서는 일 년에 천 권을 읽을 수도 있고 이천 권을 읽을 수 있다. 얼마나 많은 책을 습독하느냐에 따라 정신 의식이 달라진다. 기왕 책을 읽을 바에는 임계점을 넘어 변화를 일으키는 것이 좋다. 독서 혁명이 일어날 것이다.

꾸준히 읽어야 임계치에 도달하여 많이 얻는다

의식변화는 한순간에 이뤄지는 것이 아니다. 어떤 사람은 천 권을 읽어야 임계치에 도달한다고 하고 또 어떤 사람은 삼천 권을 읽어야 임계치를 경험한다고 말하는 사람도 있다. 사람마다 각자 임계치 양은 달라도 최소한의 시간을 투자해야 결실 본다는 사실은 확실하다. 임계점을 넘어서고 나면 능력이 향상되고 막혔던 문제도 수월하게 해결되는 경험을 했다. 즐거운 놀이로 생각하고 자신의 임계치 양을 목표로 삼고 도전해보자. 목표 수량을 정해놓고 했을 때 한 권 한 권 읽어나갈 때 목적지가 가까이 다가오는 희열이 성취감을 느끼게 한다.

일 년에 몇백 권이나 읽었는데 변화되지 않는다고 책을 놓아버리는 사람도 있다. 이때는 책의 맛만 겨우 본 상태이다. 사고체계가 바뀌기 위해서는 부족한 양이다. 임계치를 넘어서지 못하면 아무런 변화도 못 느끼고 책과 작별하는 사람도 있다. 세상에 거저 되는 일은 없다. 반드시 몰입해서 집중 독서를 통해 임계치를 넘어서야 한다. 사고방식과 의식 수준을 빠르게 끌어올리기 위해 그만큼 책을 많이 읽고 사색의 시간이 동반되어야 한다.

모든 사물이 임계치에 도달해야 반드시 양자도약이 일어난다. 독서라고 난관이 없는 것이 아니다. 수많은 재밌는 것들이 유혹한다. 하지만 넘어졌다고 포기하면 안 된다. 독서는 다시 일어나 시작해야 한다. 허접한 인생을 살고 싶지 않으면 그만한 에너지와 시간을 독서에 투입해야 한다. 새로운 미래의 자신을 만나고 싶다면 그만큼 독서에 시간과 에너지를 쏟아야 한다. 독서로 삶을 바꾸고 싶다면, 편안함을 추구하지 말고 고통을 감내하고 책과 동행해야 한다. 많이 읽어야 임계치에 도달하여 많이 얻는다.

책은 학자나 지식인만 읽는 게 아니다. 아무 상관이 없을지라도 책을 읽어야 한다. 부지런히 노력하여 전심으로 읽으면 지금은 별 볼 일 없는 인생일지라도 나중에는 빛과 같이 빛날 것임을 안다. 이미 앞선 사람이 경험한 것을 책에서 읽었기에 확실하다. 중국의 혁명가 마오쩌둥이 어린 시절 농사꾼 아버지 밑에서 생계에 도움 되기 위해 책을 읽은 것이 아니다. 임계치를 넘어 변화가 일어나기 전까지는 독서는 생계에 도움이 되지 못한다. 하지만 그가 책을 읽어야만 했던 이유는 공부하지 않으면 세상을 잘 살아내지 못할 것 같았기 때문이다. 인생에 변화를 일으키기 위한 임계치를 넘어서기 위해 꾸준하게 책을 읽자.

PART 5
—
책을 내 것으로
만드는 방법

세상을 살면서 하루하루 지혜를 높여가는 비결은
책을 읽고 자신만의 책 쓰기를 하는 것이다.
세상에 하나뿐인 나만의 표현으로 쓴 책은 나의 브랜드다.

01

메모,
책을 읽을 때는 메모를 잘해야 한다

　　책을 읽을 때 무슨 책을 읽느냐도 중요하지만 어떻게 읽느냐도 중요하다. 독서를 깊이 있게 하기 위해서는 책에 메모하면서 읽으면 좋다. 책을 깨끗하게 읽는 사람이 있는가 하면 책에 메모하면서 자기 생각을 적극적으로 쓰는 사람도 있다. 책을 읽으면서 메모하면 눈과 손으로 동시 사용하여 읽게 되므로 사고력과 기억력을 높일 수 있다. 중요하다고 생각한 글에 자기 생각을 덧붙여 첨삭添削을 할 수 있어 새로운 아이디어가 솟아나기도 한다. 책을 깨끗하게 읽으려고 하기보다는 적극적으로 자기 생각을 적고 메모하면서 읽어보자.

메모하지 않으면 사랑받지 못한 책이 된다

현실에서도 적극적인 사람은 성취도 잘 하듯이 독서도 적극적인 사람이 성과도 크다. 책을 읽을 때 자신의 기억력을 믿고 눈으로만 읽으면 책을 덮는 동시에 기억도 사라진다. 의도적으로 메모하면서 읽으면 생각을 정리할 수 있고 맥락을 쉽게 이해하는 능력이 발달한다. 중요한 부분이라고 생각되는 부분에 주저 말고 내 생각을 바로바로 메모하는 법을 활용하자. 빈 여백에 빼곡히 메모가 돼 있는 책은 나에게 사랑받았다는 증거다.

나는 책을 읽을 때 떠오르는 내 생각이나 느낌을 행여 잊을세라 책 빈 여백에 바로바로 적는다. 책을 깨끗하게 보면 나중에 새로 산 것처럼 신선한 기분으로 읽을 수 있을지는 몰라도 남는 기억들이 없다. 나중에 펼쳐보았을 때 내 생각들이 빈 여백에 가득 채워있다면 그것만으로도 핵심 독서가 가능하다. 또다시 처음부터 읽는 대신 메모가 된 글만 읽어도 한 권을 읽는 것처럼 짧은 시간에 중요 내용을 습득할 수 있다. 메모가 습관이 되면, 생각 정리 기술이 생길 수 있다.

책을 읽다 보면 새로운 생각이나 아이디어가 떠오를 때가 있다. 이럴 때도 메모 독서법을 활용하면 좋다. 메모해두면 잊어버릴 염려가 없이 생각을 붙잡아 두는 효과가 있다. 깜박했더라도 다시 메모를 보고 기억을 되살릴 수 있다. 아무리 많이 읽었어도 기록하고 메모해두지 않으면 처음 본 손님처럼 책도 낯설다. 그때그때 떠오르는 생각들을 기록해놓지 않으면 금세 먼지 사라지듯 사라져버린다. 메모 독서는 나만의 생각 기록을 남기는 방법이다. 사랑한 사람과의 추억이 많이 있듯이 책 페이지마다 메모 흔적이 많으면 나를 자극한 책임이 틀림없다.

모티머 애들러 Mortimer Jerome Adler 도 "책을 읽으면서 빈 여백에 자신만의 목차를 만들고 생각을 적어라."라고 말했다. 메모와 기록은 단순히 책을 읽는 행위가 아니고 적극적으로 내가 책에 동참하여 주체적인 독서가 된다. 한 가지 사물을 보고 백 명의 사람들이 각기 다르게 생각을 표현할 수 있듯이 내용이 비슷하더라도 쓰는 사람에 따라 천차만별의 글이 나온다. 빈 여백에 메모한다는 것은 저자의 글에 질문을 던질 수도 있게 한다. 이미 적혀진 글에 근거하여 자신의 생각을 나만의 표현법으로 정리하게 한다. 메모하면서 읽으면 속도 면에서는 현저히 느릴 수 있으나 자연스럽게 병행해서 읽으면 효과 면에서는 배가 되는 방법이다.

메모하면 내 창조물이 된다

　메모 독서는 변화를 끌어내는 독서 방법이다. 메모를 효율적으로 하면 논리를 스스로 확장할 수 있고 새로운 창작물을 내놓을 수 있다. 책을 읽다가 내 생각과 다른 경우 즉시 메모한다. 저자의 생각과 내 생각의 차이가 무엇인지를 적고 내 생각을 책 여백에 메모하여 기록한다. 지도자가 되려고 생각하는 사람은 더욱 메모 독서가 요긴한 방법이다. 남과 다른 생각으로 논리를 펼칠 수 있고 논점을 일목요연하게 정리할 수 있다. 책을 읽으면서 책 내용을 중심으로 생각과 느낌 등을 그때그때 메모하자.

　메모 독서는 책의 내용을 빨리 잊지 않게 하는 방법이다. 책을 읽고 메모하고 생각을 다시 정리할 수 있으니 몇 배로 기억력이 크다. 여백에 기록한 메모 글을 참조하여 나중에 자신의 책을 쓸 수 있다. 틈틈이 적어놓은 메모 글에 자기 생각을 더하여 한 권의 창작물이 탄생할 수 있다. 중요한 요점을 쓰는 메모 글이 실천만 잘하면 삶의 변화를 일으키는 실마리가 될 수 있다. 메모 독서는 그냥 읽는 독서가 아니라 쓰는 정성이 들어가는 독서이다. 꾸준히 지속할 때 책 속 정보와 내 생각을 결합하여 나중에 자신만의 책을 쓰는데 훌륭한 자료가 된다.

독서를 하면서 무언가 떠오르는 생각들을 빨리 메모해야 한다. 읽다가 새로운 창조물로 활용하기 좋은 부분을 바로 메모해야 한다. 나중에 해야지 하면 기발한 생각들이 사라진다. 읽으면서 항상 펜을 근처에 두고 메모한다. 언제 다시 책을 펼쳐서 메모 글만 훑어보아도 책 내용이 되살아난다. 요점이나 핵심을 쉽게 떠올릴 수 있고 한 권의 책을 쉽고 빠르게 완독할 수 있는 효과가 있다. 메모 독서는 잘만 활용하면 기대 이상의 효과를 가져다준다.

메모 독서는 단순히 책을 읽는다는 차원을 넘어 새로운 창조물을 탄생시키도록 유도하는 방법이다. 그렇기에 메모 독서를 실천하면 유익하다. 무언가 새로운 지식과 정보를 얻고 지혜가 떠오르면 바로 메모하는 습관을 지녀야 한다. 이 메모한 글들을 엮어 새로운 창작물을 만들어내면 책 읽는 보람이 크다. 저자의 글에 내 생각을 덧붙여서 메모한 글이 나중에 서로 융화되어 새로운 창작물로 탄생한다고 생각하면 마음이 벅차다. 메모 독서법은 독서 후에 생각하는 독서와 더불어 책을 쓸 힘을 길러주는 독서 방법이다.

한 권을 읽더라도 제대로 읽으려면 메모 독서 하라

메모 독서는 독서 후에 지적으로 풍성하게 해준다. 읽은 후에 짧은 말이라도 꼭 메모하는 습관을 들이자. 굳이 문장과 구조와 무관하더라도 메모하는 습관은 사고 능력을 월등히 길러준다. 메모하느냐 안 하느냐의 차이는 생각 정리하는지 놓치는지의 차이다. 최소한의 습관으로 최대한의 효과를 누릴 방법이 메모 독서법이다. 눈으로 빠르게 읽어나가는 독서보다 메모하면서 천천히 읽는 독서는 한 권을 제대로 읽는 독서 방법이다.

책을 읽고 메모하는 습관은 수없이 쏟아지는 정보의 홍수 속에서 자신의 생각을 정리할 수 있는 습관을 만들게 해준다. 특별히 정해진 틀이 없이 떠오르는 생각을 놓치지 말고 기록하는 습관이 중요하다. 메모는 간단하고 쉽지만 꾸준하게 쓰다 보면 더 효과적으로 쓸 방법을 터득할 수 있다. 그냥 주는 대로 받아먹는 거와 얻기 위해 적극적으로 행동하는 것은 큰 차이가 있다. 적극적인 독서는 내 생각과 느낌을 메모하는 것이다. 그렇다고 재밌는 소설을 읽으며 메모하는데 급해서 정작 책 읽는 목적이 사라지면 안 된다. 느리더라도 명료하게 읽는 독서를 해야 한다.

요즘은 접착식으로 된 메모지에 키워드를 메모하여 활용하는 방법도 사용하고 있다. 색깔이 다른 접착지接着紙는 시각 효과도 있어 필요한 부분을 쉽게 찾을 수 있다. 색다른 메모는 각인되는 효과가 크기에 나중에 필요할 때 기억을 바로바로 불러올 수 있다. 눈으로만 읽는 독서와 메모 독서법이 만나면 새로운 자신의 지식으로 만들 수 있다. 급하게 먹는 밥이 체하듯, 메모 독서법은 생각들을 급하게 뇌에 저장하지 않는다. 오히려 책의 내용을 천천히 꼭꼭 씹어 자신의 피와 살로 소화시키는 방법이다. 느리지만 독서 효과를 창출하기에는 부족함 없는 방법이다.

책을 펼쳤을 때 여백에 메모가 적혀있으면 내 생각을 엿볼 수 있다. 시간이 지나서 읽어보면 처음 기록했을 때와 사뭇 느낌이 다르다. 새로운 삶을 변화시키기 위해서는 책을 눈으로 읽는 것으로 만족하지 말고 메모 독서를 실천해보자. 메모하면 많은 생각을 잡을 수 있고 다시 펼쳤을 때 새롭게 가공하여 창작물을 만드는 데 유용하다. 무미건조하게 읽지만 말고 책 쓰기의 핵심인 메모 독서를 활용해보자. 메모 독서는 한 권을 읽더라도 열 권을 읽은 효과로 보답할 것이다.

02

밑줄,
책을 읽을 때는 밑줄을 효과적으로 쳐야 한다

책을 눈으로 읽기만 하면 기억에 남는 게 별로 없다. 읽으면서 인상이 깊었던 문장이나 중요하다고 생각되는 부분에 밑줄을 치고 읽으면 내용이 머릿속에 잘 들어오고 쉬워진다. 언제든지 펼쳐 봐도 책에 대한 느낌과 기억이 떠오를 것이다. 밑줄 독서는 빠르게 읽으면서 내 마음이 꽂히는 부분에 밑줄을 치면서 읽어나가면 좋다. 자신만의 스타일대로 부담 없이 표시하면 된다. 읽은 후에 밑줄 친 부분을 옮겨 적기도 하고 그 부분만 소리 내 읽어봐도 좋다. 밑줄 긋기의 유익함은 밑줄을 그을수록 그 문장을 통해 내 생각을 엿볼 수 있고 밑줄을 칠 때 내 것이 된다는 사실이다.

밑줄 독서로 핵심 파악을 빠르게 할 수 있다

밑줄 독서는 복습 독서를 할 때 유용하다. 읽으면서 밑줄 치기를 잘해놓으면 나중에 다시 펼쳤을 때 밑줄 친 부분만 읽어도 되기에 시간 절약이 된다. 자신이 처한 문제에 대한 답을 구할 때도 밑줄 친 부분을 세심하게 읽어 나가면 된다. 읽을 때 자신에게 도움이 될 부분이라 밑줄을 쳤기 때문이다. 자신의 인생 책을 만들려면 그저 깨끗하게 읽으면 안 된다. 내 생각과 다른 부분은 내 글을 적고 각자의 선호에 따라 과감하게 밑줄을 치면 된다. 나중에 밑줄 친 부분만으로 빠르게 책 한 권을 파악하는 방법이다.

나만의 밑줄 치기는 일단 빠르게 통독한 후 중요한 부분이나 마음에 드는 문장을 삼색 볼펜으로 밑줄을 긋는다. 두 번째 읽을 때는 다른 부분이 눈에 들어올 때 다른 색 펜으로 밑줄을 친다. 책을 읽으면서 밑줄을 그으면서 읽으면 좋은 문장을 볼 수 있는 눈이 길러진다. 나는 울림이 있는 부분은 반드시 밑줄 독서를 한다. 자신에게 좋은 책은 책 속에 얼마나 자신만의 흔적이 남아 있느냐에 따라 구분된다. 행여 읽다가 이해되지 않은 부분은 검색을 통해 말풍선을 달아 놓으면 학습 공부가 된다.

밑줄 독서는 나중에 중요한 부분을 빨리 찾을 수 있다. 좋은 문장을 반복으로 읽다 보면 글쓰기도 발전한다. 틈새 시간에 밑줄 친 부분만 읽어도 여러 번 재독이 가능하다. 귀찮을지라도 밑줄 독서를 활용해서 효과적으로 책을 읽어보자. 밑줄 독서를 새로운 생각을 방해한다고 부정 시선으로 보는 사람도 있지만, 독서 고수들은 대부분 밑줄 독서를 지향한다. 밑줄 독서도 독서 기술의 일부분이기 때문이다. 책을 효과적으로 읽기 위해서는 밑줄 독서를 잘해야 한다. 하루도 빠짐없이 밑줄을 치며 효율적으로 책을 읽자. 밑줄 친 글을 통해 내가 어떤 글을 선호하는지 내 생각들을 들여다볼 수 있다.

밑줄을 친 내용은 중요한 부분이기에 표시된 부분만 반복 독서를 하면 시간을 절약할 수 있고 몇 번씩 재독이 가능하다. 책은 읽을수록 새로운 지식을 많이 쌓을 수 있다. 자신에게 좋은 책은 자신만의 방법으로 흔적을 남겨야 한다. 밑줄 독서와 더불어 자신만의 특별한 기호로 표시해도 상관없다. 분명한 사실은 눈으로 읽는 것보다 밑줄 독서는 의외로 간단하지만 여러 장점을 안겨주는 독서 방법이다. 처음 읽었을 때 깨끗했던 책이 밑줄이나 자기 생각들로 채워져 있다면 또 다른 책 한 권이 나에게 온 것이나 다름없다.

어려운 책일수록 밑줄을 긋고 책을 읽어라

학창 시절 교과서에 중요한 부분에 항상 빨간 펜으로 밑줄을 그으면서 공부했던 기억이 난다. 시험 기간에 밑줄 친 부분만 공부해도 좋은 결과가 나왔던 기억이 있다. 그냥 깨끗한 교과서는 뭔가 분산돼서 들어오지만, 밑줄 친 내용은 한눈에 들어오는 경험을 기억할 것이다. 책을 읽을 때도 밑줄을 긋거나 자신만의 방법으로 표시해두면 내용도 더 깊이 이해할 수 있다. 밑줄 이외에 핵심이 될 만한 단어에 동그라미를 하던지 사각 모양을 표시해도 좋은 방법이다. 어려운 책일수록 밑줄 친 부분만 반복 독서해도 이해하는 능력이 탁월해진다.

밑줄 독서와 더불어 메모 독서를 겸용하면 훨씬 풍부한 내용을 흡수할 수 있다. 어려운 내용일수록 밑줄 독서로 읽으면 두 번 읽는 효과와 같으므로 이해력이 빨라진다. 밑줄 독서의 장점은 시각적으로 눈에 빨리 띄고 중요 부분을 한눈에 알아볼 수 있다는 점이다. 혹시 펜을 손에 들고 읽는 것을 부담스럽다면 귀퉁이를 접는 방법도 차선책으로 해볼 만한 방법이다. 방법은 수시로 그때 그때 상황에 따라 변경해도 된다. 자신이 알아보기 쉽게 파악되고 책 내용을 잘 찾을 수 있다면 그것으로 충분하다.

책은 자신을 위해 읽는 것이지 남에게 보여주기 위해 읽는 게 아니므로 방식에 대해서는 개인의 선택에 따라 적용하면 된다. 연습 삼아서라도 한번 밑줄 독서를 해보자. 이전 독서와 뭔가 다름을 느꼈다면 계속 습관으로 잡힐 때까지 실천해보자. 나에게 좋은 책이 되기 위해서는 나만의 흔적이 남겨있어야 한다. 밑줄을 친다는 것은 일단 읽는다는 거에 전제한다. 밑줄 독서는 관심과 정성을 들여서 책을 읽었다는 표시다. 밑줄을 치면서 책을 읽으면 기억력 강화가 더 확실해진다.

어려운 책일수록 밑줄 독서를 하면 기억이 또렷해지고 내용 파악이 쉽다. 밑줄을 치면서 각인되는 효과로 학습독서가 가능하기 때문이다. 지식 도서나 실용 서적을 보면 어렵고 난해한 글들이 많은데 밑줄을 치고 인터넷 사전으로 검색해서 학습하면 된다. 아니면 처음에 이해 못했을 때도 읽다 보면 뒷부분에서 내용 파악이 될 수 있다. 어려운 책을 밑줄 독서로 읽었다면 한층 독서 힘이 붙어서 읽기 전의 모습보다 한결 지적성장이 확장됨을 느낀다. 나중에 밑줄 친 부분을 독서기록장에 옮겨 적어놓으면 자신의 글을 쓰는 데 도움이 된다.

효율적으로 읽기 위해 밑줄을 치자

밑줄 독서는 내용을 파악하고 이해하면서 읽는 효율적인 방법이다. 어떤 방법을 적용하며 읽는지에 따라 책 읽는 능률도 달라진다. 그러므로 어떻게 읽느냐도 중요하다. 책이 귀하던 시절에는 책을 깨끗이 읽고 물려주는 게 미덕이었지만 지금은 그렇게 읽으면 사랑받지 못한 책이나 다름없다. 밑줄이나 메모 등으로 자국이 있으면 나에게 울림이 있던 책이나 다름없다. 예전에는 책이 없어서 못 읽는 시대였기에 책을 소중하게 다뤘지만, 지금은 읽어야 할 책이 넘쳐난다. 어떻게 읽던지 효율적으로 읽어서 자신에게 도움이 된다면 그것으로 충분하다.

눈으로 책을 보지만 부지런히 손으로 움직이면 두 배의 효과가 있다. 밑줄이나 상자를 표시하면 집중력을 높이는 행위가 된다. 밑줄 하나치는 거로 무슨 변화가 있을까 싶지만 일단 한번 해보면 그 효과 면에서 놀랄 것이다. 많은 고수가 지금까지 해왔다면 그 효과 면에서도 탁월하다는 것을 입증한다. 영감을 주는 중요한 부분도 밑줄 치지 않으면 흘러가는 문장이지만 밑줄을 치면 나와 인연이 된 문장이 된다. 밑줄을 그으면서 익숙해지면 책 읽는 효과도 배가 된다.

밑줄 독서는 정확하게 파악했다는 기술이다. 뭔가 자신에게 중요하고 울림이 있기에 밑줄 독서가 가능한 것이다. 밑줄 독서는 이해력과도 밀접하다. 밑줄 독서를 하는 이유는 지식과 자료를 수집하는 부분에서도 유용하다. 한 권을 여러 번 읽는 것도 다른 책을 여러 권 읽는 효과와 맞먹는다. 세종대왕도 한 권을 백번 넘게 읽고 썼다고 했다. 밑줄 독서는 중요 부분만 표시했기에 여러 번 재독으로 내용을 오래 기억할 수 있다.

밑줄 독서는 책을 효과적으로 읽기 위해 매우 중요한 행위이다. 단순한 작업이지만 독서 근력을 키우는 데 매우 유용하다. 버스 안이나 지하철 안에서 밑줄 긋기가 불편할 때는 모서리 부분을 접어놨다가 나중에 그 부분만 밑줄 표시하면 된다. 나름대로 여러 가지 부호나 문자를 사용하여 표시해도 괜찮다. 다만 밑줄 독서를 하느냐 안 하느냐는 차이가 크므로 독서를 그동안 눈으로 읽기만 했다면 밑줄 독서로 변화를 주는 것도 좋은 방법이다.

03

쓰기, 책을 읽을 때 혹은 읽고 나서
내 생각을 바로 적어보아야 한다

책을 읽은 후 독서 노트에 자기 생각을 쓴다는 것은 자신의 생각을 스스로 창조하는 일이다. 생각을 열 번 하는 것보다 한 번의 글을 쓰는 게 훨씬 더 효과가 있다. 글쓰기는 생각을 정리해주고 다시 되새김질하는 역할을 한다. 책을 읽고 독서 노트에 꾸준히 글을 쓰는 작업은 몇 년 후에 눈부신 모습으로 바꾸어주는 변화의 시작이다. 책을 읽고 글을 쓰지 않으면 그물망에 빠져나가는 물과 같이 지식이 흩어져 버린다. 글을 써 놓으면 나의 창작물로 평생을 보관할 수도 있다. 독서 후에 지식을 나의 지식으로 흡수하여 나만의 글쓰기로 마무리해야 변화되는 독서를 했다고 할 수 있다.

읽고 글을 쓰는 것을 습관화하자

　책을 읽은 동시에 내 생각을 쓰기 시작하면 상승효과가 난다. 자신의 생각을 의도적으로 쓰기 시작하면 글쓰기 훈련이 자동으로 가능하다. 처음에는 글쓰기가 미약했으나 나중에는 자신의 글을 쓸 수 있는 창대昌大한 일이 글쓰기다. 글을 쓰기 위해서는 핵심 파악이 빨리 일어나고 생각 정리가 동시에 강화되기에 꾸준한 실천만 하면 기대 이상으로 새로운 능력이 생긴다. 나 또한 기대를 안 하고 시작했지만, 처음에 쓰던 글과 나중에 쓰던 글을 비교해보면 현저히 차이가 날 만큼 글쓰기가 나날이 발전했다.

　책을 읽은 후에 글을 쓰고자 하면 아무 생각도 안 나고 두서가 안 잡히지만 무작정 써 내려가다 보면 글이 고구마 줄기 딸려 나오듯이 연결된다. 일단 읽고서 펜을 들고 무작정 쓰기부터 시작해서 써 내려가야 한다. 책은 읽고 글을 쓰지 않으면 내 생각을 정리할 수 없고 지혜도 건져 올릴 수 없다. 생각은 금세 잡아놓지 않으면 날아가 버리기 때문이다. 책을 읽고 글을 쓰는 행위는 사고력을 더욱 확장 시켜준다. 책만 읽기도 버겁다고 할지 몰라도 읽고서 반드시 결과물을 얻으려면 글쓰기가 동반되어야 한다. 글을 쓰므로 내가 논리적일 수 있고 생각 정리가 바로잡힌다.

시간 들여 읽어놓고 글을 쓰지 않으면 읽었던 지식이 바람처럼 날아가 버린다. 학교에서도 책을 읽었으면 독후감을 항상 써오라고 한다. 읽기와 쓰기는 떨어질 수 없는 실과 바늘 같은 관계이다. 책읽기와 글쓰기는 그만큼 중요하다. 읽고 쓰는 것을 습관화하면 새로운 능력을 창출할 수 있다. 책을 읽고 장황하게 쓰지 않아도 된다. 단 몇 줄이라도 포인트로 글을 쓰면 안 쓰는 것보다 낫다. 전문 서적이나 경영 서적을 읽고서 내 생각을 글로 남기는 습관을 들이면 논리력이 또렷해지고 문장의 힘도 좋아져 그 누구와 대화해도 풍성하게 이끌어갈 수 있다.

글을 쓰기 위해서는 책 내용을 다시 곱씹어봐야 하므로 인상 깊은 구절이나 글귀를 자연스럽게 떠올리게 된다. 또한 관찰자의 관점에서 내 느낌을 다양한 글로 표현할 수 있다. 글쓰기는 사고의 전환이 일어나고 다양한 관점을 갖게 된다. 책을 읽고 평소에 독서 후기를 빠짐없이 쓰거나 마음에 드는 문장을 따라 쓰는 것도 추천한다. 하늘 아래 새로운 것이 없다. 모든 글은 기존에 있던 글을 창작한 글이다. 모방에서 나의 멋진 새로운 창조물이 탄생할 수 있다. 글로 표현이 부족할 때는 상관관계를 그림으로 표현할 수도 있다. 핵심 단어를 골라 좌우로 관련된 글을 적어나가면 글쓰기가 훨씬 쉬워진다. 책을 읽은 후 내 생각을 기록하는 습관은 제대로 내 것으로 만드는 책 잘 읽는 방법이다.

독서 후 글을 쓰는 것은 내 책을 만드는 방법이다

요즘은 따로 작가 수업받을 수 있을 정도로 누구나 글쓰기가 가능해졌다. 그렇기에 더욱 책을 읽고 쓰는 활동이 같이 이뤄져야 나중에 자신의 글을 쓸 때 도움이 된다. 처음에는 부족한 표현일지라도 일단 시작하면 충분히 발전할 수 있다. 가랑비 옷 젖듯이 일상에서 글 쓰는 습관을 들이면 나중에 작가가 될 수도 있다. 책을 읽었다면 책에 관해 내 생각은 어떤 건지 배운 것은 무엇인지 고민해봐야 한다. 내 느낌을 기록하지 않으면 의미 없는 손님이 잠깐 방문했다가 나간 거와 같다. 자유롭게 독서 노트에 기록해도 되고 컴퓨터로 타이핑을 해서 기록해도 무방하다.

책을 읽고 내 글을 쓰기 시작하면서 처음부터 읽은 후에 반드시 글을 썼더라면 좋았을 걸 하는 아쉬운 마음이 든다. 책을 처음 읽었을 때는 독서 방법론 책을 읽고 시작한 게 아니어서 내식대로 그냥 읽는 것에 연연해서 글쓰기를 따로 하지 않았다. 지금은 독서교육을 듣고 방법론 책을 읽으면서 여러 독서 방법을 적용해가면서 균형 있게 읽어나가고 있다. 글쓰기는 새로운 능력을 끄집어낼 수 있는 효과가 있기에 글쓰기는 내 책으로 만드는 방법이다. 내가 읽은 책에 대해 갑이 되어서 내 생각을 주도적으로 기술하는 작업이다. 각자 사람마다 생각이 천차만별이듯 쓰기 형식에서는 구애받지 않아도 된다.

독서기록장은 집을 짓기 위한 자재들이 들어있는 창고와 같다. 나중에 집을 지을 때 자재들을 하나씩 꺼내서 지으면 집이 완성되듯이 독서 노트에 기록한 글쓰기는 나중에 자기만의 책을 쓰는데 필요한 자재와도 같다. 조각 글들을 다시 모아서 조각처럼 꿰맞춰서 새로운 창작물로 다시 태어날 수 있는 게 글쓰기 작업이다. 지적자산을 적금한다는 생각으로 읽기와 쓰기를 병행하여 새로운 변신을 꿈꿔보자. 꿈꾸는 자가 미래의 주인공이다. 꿈을 꾸고 글을 써야 변화가 일어난다.

풍선에 바람이 빠지면 풍선이 아니다. 책을 읽고 글을 쓰지 않으면 바람 빠진 풍선이나 다름없다. 책을 읽은 만큼 글이 써지게 되어있다. 지식이 쌓이면 밖으로 내보내고 싶은 것이 인지상정人之常情이다. "글을 못 쓴다는 것은 독서 할 줄 모른다는 얘기와도 같다"라고 프랑스 작가 샤를 단치Charles Dantizg[16]가 말했다. 책을 많이 읽어야 글을 잘 쓸 수 있다. 책을 읽은 후 독서 후기를 쓰라고 했던 이유는 글쓰기가 그만큼 중요하기 때문이다. 책을 읽고 글을 쓰지 않으면 책의 손님이 되지만, 내가 글을 쓰면 책의 주인이 된다. 멋진 일이다.

---

16 샤를 단치(Charles Dantizg) : 프랑스의 소설가, 시인

책읽기를 즐겨야 좋은 글이 나온다

책을 읽고 글을 써야 하는 이유는 책 내용과 정반대의 글이 재창조될 수 있기 때문이다. 읽은 자의 관점에서 책의 내용을 해석하고 느낌을 표현하기에 똑같은 책을 읽었어도 다양한 창작물이 나올 수 있다. 따라서 글쓰기를 동반해야 새로운 관점으로 본 글들이 많이 탄생할 수 있다. 수준 높은 글을 쓰기 위해서는 독서는 기본적으로 해야 한다. 독서의 중요성은 앞글에서 수없이 강조했다. 사실 글쓰기는 책을 많이 읽어야 가능하다. 책을 읽고 글쓰기는 누가 대신해 줄 수 없다. 오로지 자신이 읽고 자신이 써야 한다. 읽지 않고 수준 높은 글을 쓸 수가 없다.

독서 후에 글쓰기는 자신이 어떤 일을 하고 있는지에 따라 다양한 정보가 달려 나온다. 글쓰기는 쓰면 쓸수록 실력이 는다. 책 내용에 대해서도 저자가 말하고자 하는 핵심을 빠르게 파악하여 내 생각으로 옮길 수 있다. 또한 글쓰기는 자신의 글을 쓸 수 있는 토대가 된다. 재주가 없다고 포기하지 말고 글쓰기를 꾸준히 실천해보자. 책을 다양하게 많이 읽고 깊이 있게 읽으면 밖으로 지식이 흘러나오게 돼 있다. 머릿속으로 생각 정리가 되고 논지가 또렷하게 정리되는 힘도 커진다. 책읽기를 우선 시작해야 이후 좋은 글을 쓸 수 있다.

글쓰기는 우리의 생각을 확장하고 새로운 창작물을 내놓기 위한 준비 단계이다. 글쓰기를 습관화해야 창의적인 글이 나온다. 똑같은 글을 읽고 각 사람이 표현하는 글은 개성이 묻어난 글이 나온다. 얼마나 더 세련되고 창의적인 글을 쓰느냐는 얼마나 다양한 책들을 어떻게 소화했느냐에 따라 차이가 크다. 자신의 글을 쓰기 위해서는 책을 많이 읽고 글을 연습 삼아서라도 길든 짧든 즐겨 자주 써봐야 한다. 평소에 습작처럼 썼던 글들이 모여 훗날 자신만의 창의적인 글에 활용할 수 있다.

책을 읽고 쓰는 형태로 자신을 인생을 얼마든지 변화시킬 수 있다. 읽고 쓰다 보면 나중에 어떠한 결과물이 나오든 새로운 삶을 살 수도 있다. 지금과 다른 트랙의 제2의 인생을 살수도 있다. 자신의 미래를 준비하기 위해서는 읽고 글을 쓰는 것을 꾸준히 해보자. 변하지 않을 것 같은 자기 삶에 해결책을 제시해줄 수도 있다. 특히 직장인이라면 더욱 읽고 쓰는 것을 활용해보자. 평소에 꾸준히 책읽기를 즐겨하면 글쓰기를 통해 지식과 지혜를 통해 혁신적인 삶을 살 수 있다. 자신만의 창의적인 결과물을 얻기 위해서 책을 많이 읽고 바로바로 내 느낀 바를 적어보자.

04

속도,
완급을 조절하며 읽어야 한다

열차도 천천히 가는 완행열차가 있고 급하게 가는 급행열차가 있듯이, 책도 천천히 읽는 구간과 빠르게 읽고 지나가는 구간이 있다. 일정한 속도로 읽는 것보다 완급을 조절하며 읽으면 더 책을 효율적으로 읽을 수 있다. 일정한 속도감은 지루한 감도 있지만, 속도감을 타고 읽으면 강약 조절처럼 탄력적으로 읽을 수 있다. 중요한 구간에서는 천천히 읽을 필요가 있고 지나쳐도 의미해석에 영향을 끼치지 않을 때는 과감히 지나쳐 읽어도 된다. 따라서 한 권을 읽더라도 완급을 조절하여 읽으면 효율적이다.

속도를 완급 조절하며 읽는다

책을 한 권 읽을 때도 속도를 조절하며 읽으면 더 능률적으로 읽을 수 있다. 책을 읽다 보면 중요한 요점만 짚어가며 읽어야 하는 부분과 천천히 꼼꼼하게 읽어야 하는 부분이 있다. 때에 따라서는 건너뛰어 읽어도 상관없는 부분도 있다. 자신에게 필요한 부분이 어딘지 신속하게 분별하면서 속도를 조절하며 읽는 방법도 유용한 독서 방법이다. 자신하고 관계없는 부분에 시간을 들이기보다는 관련이 있는 부분을 중점적으로 읽어나가는 것으로 균형을 맞춰서 책을 읽음도 합리적인 독서 방법이다.

책을 읽다 보면 목차만 읽어봐도 그것으로 어떤 내용의 책인지 파악할 수 있다. 수필이나 자기계발서는 자신이 알고자 하는 부분만 꼭 짚어 읽어도 문맥을 이해하는 데는 충분하다. 대신 철학서나 고전서 등은 빨리 읽는다고 능사가 아니다. 생각하면서 집중상태로 읽어야 책의 영양분을 흡수할 수 있다. 책을 한 가지 독서법으로 읽는 것보다는 정독이나 속독을 부분적으로 사용해서 읽으면 전략적으로 책을 읽을 수 있다.

한 권의 책을 읽을 때도 무조건 빠르게만 읽어나가는 것보다 흐름을 타면서 읽으면 훨씬 읽는 묘미가 있다. 가볍게 스쳐 지나가도 될 가벼운 부분이 있고 진중하게 읽어야 할 부분이 있기에 책에 따라 독서법을 달리하며 읽는 것도 지혜롭게 읽는 방법이다. 책도 무조건 분량을 정해놓고 끝까지 읽어야 한다는 사람은 먹고 싶지 않은 음식을 꾸역꾸역 입으로 집어넣는 거와 같다. 음식을 억지로 집어넣으면 소화가 안 되고 배탈이 나듯 책은 무조건 끝까지 읽어야 한다는 것은 요즘같이 빠르게 변화하는 세상에선 잘 맞지 않는다.

한 가지의 방법을 정해놓고 책을 읽으면 독서도 스트레스가 된다. 책을 그냥 읽어도 버겁다는 사람도 있는데 독서 방법까지 한계를 정해놓고 읽으면 책과 인연이 되기 전에 작별을 고하기 쉽다. 책과 친해지려면 자유자재로 속도감을 조절하며 읽으면 책읽기가 훨씬 쉬워진다. 책을 읽는데 하나의 독서법으로 시간을 쏟는 것도 비효율적이다. 흐름을 타면서 빠르고 천천히 완급을 조절하며 읽으면 하나의 방법을 고수해서 읽는 독서보다 필요한 것들을 더 많이 얻을 수 있다. 따라서 책의 특성에 따라 읽기 방법도 완급을 적용해서 읽을 필요가 있다.

책마다 읽는 방법이 다르다

독서법만 해도 여러 종류의 다양한 독서법이 있다. 책을 읽을 때 한 가지 독서법을 취해서 그 한 가지 독서법으로 처음부터 끝까지 읽는 건 비효율적이다. 한 권의 책 속에서도 속독과 정독으로 읽어야 할 구간이 구별되어 있다. 그러므로 구간에 맞게 완급 독서 방법을 취해서 읽어야 한다. 한 권을 세세하게 읽기에는 세상에 읽을 책들이 너무 많다. 책을 읽을 때 자유자재로 모든 독서법을 적용하여 읽어도 좋은 방법이다. 한 권의 책 안에 다양한 구간으로 나눠 있기 때문이다. 긴장을 풀고 여유롭게 읽어야 할 곳과 빨리 스치듯 읽어도 되는 부분이 분명 있다.

책을 읽는 게 의외로 에너지가 많이 소비된다. 한 권을 읽고 나면 잠깐이라도 휴식을 취해줘야 한다. 아무리 책 읽는 게 좋은 습관이라고 해도 지치도록 읽는 건 비효율적이다. 잠깐만 읽고 말 것이라면 모를까 평생을 책과 함께 갈 거라면 읽는 방법도 완급을 조절해야 한다. 무조건 많이 읽는 게 능사라고 쉼 없이 꾸역꾸역 읽는 것보다 완급을 조절하며 읽는 것이 더 많은 책을 읽을 수 있다. 한 가지 독서 방법으로 읽는 것보다 여러 독서법을 적용하여 읽어보자. 때에 따라 유동적이고 가변적으로 읽는 것도 좋은 방법이다.

세상이 빛의 속도로 뭐든지 빠르게 하는 것이 대세다. 빠르다고 다 좋은 게 아니다. 특히 책 읽기는 무턱대고 빠른 것도 안 좋지만 그렇다고 천천히 읽을 구간이 아닌데 천천히 읽는 것도 낭패다. 읽는 사람 스스로 이해하고 흡수해야 한다. 완급을 조절하기 위해서는 책도 어떤 책이냐가 우선 중요하다. 빨리 핵심 파악이 되면 핵심 부분만 빠르게 흡수하고 다른 책으로 넘어가야 한다. 모든 책이 시간과 정성 들여 읽기에는 모든 내용이 그만한 가치가 없다. 파레토Vilfredo Pareto의 법칙처럼 20%만이 중요한 내용일 확률이 크기 때문이다.

대신 인문학이나 고전서는 천천히 완행 독서로 읽어야 한다. 생각하며 비판하며 질문하며 그 답을 찾아가면서 읽어야 내 것이 된다. 그러므로 천천히 읽어야 한다. 문학 소설을 읽을 때는 그냥 물 흐르듯이 읽으면 된다. 수준 높고 어려운 책은 천천히 쉬어가면서 완행으로 읽어야 한다. 독서 고수들은 한 가지 독서 방법만 취하지 않는다. 자유자재로 여러 독서법을 적용하여 속도 구간을 구분하여 읽는다. 한 권의 책 속에서도 여러 독서법을 구사하여 완급을 조절하여 읽어야 한다.

글자를 전부 읽어야 한다는 생각을 버려라

책을 한 글자도 안 빠트리고 읽는 게 미덕이라고 생각하는 사람들이 있다. 학교에서부터 학습된 역할로 빠짐없이 읽어야 책을 완독했다고 하는 사람도 있다. 대충 독서법도 있듯이 중요 부분만 집중해서 읽고 나머지 곁가지 글들은 그냥 지나쳐 읽음이 오히려 집중해야 하는 책 읽기라 할 수 있다. 평탄한 삶은 성장이 없듯이 책 읽기도 빠름과 느림을 잘 조절하며 읽을 때 능률이 상승한다. 글자를 한 자 한 자 모두 읽어야 한다는 고정관념을 버리고 읽으면 책 읽기가 훨씬 즐겁다.

세상이 빠르게 변하다 보니 앞서지 못하면 불안한 마음에 독서 또한 권수에 집착하여 속독으로 이어지는 경우가 많다. 조급한 마음을 내려놓고 자신만의 보폭으로 읽어나가는 게 중요하다. 남들이 몇천 권을 읽었다고 한들 변화된 모습이 아니면 진정한 독서인이라 할 수 없다. 완급을 조절하여 잘 읽으려면 집중해서 책 읽기를 시도해야 한다. 중요하지 않은 부분은 대충 건너뛰고 읽기 때문에 잠깐 한눈팔면 핵심을 놓치고 만다. 완급 조절하여 읽으면서 핵심 파악을 빠르게 할 수 있다면 이보다 좋을 순 없다.

책 중에도 흐르듯 눈으로 훑어 읽어도 되는 책이 있고 꼬박 읽어도 하루에 한 페이지도 진도가 안 나가는 책도 있다. 각각의 책들의 특징에 따라 읽어나가는 기술이 필요하다. 핵심 부분을 빠르게 파악하면서 속도를 조절하며 읽으면 책 읽는 지루함이 사라진다. 완급을 조절하면서 합리적으로 읽어나가면 책 읽기가 훨씬 쉬워진다. 속도를 스스로 조절하여 읽을 수 있음을 알고 적용하면 된다. 책 전체를 공들여 읽는다고 완전하게 충족되지 않는다. 먹고 싶은 부분만 골라 먹듯이 필요한 부분만 읽고 지나쳐도 상관없다.

세상이 아무리 변화해도 책은 스스로 읽어야 한다. 여러 독서법을 이용하여 자신에게 맞는 독서법을 찾을 수 있다. 다양한 독서법이 있음에도 불구하고 한 가지만 고수하면 뒤쳐진다. 나는 독서 방법론에 관한 책을 읽고서 많은 독서법이 있음을 알고 신세계를 목격한 느낌이었다. 책의 특성에 따라 독서법을 적용해서 읽을 때 확연히 책 읽는 진도가 향상되었다. 한 번쯤 관심을 가지고 세상에 있는 모든 독서법을 실천해보자. 수많은 독서법을 애용하여 가장 자신에게 효율적인 독서법을 골라 책을 읽으면서 속도까지 조율하며 읽는다면 금상첨화가 될 것이다.

05

부자, 책으로 부자가 되는 방법을 배우고 익혀야 한다

　세계적인 부자들은 모두 독서광들이다. 성공자들은 평생을 스스로 배우고 공부하는 것을 놓지 않는다. 성공자들은 공부하지 않으면 스스로 도태된다는 사실을 누구보다 잘 알고 있다. 일반인들보다 바쁘고 시간이 부족해도 열렬히 책을 보는 이유는 남들이 보지 못한 부의 길목을 책을 통해 볼 수 있기 때문이다. 그들은 인문학이나 철학서를 읽고 돈 버는 것과 관련지어서 생각하고 투자로 연결한 사람들이다. 명성을 크게 얻는 세계적인 부호들이 한결같이 독서인이라는 사실에서도 알 수 있다. 책 읽는 습관은 백만 불짜리 유산이라는 말도 있듯이 책 읽는 습관이야말로 부자의 길로 들어설 수 있는 최적의 통로다.

성공한 사람들의 공통된 취미는 독서다

한 매체에서 조사한 결과에 의하면 부자들은 매일 30분 이상 책을 읽는다고 한다. 아무리 바쁘고 시간이 없어도 그들 손에는 항상 책이 들려있다. 바쁜 시간을 쪼개서라도 하루에 독서에 할애하는 시간이 상당하다. 그들은 인생을 바꿀 비책으로 한결같이 독서를 선택했다. 세계적인 부호들이 하나같이 독서를 뽑는 것을 보면 부와 독서는 상관관계가 높다. 책을 읽어 부자가 된다면 책을 많이 읽으면 가난하게 살지 않는다는 공식이 성립된다. 큰 부를 이룬 사람들과 성공한 사람들의 공통된 취미가 바로 독서이다.

책은 잠재된 부富의 의식을 깨우는 역할을 한다. 책은 미래에 일어날 일을 미리 읽을 수 있고 부자가 되는 지식을 발견할 수 있다. 조각조각 흩어져 있는 정보들을 쓸어 모아서 쓸모 있는 상태로 만들어야 한다. 부자 중에서도 지식 부자가 제일이다. 지식 부자가 물질 부자를 부러워 안 하지만 물질 부자는 지식 부자를 부러워한다. 지식은 돈으로 살 수도 없고 스스로 읽고 쌓아야 한다. 지식 부자는 도둑맞을 상황이 없으므로 제일 큰 부자다.

책을 읽고 부의 반열에 오른 인물로 워런 버핏Warren Buffett이나 빌 게이츠Bill Gates, 일론 머스크Elon Musk 등이 있다. 그들은 한결같이 독서광들이다. 오프라 윈프리 Oprah Winfrey 또한 자신의 지금 모습은 독서를 통해 이뤄졌다고 말했다. 독서를 해서 부자가 되니, 더욱 독서를 하는 연결고리가 이어진다. 《부자 되는 습관》의 저자 토마스 C. 콜리 Thomas C. Corley는 습관에 대해 설문조사 했는데 부자는 매일 30분 이상 책을 읽는 사람이 80%가 넘지만 가난한 사람은 단 2%만이 책을 읽는 습관을 지니고 있다고 한다. 이 사실만 보아도 부자들은 독서로 부자가 되고 독서로 더 많은 부를 소유한다.

투자의 일인자 워런 버핏 Warren Buffett 도 출근해서 퇴근 시간까지 거의 6시간 이상 신문과 책읽기에 몰두한다고 했다. 어렸을 때부터 경제 서적을 읽었을 정도로 철저히 독서로 부자가 된 인물이다. 책 속의 거장들을 통해 통찰력을 빌려서 부와 관련된 곳에 투자한 것이다. 《해리 포터》를 쓴 J. K. 롤링 Joan K. Rowling 도 세계적인 인기 도서가 된 이유를 독서로 꼽았다. 책만 잘 읽어도 거인의 어깨에 올라타 미래를 전망하고 실패를 최소화할 수 있다. 《부의 인문학》이라는 책에서 책을 많이 읽으면 돈의 길목이 보인다고 말했다. 성공자들이 성공할 수밖에 없는 이유는 책을 통해 돈의 흐름을 알 수 있기 때문이다.

성공한 사람은 지혜와 지식을 책 속에서 얻는다

나 자신이 행운아라고 생각하는 이유는 독서의 중요성을 알고 하루도 빠짐없이 책을 읽으려는 마음가짐 때문이다. 나이 들어가면서 나 자신의 가치를 높이기 위해 실천했던 것이 독서이다. 책을 읽으면 읽을수록 책 속에서 독서의 중요성을 강조하는 글을 보면 읽는 자체만으로도 나는 이미 부자가 된 느낌이다. 꾸준히 독서를 할 때 그에 따른 부가가치가 분명 발생할 것이라 믿는다. 성공한 사람들이 책 속에서 지혜와 지식을 얻지만 나 또한 책 읽는 습관이 내 운명을 만든다는 것을 알기에 하루하루 빼먹지 않고 책을 읽고 있다.

책을 읽고 부富를 이룰 수 있는 이유는 책은 세상이 인정한 전문가가 썼기 때문이다. 보통 사람들은 주위 사람에게 정보를 얻고 투자하는 반면, 성공자들은 책을 통해서 정보를 얻고 스스로 결정한다. 언제든지 책을 통해 노벨 경제학자를 만날 수 있고 경제학자가 쓴 책을 읽으면 미래 경제를 읽을 수 있기 때문이다. 매스컴에서 주식으로 많은 돈을 번 사람도 그의 집을 탐방했을 때 집에 온통 많은 책이 쌓여 있었고 독서량이 매우 많다는 사실이었다. 독서로 부자가 되는 것은 분명히 상관관계가 있다는 것을 알 수 있다.

역사는 반복된다는 말이 있다. 성공자들이 책을 통해 성공할 수 있는 이유는 책에 이미 역사가 기록되어 있기에 책을 읽으면 미래를 읽을 수 있고 반복된 역사에서 해답을 찾을 수 있다. 해답을 알기 때문에 취해야 할 동선을 우선 파악하고 부자가 될 수 있는 것이다. 20세기 말에 쓰인 앨빈 토플러Alvin Toffler의 책 《제3의 물결》만 봐도 21세기에 어떤 세상이 될까 하는 것을 이미 예견되어 있다. 그 책을 읽고 확신이 들면 책 속에서 언급한 분야에 발을 들여놔도 된다. 이처럼 책을 읽다 보면 눈에 띄고 관심 있게 읽히는 부분이 있다. 새로운 일을 준비하거나 시작할 때 책을 통해 아이디어를 얻을 수 있다.

부자가 되기 위해 책을 읽는다면 독서의 즐거움이 반감된다. 책을 읽는 것이 유익함을 알기에 즐기면서 읽다 보면 두 마리 토끼를 잡을 수 있다. 지혜는 물론이거니와 자신이 생각하지 못한 곳까지 올라설 수 있는 능력을 겸비한 자가 될 수 있다. 또한 지혜와 부를 동시에 취할 수 있다. 남이 가보지 못한 세계를 책을 통해 경험할 수 있는 것도 행운이다. 책 속에서 역사와 미래를 살펴보고 성공자들의 지식과 지혜를 빌려봄으로써 또 다른 성공자가 될 수 있다.

독서는 가난한 사람도 부자로 만들어준다

송나라 유학자 왕안석王安石은 "독서는 가난한 사람을 부자로 만들어준다"라고 말했다. 세계적인 부호인 들이 독서광인 것을 보면 독서는 변함없는 진리인 듯싶다. 독서는 제도권 안에서 얻을 수 없는 지혜와 지식을 얻게 해준다. 이제 주변 환경을 탓할 필요가 없다. 마음만 먹으면 책을 통해 자신이 원하고자 하는 위치에 얼마든지 올라설 수 있기 때문이다. 책은 읽는 사람의 출신이나 성향을 분별하지 않고 읽는 모든 사람에게 비밀을 알려준다. 가난에 대해 누구도 탓할 수 없는 이유가 책만 잘 읽어도 창의력이 발달하여 부자로 살 수 있기 때문이다.

성공자들은 시간을 중요하게 생각하여 시간 관리를 투철하게 한다. 버려지는 시간을 관리하여 틈새 시간을 이용하여 독서를 하기도 한다. 자투리 시간은 버려지는 시간이기에 어떻게 시간 관리하여 사용하느냐에 따라 인생 유형이 달라질 수 있다. 책만 열심히 읽어도 회사에서도 존중받고 인정받는다. 그만큼 지적자산을 우월하게 봐주기 때문이다. 독서는 어디서든 대우받을 수 있는 능력이다. 직장에서도 경쟁력을 갖추기 위해 가장 효과적인 방법이 책을 읽기다. 독서만 제대로 해도 절대 가난한 인생을 살지 않는다.

21세기에 창의력과 상상력이 최고의 능력임을 알 수 있다. 4차 혁명 시대에 더욱 독서가 중요시되고 시대가 요구하는 사람이 책을 읽는 사람이다. 로봇과 기계가 대체되는 시기에 그 대안으로 창의력과 상상력을 겸비한 자가 미래의 주인이 될 수 있다는 사실이다. 앞으로 책 읽는 사람이 사회의 기득권

층이 될 가능성이 크다. 앞으로 세상은 책 읽는 자와 책을 읽지 않는 자로 나뉘질 거라는 제목을 달고 나온 책도 있다. 책 읽는 습관을 절대 미루면 안 되는 시대가 다가왔다. 독서는 부를 이룰 수도 있고 일자리 전쟁에서도 끝까지 살아남을 수 있는 대안이다.

자신의 인생을 어떻게 살아가야 할지 고민해봐야 한다. 누구나 역경이 닥쳐와서 결단을 내려야 할 상황이 찾아온다. 평소에 책을 꾸준히 읽었던 사람이라면 뭔가를 결정하고 결단을 내리기가 쉬워진다. 그동안 무의식에 차곡차곡 쌓였던 지식이 있기 때문이다. 책을 읽는 사람은 풍부한 지식으로 전체 인생을 조감도를 그려볼 수 있다. 지금은 빠르게 변화하고 예측이 어려운 시대이기에 자신만의 책읽기로 주도적인 삶을 실천해야 한다. 책 속에서 전달해 주는 지식을 흡수하여 지적자산이 풍부한 사람이 되자.

06

저자가 돈, 시간, 에너지를 투입해서 쓴 책에서 지혜를 훔쳐라

책을 읽었다면 내 삶이 변화되고 무언가 새로운 창조물을 만들어서 내 것으로 만들어야 한다. 내가 독서법에 관해서 책을 쓰게 된 이유는 해당 분야의 지식을 습득하고 수백 권의 독서를 통해서 나 자신만의 생각으로 피력하고 싶었다. 김밥도 만드는 사람 따라 맛이 다르듯 똑같은 재료지만 누가 만드느냐에 따라 색다른 맛이 나온다. 현재와 과거의 위대한 사람들을 만날 수 있는 유일한 방법은 책 속에서 가능하다. 한 권의 책을 쓰기 위해 저자는 수백 권의 책을 읽고 시간과 에너지를 투입하여 꼬박 몰두하여 쓴다. 책 한 권을 읽었다면 수백 권의 진액을 뽑아 한 권으로 읽었다고 말할 수 있다.

책 속에 모든 것이 담겨있다

　책을 통해 배우고 학습하는 것만큼 훌륭한 매개체가 없다. 장소나 시간에 구애받지 않고 언제든지 손에 들고 즉시 공부를 할 수 있다. 이처럼 손쉬운 공부가 어디 있겠는가? 비용도 저렴하고 발품을 팔아 지혜를 구하는 것도 아니고 오직 손에 책을 들고 읽기만 하면 된다. 공동구역에 샘물이 있다면 마음껏 퍼다 먹는 자가 임자이듯 책이라는 매개체는 누구도 가리지 않고 퍼 갈 수 있도록 열려있다. "생활 속에 책이 없다면 햇빛이 없는 것과 같다"라고 말한 셰익스피어 William Shakespeare 의 말을 상기해본다.

　책 속에는 인간이 겪어야 할 온갖 성공과 실패 시련과 고통 등을 책 속의 지혜를 통해 극복할 수 있는 방법을 찾을 수 있다. 감동하기도 하고 강한 정신력을 배울 수도 있다. 책을 읽으면 읽을수록 현명하게 살기 위해서는 독서만 한 게 없다는 사실을 절실히 느낀다. 그래서 책을 읽는 사람이 더 많이 읽게 되는 현상이 일어나는 듯하다. 주변에 뭔가 현명하고 남다르다 싶은 사람은 여지없이 책을 읽는 사람이다. 제도권 안에서 명문대를 나왔던들 책을 읽지 않으면 변화된 세상을 따라갈 수 없다. 광속으로 변화되는 세상을 따라가려면 독서를 통해 새로운 지식을 흡수해야 한다.

주위에 책을 많이 읽는 사람을 두고 있다면 행운이다. 책을 많이 읽는 사람은 시공간을 초월하여 수천 년 전의 훌륭한 위인들과도 소통하고 현재와 과거의 숨결까지 전달해주기 때문이다. 나 같은 경우에도 책을 읽고 나서 다음 날 직장 동료에게 꼭 책 내용과 얻은 지혜 등을 나눈다. 비록 직장 동료가 책을 읽지 않아도 내가 읽은 진액만 뽑아 전달한 책 내용만으로 책을 읽게 되는 효과가 나타난다. 이것 또한 간접적인 책읽기가 되기에 주위에 책 읽는 사람을 둔 사람은 축복이다. 나눔이 운명에 지대한 영향을 끼친다고 명리학자들이 말하는데 주위에 지혜를 나누는 것도 큰 나눔이며 베풂이다.

내가 살아보지 않은 백 년 전 세상을 책을 통해 엿볼 수 있음이 얼마나 경이로운지 모른다. 책이 아니라면 어떻게 수백 년 전의 위인들의 숨결을 느껴볼 수 있겠는가 말이다. 수천 년 전의 당대의 훌륭한 위인들과 대화할 방법이 독서로 가능하다. 그 사람들의 지식과 의식을 책을 통해 고스란히 전달받을 수 있다니 책읽기가 위대하다고 말할 수 있다. 현실에서 정상에 있는 사람을 아무 때나 만날 수 없다. 하지만 책을 통해서는 나와 일대일로 대화하듯 가능하다. 이 사실을 가슴 깊이 순간순간 새길 때마다 가슴이 벅차오른다. 진정으로 책은 모든 것이고 책 속에 모든 것이 들어있다.

저자와 의식교류가 가능하다

사람들은 인간관계를 돈독히 하기 위해 많은 시간과 에너지를 투입한다. 어떤 에너지를 가진 사람과 어울리는 것도 자신을 향상하는 데 일부 도움이 된다. 인간관계란 의식 수준이 높은 자들과 어울림으로 그 에너지가 서로 전이되면서 상승하게 돼 있다. 하지만 지금은 교육이나 강의들이 비대면으로 활성화되고 있기에 인간관계란 말도 퇴색이 되고 있다. 이럴 때 책을 통해 훌륭한 위인들과 얼마든지 의식 소통할 수 있다. 책을 통해 의식 전환이 얼마든지 일어날 수 있다.

책을 읽는다는 것은 책을 쓴 사람이 옆에 없어도 연결된다. 책은 저자의 뇌와 읽는 이의 뇌를 연결해 주는 매개체가 된다. 책을 통해 훌륭한 사람들과 인맥을 쌓고 하루에도 여러 사람을 만날 수 있는 게 책읽기다. 훌륭한 책을 읽으면 나의 의식도 달라질 수밖에 없다. 내가 달라지면 내 주위 사람들이 달라지고 긍정적이고 밝은 에너지를 소유한 사람들이 몰려든다. 내 의식만 바꿔도 내 주변이 달라지는 효과가 일어난다. 책을 산더미처럼 쌓아놓고 읽는 사람이 최고의 인맥을 자랑할 만한 사람이다.

책을 제대로 읽었다면 저자의 지혜를 제대로 훔쳤다는 결과다. 《제3의 물결》을 읽었다면 21세기에 유통이 어떻게 달라질 것을 예견하여 흐름을 타고 선점을 잡을 수 있어야 한다. 그들의 생각을 읽고 미래를 전망하고 대비할 수 있다면 책을 통해 제대로 저자의 의도와 지혜를 훔친 것과 같다. 한 권의 책을 읽음은 누군가의 삶을 통째로 만나는 일이다. 책을 통해 인간에 대한 이해와 여유와 포용력을 기를 수 있다. 책 속에서 지혜를 얻어 간접경험을 통해 얼마든지 의식이 변환되고 지혜를 빌려 내 인생을 새롭게 디자인할 수 있다.

자신의 상황과 맞는 책 읽는 시기가 있다. 내 영혼이 힘들 때 책이 나를 치유해 주고 위로해준다. 한 권의 책 속에는 저자의 경험이나 지혜가 녹아있다. 저자의 지혜를 통해 나 자신의 숨겨진 지혜를 찾기 위해 노력해야 한다. 독서는 읽는 사람에게 스스로의 관점에서 해석하고 받아들이게 해준다. 같은 책을 읽고도 기억에 남는 부분이 다르고 같은 문장을 읽고도 다르게 표현할 수 있다는 사실이다. 목적을 가지고 책을 읽어야 하는 이유가 자신에게 필요한 문구가 확실하게 시야에 들어오기 때문이다. 책을 통해 저자와 의식 소통이 가능하고 저자의 놀라운 지혜를 받아 새로운 삶을 살 수 있다.

저자가 시간과 에너지를 투입한 책에서 지혜를 훔치자

요즘 직장인들은 특히나 불안하다. 한곳에 오래 머물지 못하고 일자리 또한 줄어들고 있다. 이런 불안한 마음을 잠재울 수 있는 게 독서이다. 독서는 고요하고 혼자만의 명상 상태로 진입하는 것과 같다. 독서는 새로운 사람과의 만남이다. 독서는 평소에 부지런히 적금하듯이 해놓으면 훗날 어려운 일이 닥쳤을 때 지혜로움을 발휘할 수 있다. 독서를 열심히 할수록 불안감은 사라지고 마음이 고요한 상태로 접어든다. 지혜로운 사람이 걸어온 길을 독서로 배울 수 있다.

책을 많이 읽으면 세상 보는 눈이 밝아져 이로움을 얻을 수 있다는 말이 있다. 책을 어떻게 읽느냐에 따라 혁신을 이루고 자기만의 경쟁력을 갖출 수 있게 된다. 저자의 지적 지식이 풍부하면 내가 따라 함으로써 본받을 수 있다. 저자의 높은 의식과 차원 높은 지적자산을 따라 배우고 내 것으로 만드는 방법이 책읽기다. 독서의 힘이 생각보다 커서 읽은 이를 변화시키기에 충분하다. 높은 의식을 소유하고 싶거든 높은 의식 소유자가 쓴 책을 읽으면 된다. 의식 공명이 돼서 더불어 의식이 상승하는 효과가 크다.

인간관계에서 아무리 뛰어난 의식의 소유자라 할지라도 우리가 자주 만나기 힘들다. 하지만 책을 통해서 최고의 의식을 가진 훌륭한 사람이나 성인들을 마음만 먹으면 얼마든지 만날 수 있다. 훌륭한 성인들의 책을 많이 읽는 사람이 진정 최고의 인맥이 좋은 사람이다. 자주 만날수록 자신의 삶 또한 눈부시게 끌어올려 준다. 도서관에 자리 잡은 수많은 스승에게 먼저 손을 내밀어 도움을 요청해보면 응해줄 것이다.

책읽기는 지적자산이 많은 저자와 연결해 주는 도구다. 내가 정재승 교수의 책을 읽으면 그분의 뇌와 내가 공명한다는 것이다. 독서를 통해 타인의 뇌와 자신의 뇌가 연결고리로 이어진다고 한다. 그렇다면 그저 그런 일반사람하고 연결되고 싶은가 아니면 뇌과학자 정재승 교수와 연결되고 싶은가? 멀게만 느껴지던 천재 뇌과학자와 연결될 방법도 독서다. 닮고자 하는 저자의 모든 생각과 지혜를 책을 통해 배우고 얻을 수 있다. 독서는 가성비 대비 가장 저렴한 가격으로 최고의 효율성을 가진 자료다. 한 권의 책은 저자가 책을 쓰기 위해 수년간 관련된 지식을 쌓고 경험이 녹아있는 결과물이다. 이 책을 통해 그 아이디어를 얼마든지 내 것으로 만들 수 있다.

07

독서의 최종 결과물은
책 쓰기다

　책을 읽다 보면 어느 순간 책을 쓰고 싶은 생각이 든다. 많은 사람에게 책의 지혜를 전해주고 싶은 욕구가 생긴다. 쓴다는 것은 쓰는 분야에 더 깊이 공부하고 이해함으로써 지적역량이 더 강화되는 시간이다. 전문가의 영역으로 치부되던 책 쓰기가 요즘은 일반인들도 적극적으로 참여한다. 허울 좋은 박사학위보다 책 한 권 제대로 써낸 사람이 더 돋보이는 세상이다. 책 쓰기는 자신을 알릴 수 있고 자신의 인생을 한 단계 높일 수 있는 효과적인 작업이다.

책 쓰기는 파급력이 세다

책을 읽었다면 책 쓰기를 꼭 해야 한다. 나름 책 쓰기 결과물을 통해 자신감을 얻고 새로운 분야에 들어설 수 있다. 내가 쓴 책을 통해 관련 분야에 전문가로 인정받고 공신력을 얻게 된다. 책 쓰기는 자신을 더욱 발전시키고 성장시킨다. 세상에 이미 있는 내용을 내 생각으로 어떻게 풀어 써나가냐에 따라 새로운 창작물이 탄생한다. 화장하지 않은 얼굴과 정성 들여 화장한 얼굴이 같은 얼굴이지만 똑같이 보이지 않듯이 말이다. 책 쓰기는 새로운 영역에 들어설 수 있는 파급력 있는 작업이다.

책 쓰기는 흥행과 상관없이 썼다는 자체만으로 대단한 자부심을 안겨준다. 가치 있는 일이지만 만만치 않은 일이기에 더욱 집중 조명을 받는 듯하다. 시간과 에너지, 비용을 들여가며 진액을 뽑아 쓰듯이 한 권의 책이 완성된다. 읽는 것만큼이나 책을 쓰는 일도 중요하다. 독서를 했다면 습득한 지식을 버무려 다시 새롭게 세상에 내 책을 내놓는 일도 선행이다. 세상 사람들은 보통 일반사람이 성장하고 색다른 삶을 사는 자체에 관심이 많다. 내가 쓴 책이 잘되어 독서경영에 초대받을 수도 있고 책 내용이 좋아 전 국민독서 운동이 다시 일어날 수도 있다.

책을 읽고 내 책을 썼다면 전문가로서 인정받을 수 있다. 책을 쓰므로 여러 기회로 연결되어 더욱 성장한 삶을 살 수 있다. 나는 책을 쓰기 시작하고부터 책을 더 꼼꼼히 읽게 되고 글 쓰는 작업도 쓸수록 다듬어지는 느낌이 들어 책을 쓰면서 몇 배 성장한 느낌이 들었다. 책을 씀으로 몇 단계 점프한 느낌이다. 내가 쓴 글을 점검하기 위해 몇 번씩 읽다 보면 그것만으로 독서가 겸해진다. 책도 읽고 글쓰기가 가능한 것이다. 자신이 알고 있는 지식을 자신만의 캐릭터로 정리해서 글을 쓴다는 것은 그 하나만으로 인생에 큰 변화가 생긴다.

내 책을 쓴다는 것은 이 분야에 전문가로 인정받는 근간이 되기도 한다. 장황하게 내 소개하지 않아도 책 한 권으로 나를 대신할 수 있다. 그만큼 책이라는 매개체는 지적자산이기에 우월하게 대해준다. 책을 쓰면서 가장 많이 변화되고 성장한 사람은 나 자신이다. 책 쓰기 일 년 전과 지금의 나는 엄청나게 달라져 있음을 느낀다. 겉모습도 달라졌지만 내면 또한 잦은 바람에 흔들리지 않을 정도로 강해져 있다. 한 권의 책을 쓰는 작업은 나를 몇 단계 성장시켜준다.

책 쓰기는 자신에게 주는 최고의 선물이다

　요즘은 대학 나오지 않은 사람 찾기도 힘들고 자격도 화려해서 어딘들 들어가지 못할까 싶다. 하지만 평생직장도 사라지고 많은 직업 부분에서 벌써 기계가 대체되는 부분도 상당하다. 제도권 안에서의 학벌은 그리 중요하지 않은 시대가 됐다. 오히려 자신을 말해줄 저서 한 권이 훨씬 영향력을 발휘할 수 있다. 잘 쓴 책 한 권이 세상을 변화시킨다. 신분 상승을 하게도 한다. 그들은 그리 학벌이 좋은 것도 아님에도 자신의 이름으로 책을 써서 일명 대박을 터트린 사례들이 많다.

　책을 쓰기 위해 자료를 찾기 위한 독서는 심도 있는 책읽기가 된다. 책 쓰기를 염두에 두고 책을 읽으면 독서 기술도 여러모로 발전한다. 무심코 읽어 나가던 책읽기가 내가 글을 쓴다면 어떤 표현으로 쓸 수 있는지 생각하며 읽기에 깊이 있는 독서가 된다. 현재는 직장이 평생을 보장해 주지 않기에 자신의 새로운 정체성을 만드는 방법을 연구해야 한다. 자신의 인생을 잘 이끌어 나가기 위한 준비로 책 쓰기를 시도해보는 것도 바람직한 생각 전환이다.

　글쓰기는 먼저 일기부터 시작하면 도움이 된다. 뭔가 쓴다는 자체만으로 부담을 느끼고 시도도 못 하는 사람들이 많다. 무조건 손으로 글을 쓰다 보면 고구마 줄기처럼 글이 딸려 나오는 경험을 한다. 머릿속에 지식이 한가득이어도 글로 표현해서 내놓지 않으면 실체 없는 지식일 뿐이다. 꾸준한 글쓰기만이 훌륭한 글을 쓸 수 있게 한다. 어쩌다 쓴 한 권의 책이 자신의 삶을 좋게 발전시키는 기회가 될 수 있다.

책을 읽었다면 그에 대한 결과물을 발생시켜야 살아있는 독서를 했다고 말할 수 있다. 옷감도 만들어야 옷의 기능을 할 수 있듯이 책이라는 매체를 읽고 나서는 그에 따른 창조물을 발생시켜야 제대로 된 독서의 효과라고 말할 수 있다. 책읽기는 남녀노소 가리지 않고 손에 책을 들기만 하면 할 수 있다는 점에서 무척 매력적인 일이다. 책을 읽으면 읽을수록 다양한 어휘력과 지적 수준이 향상되면서 내 안에 잠자고 있던 글 쓰는 잠재 능력을 깨워주기도 한다. 책을 꾸준히 읽어 한 권의 내 책을 쓰게 될 때 책이 나에게 주는 최고의 선물이다.

내가 쓴 책은 나의 브랜드다

세상을 살면서 하루하루 지혜를 높여가는 비결은 책을 읽고 자신만의 책쓰기를 하는 것이다. 한 권을 쓰기가 어렵지 이미 한 권을 쓰고 나면 그다음 책을 쓰는 일은 훨씬 쉽다. 한 권을 쓰고 나면 성취감이 커져서 또다시 책을 쓰게 되는 결과로 이어진다. 글재주가 남달라서도 아니고 그저 자신만의 캐릭터로 쉽고 간결하게 표현해내면 된다. 머릿속에 있는 지식을 꺼내 표현해서 책을 쓴다는 것은 창조적인 능력을 깨우는 비결이다. 세상에 하나뿐인 나만의 표현으로 쓴 책은 나의 브랜드다.

책 쓰기에 특별한 비법은 없다. 그저 한 줄이라도 근勤하게 궁둥이 붙이고 쓰는 것이 비법이라면 비법이다. 누구도 대신 써줄 수 없다. 본인 스스로 읽고 깨닫고 쓰는 과정에서 배우고 업그레이드되는 글을 쓸 뿐이다. 책 읽기와 책 쓰기를 동시에 병행하는 방법도 좋은 방법이다. 읽으면서 중요한 곳을 메모하고 기록하면서 책 쓰기로 연결하면 서로 상승효과가 발생한다. 글쓰기는 집중적으로 몰입해서 쓸 때 수준 높은 글이 써짐을 경험했다. 읽은 내용의 감동을 잊기 전에 글로 표현해서 저장해 놓는 방법도 좋은 방법이다.

말은 공중으로 날아가 버리지만 글로 쓰는 것은 영원히 남는다. 말은 나오는 대로 쏟아져서 하고 나면 후회막급일 때도 종종 있다. 글쓰기는 얼마든지 분석하고 요약하고 가장 적합하게 표현할 수 있는 여유가 있다. 말로 전하는 감동보다 글로 써서 보내는 편지가 더 감동을 일으키는 이유이기도 하다. 글을 쓰기 위해서는 손을 움직여야 하고 펜이나 노트북이 있어야 하는 불편함이 가중되기도 한다. 하지만 훗날 내 책을 완성했을 때 유혹을 물리치고 한 글자 한 글자 써 내려간 시간을 보상해줄 것이다. 더 나은 독서 체험을 확장하기 위해서는 책 쓰기로 이어져야 한다.

책을 쓰는 일은 쉬운 일은 아니다. 하지만 책을 써냈을 때 감동을 생각해 보면 어렵게 썼기에 더욱 값어치가 상승한다. 책 쓰기는 자신이 가지고 있는 지식을 세상에 드러내어 선한 영향력을 끼치는 최고의 선한 행위다. 내가 누군가의 책을 읽고 책을 썼다면 또 누군가는 내 책을 읽고 책 쓰기를 시작할지도 모른다. 책읽기의 최종 지향하는 지점이 책 쓰기가 돼야 한다. 책을 써야 진정 살아있는 독서를 한 것이다. 책 쓰기야말로 현실을 뛰어넘어 내 삶을 변화시키는 방법이며 나를 나타내는 새로운 도전이 될 수 있다.

세상을 이끄는
상위 1%의 비밀, 독서법

초판 1쇄 인쇄 2022년 9월 5일
초판 2쇄 발행 2022년 10월 4일
지은이　　최희주
펴낸이　　엄남미
디자인　　고은아
펴낸곳　　케이미라클모닝
등록　　　제2021-000020 호
주소　　　서울 동대문구 전농로 16길 51, 102-604
전자우편　kmiraclemorning@naver.com
전화　　　070-8771-2052
ISBN　　　979-11-977597-8-9 (03370)
ⓒ 최희주, 2022
값　17,000원

* 이 책은 저작권법에 따라 보호를 받는 저작물입니다. 무단 전제와 복제를 금합니다.
* 이 책의 내용의 전부 또는 일부를 사용하려면 반드시 저작권자와 케이미라클모닝 출판사의 동의를 받아야 합니다.
* 잘못된 책은 구입하신 서점에서 교환해 드립니다.
* 케이미라클모닝 출판사 문에 노크해 주십시오. 어떤 영감이나 생각이라도 환영합니다.